持続可能な
大学の留学生政策

アジア各地と連携した日本語教育に向けて

編著 宮崎里司／春口淳一

Sustainability
Articulation
Enrollment Management

明石書店

本書の目的

　本書は、日本の高等教育機関が留学生を迎え入れるにあたって留意すべきポイントを具体的に指摘し、その改善に向けて提言することを目的とする。どのようにして留学生を獲得し、また獲得した留学生をいかに支援することで、留学生の満足を得られるのか、こうした留学生政策を考える上で、特に本書の新規性として挙げられるのは、日本へ送り出す海外の日本語教育機関の目線に立ったことにある。

　だが、「政策」と一口に言っても、国レベルでの教育政策の中で位置づけられるものから、地域社会での取り組み、さらには直接受け入れる教育機関まで、様々なレベルが想定される。本書が多様な政策にどう向き合うのか、その構成について触れることで、おわかりいただけるだろう。

　まず、序章「はじめに」で留学生30万人計画からの留学生受入れの動向を整理し、マクロレベルでの留学生政策を概観する。そして、日本社会における留学生の存在が持つ意味を考える。

　第1章から第3章にかけては、日本国内の高等教育機関に注目し、受入れ側の目線に立った論考が並ぶ。規模の異なる3つの大学の事例から、ミクロレベルでの留学生政策の実態を記述し、またその課題を明らかにする。

　一方、留学に送り出す側は、日本留学をどう評価しているのか。これを取り上げるのが、第4章から第14章までである。アジア各国・地域の日本語教育事情、そして日本留学の実態を紹介するとともに、日本に学生を送り出す教育機関が日本留学、そして留学生を受け入れる日本の高等教育機関に何を期待するのかを記述する。

　最終章となる終章で全体を総括し、留学生を受け入れる意義を再考する。そして、持続性のある留学生政策の重要性とその実現に向けた提言を行うことで稿を閉じる。

　さて、本書は日本にやってきた留学生のキャンパスにおける立ち位置の向上を目指すものである。だが、留学生の幸福を考えることは、留学生のみを利するわけでもない。例えば視点を変えることで、海外留学に二の足を踏む日本人

学生の背中を押すための処方箋を検討する材料にもなるのではないか。

　さらには、留学が持つ魅力の掘り起こしの延長線には、それを織り込んでの人材活用の道筋も遠望できるだろう。日本で学んだ留学生の、あるいは海外留学を経てグローバル・センスを鍛えた日本人学生の社会での活用に注目が集まれば、従来の日本企業に多くみられた「拝新卒主義」のパラダイムを転換させる布石ともなるだろう。留学生政策を真摯に検討することは、日本人学生、そして日本社会にグローバル化促進の一石を投じることにほかならない。

　翻って、社会問題として時として紙面を賑わす日本の留学生獲得に目を向けよう。この問題は、留学生教育・支援に直接携わる一部の大学関係者に丸投げして解決できるようなものではない。留学生とともにある日本人学生、さらには地域に住まう市民として留学生と接するであろう人々が、グローバル社会の恩恵を享受する上で、その一翼を担う留学生と真摯に向き合うことは欠かせない。

　読者諸兄がグローバル社会に生きる市民として留学生との共生を志向する上で、本書がその一助ともなれば幸いである。

　最後に、本書企画段階からサポートしていただいた、明石書店編集部の遠藤隆郎氏に特に感謝の意を述べたい。氏には、とりわけ編集・校正作業でお世話になった。

　　2019年晩秋

　　　　　　　　　　　　　　　　　　　　　　　　編著者　宮崎里司
　　　　　　　　　　　　　　　　　　　　　　　　　　　　春口淳一

持続可能な大学の留学生政策
　──アジア各地と連携した日本語教育に向けて
目　次

本書の目的 …………………………………………………………… 3

序章　留学生獲得が日本の大学にもたらすもの
……………………………………………………… 春口淳一　13

はじめに …………………………………………………………… 13
1. ポスト留学生10万人計画から留学生30万人計画へ ……… 14
2. 留学生30万人計画 ……………………………………………… 17
3. 新たな留学マーケットの開拓と30万人の達成 ……………… 20
4. 定員充足のための留学生獲得 ………………………………… 23

第Ⅰ部　受入れ側の実態
－留学生が持つ価値と国内高等教育機関の期待－

第1章　大規模大学
留学生政策の牽引役として期待される役割とは
……………………………………………………… 宮崎里司　33

はじめに──留学生政策を取り巻く諸課題 …………………… 33
1. ある大規模校の留学ならびに日本語教育政策事例 ………… 35
2. 雇用政策から捉えた留学生政策 ……………………………… 37
3. オーストラリアの留学生政策を事例とした検証 …………… 40
結びと提言──大規模校の果たすべき役割 …………………… 42

第2章　中規模大学
留学生担当教員が抱える問題意識から見えるもの
……………………………………………………… 永岡悦子　47

1. 問題背景と研究目的 …………………………………………… 47
2. 先行研究 ………………………………………………………… 49
3. 調査方法 ………………………………………………………… 50
4. 結果・考察 ……………………………………………………… 52
5. 本調査のまとめ ………………………………………………… 62
6. 総合的考察と今後の課題 ……………………………………… 63

第3章　小規模大学

存続をかけて展開される留学生獲得マーケット
……………………………………………… 春口淳一　**68**

1. 対象大学について ……………………………………… 68
2. マーケットの現状 ……………………………………… 69
3. 海外マーケットの開拓と維持 ………………………… 73
4. 国内マーケットの開拓と維持 ………………………… 76
5. 日本留学を決定する要因 ……………………………… 79
6. 今後のマーケットの展望 ……………………………… 84

第II部　送り出し側のホンネ
―魅力的な日本留学とは―

第4章　中国

相対的な日本語学習者減と日本の社会文化に対する関心の高まり
……………………………… 楊 秀娥／葛 茜　**91**

1. 中国における日本語教育の現状 ……………………… 91
2. 中国における留学事情 ………………………………… 92
3. 日本の高等教育機関への送り出しの実態
　　――中国のF大学の場合 ……………………………… 94
4. 総合考察 ………………………………………………… 99

第5章　韓国

中国語教育との競争を背景に変化する日本語学習・日本留学の目的と形態
……………………… 金東奎　**104**

1. 韓国における日本語教育の概況 ……………………… 104
2. 韓国の高等教育における留学事情 …………………… 105
3. 日本の高等教育機関への送り出しの実態 …………… 107
4. 考　察 …………………………………………………… 113

第 6 章　台 湾

少子化でもなお冷めることのない
日本語学習熱を背景に……………………… 郭 碧蘭　117
- 1. 台湾における日本語教育の現状 …………………………… 117
- 2. 台湾の高等教育における留学事情 ………………………… 118
- 3. 日本の高等教育機関への送り出しの実態 ………………… 119
- 4. 考　察 ………………………………………………………… 125

第 7 章　香 港

短期大学を特色とする当地において見出せる
日本留学の展望 ………………………………… 郭 穎俠　130
- 1. 香港における日本語教育の現状 …………………………… 130
- 2. 香港の高等教育における留学事情 ………………………… 133
- 3. 考　察 ………………………………………………………… 138

第 8 章　タイ

高校と大学の両面からみた日本留学の現状と課題、
そして新しい留学制度設計へ
…………… 中山英治／アサダーユット・チューシー／鶴石 達　143
- 1. タイにおける日本語教育の現状 …………………………… 143
- 2. タイの高等教育における留学事情 ………………………… 144
- 3. 日本の高等教育機関への送り出しの実態 ………………… 147
- 4. 考　察 ………………………………………………………… 153

第 9 章　マレーシア

留学生送り出し大国から受入れ国への転換を目指す
……………………………… 木村かおり／ウー・ワイシェン　157
- はじめに ………………………………………………………… 157
- 1. マレーシアの日本語教育の現状 …………………………… 157
- 2. マレーシアの高等教育事情と留学 ………………………… 159

3. 高等教育における日本留学の実態
　　——マラヤ大学の事例から ……………………………… 162
4. 提　言 …………………………………………………………… 167
おわりに …………………………………………………………… 168

第10章　シンガポール

卓越した教育政策により成長し続ける都市国家
……………………………………… ウォーカー 泉　**170**

はじめに …………………………………………………………… 170
1. シンガポールの高等教育 ……………………………………… 171
2. 留学の現状と課題 ……………………………………………… 171
3. 留学に対する学生の意識 ……………………………………… 176
4. 日本留学をより魅力あるものにするための提言 …………… 179

第11章　ベトナム

日本語教育の質向上に向けた対応に苦慮する
一大留学生派遣国 ………… チャン・ティ・ミン・フォン／
ウォン・ティ・ビック・リエン／宮崎里司　**184**

1. ベトナムにおける日本語教育の現状 ………………………… 184
2. ベトナム（ハノイ）の高等教育における留学事情 ………… 186
3. 日本の高等教育機関への送り出しの実態——Ｖ大学を例に … 189
4. 提　言——留学生派遣・受入れポリシー …………………… 192

第12章　ウズベキスタン

日本語の「孤立環境」から変化を遂げつつも、
社会要因に悩む特徴を持つ国
……………………………………… イヴァノヴァ・マリーナ　**195**

はじめに …………………………………………………………… 195
1. ウズベキスタンにおける日本語教育の現状 ………………… 195
2. ウズベキスタンの高等教育における留学事情 ……………… 198
3. 日本の高等教育機関への送り出しの実態（機関の場合） … 200
4. 日本留学における問題点および提言 ………………………… 205

第13章　インドネシア

高度人材育成に向けて高等教育機関における日本語教育に期待される役割

ジャフリ・ファトマワティ　**208**

- はじめに ……………………………………………………………… 208
- 1. インドネシアにおける日本語教育の現状 ………………………… 209
- 2. インドネシアの高等教育における留学事情 ……………………… 212
- 3. 日本留学への関心に関する実態調査
  ——インドネシア人日本語学習者を対象に …………………… 214
- まとめ ………………………………………………………………… 219

第14章　インド

日本語教育の現状と課題
——英語圏への留学との格差をどう捉えるべきか

サテー・アシュウィニー　**222**

- 1. インドの日本語教育の現状 ………………………………………… 222
- 2. インドの高等教育における留学事情
  ——日本留学者数の変化 ………………………………………… 226
- 3. 考　察 ……………………………………………………………… 227

終章　留学生政策の意義と可能性

宮崎里司／春口淳一　**231**

- 1. 総　括 ……………………………………………………………… 231
- 2. 持続性のある留学生政策に向けて ………………………………… 234
- 3. 提　言 ……………………………………………………………… 239
- 4. 留学生EMによる持続可能な留学生政策 ………………………… 242

執筆者紹介 ……………………………………………………………… 247

持続可能な大学の留学生政策
――アジア各地と連携した日本語教育に向けて

序章 留学生獲得が日本の大学にもたらすもの

春口淳一

はじめに

　2019（平成31）年3月の法務省の報道発表において、前年度末現在の留学生数が33万7000人であると紹介された(1)。2008年に策定された「留学生30万人計画」が目標達成の年限としていた2020年を前に、到達したことになる。
　1983年の「留学生10万人計画」以来、国を挙げて留学生を獲得しようとしてきたわけだが、そこには日本にとってどのような利点が挙げられるのか。文部科学省ホームページには「留学生30万人計画」の「背景」を次のように紹介している(2)（カッコ内は筆者補足）。

> 「留学生30万人計画」は、日本を世界により開かれた国とし、アジア、世界の間のヒト・モノ・カネ、情報の流れを拡大する「グローバル戦略」を展開する一環として、2020年を目途に30万人の留学生受入れを目指すものです。
>
> このため、日本留学への関心を呼び起こす動機づけや情報提供から、入試・入学・入国の入り口の改善、大学等の教育機関や社会における受入れ体制の整備、卒業・修了後の就職支援等に至る幅広い施策を、上記関係省庁（文部科学省、外務省、法務省、厚生労働省、経済産業省、国土交通省）において検討し、このたび、その基本的な考え方や施策の方向性を「留学生30万人計画」骨子としてとりまとめました。

　これより、留学生の獲得によって期待される効果として、まずは日本社会や

日本の大学のグローバル化が挙げられるだろう。日本が国際化、グローバル化を果たすためには、国内の大学が留学生を数多く受け入れることが必要だというのだ。

また「カネ」に注目するのであれば、授業料収入による外貨の獲得、そして短期にせよ長期にせよ、日本で暮らすことでの消費にも期待が寄せられているだろう。

加えて、日本社会の少子高齢化を背景に、留学生の大学での受入れは将来的には海外からの労働力の確保としての側面を持つことにも思い至る。これについては、2018年12月に「出入国管理及び難民認定法及び法務省設置法の一部を改正する法律」が公布されたこと[3]が、むしろ日本語学校を中心としてその留学生獲得に水を差すのではないかとの意見もある[4]。

ともあれ、大学の「国際化」「グローバル化」を求める国からの働きかけは、「留学生30万人計画」に留まらず、これに続いて文部科学省が打ち出した諸政策に一貫して見てとれる点には留意されたい。2009年度の「大学の国際化のためのネットワーク形成推進事業」に挙げられる、いわゆる「グローバル30」[5]や、さらに2012年度「グローバル人材育成推進事業」、そして2014年度「スーパーグローバル大学創成支援」からなる「スーパーグローバル大学等事業」[6]などがそれだ。つまり、国策として大学の国際化が求められ、そのための人的資源として留学生の獲得が必要とされる、これが現代の高等教育政策における大きな流れと言えるだろう。

しかし、留学生を受け入れることは大学の国際化とどう関係するのか。この序章では、現代日本の大学において留学生がどのように位置づけられているのか、マクロ的な視点、すなわち日本の国策としての留学生政策について考えたい。

1. ポスト留学生10万人計画から留学生30万人計画へ

「留学生30万人計画」が達成されようという今を考える上で、まずはそれに先立って立案・遂行された「留学生10万人計画」が達成された当時から振り返ろう。

留学生総数は10万人に到達したものの、社会的問題ともなった留学生をめぐって（これについて後述する第3節1項を参照されたい）、2003年度中に国の政

策は姿を変えることになった。2003 年 11 月、留学生の入国に関わる各種審査が厳格化した。これについて杉村（2005）は「留学生の質」に注目し、その問題の背景には、「留学生の学業成績等の低下や学位未取得者並びに不法残留者の増加が背景にあり、加えて留学生によるさまざまな社会問題や事件の発生があげられる」ことを指摘するとともに、「アジア諸国からの留学生が 90% 以上を占めるなかで、2003 年末より、中国、ミャンマー、バングラデシュ、モンゴルを対象にビザ要件の強化を図ったのはそうした質確保のためである」との観測を提示している。

2003 年 12 月には「新たな留学生政策の展開について（中央教育審議会答申）」が公表された。これまでの「留学生 10 万人計画」とそれがもたらした現状とを振り返り、その課題として「留学生の急増に大学等の受入れ体制が対応できておらず、留学生の質への懸念が増し、不法就労などの問題も表面化」したことを挙げている。つまり質より量を求めたことによる弊害を説いているのだ。そして新たな留学生政策として一層の交流推進を図るとともに、これについては「各大学等がより主体的な役割を果たすこと」を基本戦略と位置づけ、特に具体的施策として①「教育機関としての明確な留学生受入れ・派遣方針の策定と学内体制の確立」、②「国際的に魅力ある教育研究の実施と留学生に配慮した教育プログラムの拡大」、③「安易に留学生を入学させることなく、留学目的を確認し、学力を適切に判定」、④「成績不良者に対する指導の徹底など責任ある在籍管理」。⑤「各大学の留学生の受入れ体制等に関する第三者評価の実施」の 5 つを挙げた。これより「アドミッション」「教学支援」「リテンション」に深刻な危機感を抱いていることがうかがえる。言い換えれば、こういった点に「留学生 10 万人計画」の負の遺産が見出せるのだろう。そしてこの改善を、大学の責任において取り計らうことを国は求めているのだとも言える。

さて、2004 年 6 月に出入国管理及び難民認定法の一部を改正する法律が制定された。この法律制定の背景には、当時の国内治安悪化の主たる要因と目された不法滞在の外国人問題があったという（宮野・松本 2005）。これより、社会的な問題である留学生の実態、あるいは日本社会の対留学生観が直近のものから変化することなく、その対応策がさらに広がりを見せたと考えられる。

2005 年 1 月に「留学生受入れ推進施策に関する政策評価」が総務省より公表された。これは総務省のみならず、関係する 6 省（法務省、外務省、文部科学省、厚生労働省、経済産業省、国土交通省）からの調査・資料をも包括して作成

されており、「留学生10万人計画」を総括したものと言ってよいだろう。特にこれまでいくつもの提言・報告で指摘されていた学生の質に関連して、その成果を「『我が国と諸外国相互の教育、研究水準を高める』等については一定の効果が上がっているが、他方で全体として学業成績等質が低下しており、留学目的である学位を取得できない者や不法残留者が増加している」と評している。その上で、留学生指導教職員を対象とするアンケートでは、留学生の質の向上を図るには「日本語能力に重点を置いた留学生の選考の改善及び私費留学生に対する学習奨励費の改善」が必要だとの意見が多かったのだという。学習奨励費に関しては、「優秀な者に重点的に支給すべきとする意見と、少額でも多くの人に支給すべしとする意見とが拮抗」していたというが、総務省の報告文書に、日本語能力の重要性と能力に応じた経済支援という方策が示されたことは注目に値する。またこのほか、卒業後の活動の場の確保についての言及もあり、「大学等による職業紹介を希望する者が多いにもかかわらず、外国人雇用サービスセンターと大学等との連携は十分とはいえない」点を指摘し、今後の課題につなげている。

　2007年になると、4月の「経済財政諮問会議 成長力加速プログラム[9]」を皮切りに、「アジア・ゲートウェイ構想[10]」(5月)、そして6月には「イノベーション25[11]」「教育再生会議[12]」「経済成長戦略大綱(改訂)[13]」「経済財政改革の基本方針2007[14]」と矢継ぎ早にポスト「留学生10万人計画」、そしてその次に設けられる留学生拡大戦略である「留学生30万人計画」へと至る施策が検討・発信されるようになった。

　例えば、「アジア・ゲートウェイ構想」は、「アジアにおける行動人材ネットワークのハブ」を目指して、世界における現行の留学生受入れシェア(5%)の確保を目指すという提言であり、今まで進めてきた日本の留学生受入れ政策のあり方に対して、抜本的な変更を求める内容となった。米澤(2007)はこれらを総じて、「最近一年間の間に出された政府の方針は、留学生の受入れに積極的に取り組んできた相当数の大学に対して、大学としての留学生受入れ方針のさらなる抜本的な強化と、留学生の学内シェアの大幅な拡大による教育・研究棟の活動を支える基盤の本質的な変更を迫るもの」だと評している。留学生の積極的な獲得と、その数の拡大に学内環境が追い付いていない大学は、その環境整備がいよいよ求められる時代になったと言えよう。

表1　留学生30万人計画の目標

領域1：日本留学への誘い　～日本留学への動機づけとワンストップサービスの展開～	
目標	1. 積極的な留学情報発信　2. 留学相談強化　3. 海外での日本語教育の充実　など
領域2：入試・入学・入国の入り口の改善　～日本留学の円滑化～	
目標	4. 大学の情報発信強化　5. 渡日前入学許可の推進　6. 各種手続きの渡日前決定促進 7. 大学の在籍管理徹底と入国審査等の簡素化　など
領域3：大学等のグローバル化の推進　～魅力ある大学づくり～	
目標	8. 国際化拠点大学（30）の重点的育成　9. 英語のみによるコースの拡大 10. ダブルディグリー、短期留学等の推進　11. 大学等の専門的な組織体制の強化　など
領域4：受入れ環境づくり　～安心して勉学に専念できる環境への取組み～	
目標	12. 渡日1年以内は宿舎提供を可能に　13. 国費留学生制度等の改善・活用 14. 地域・企業等との交流支援・推進　15. 国内の日本語教育の充実 16. 留学生等への生活支援　など
領域5：卒業・修了後の社会の受入れの推進　～日本の社会のグローバル化～	
目標	17. 産学官が連携した就職支援や企業支援 18. 在留資格の明確化、在留期間の見直しの検討等　19. 帰国後のフォローアップの充実

出典：「『留学生30万人計画』骨子の概要」より筆者作成

2. 留学生30万人計画

　2007年の一連の取り組みを経て、冒頭で紹介した「留学生30万人計画」が2008年1月に掲げられた。これは福田康夫首相（当時）によって、通常国会における施政方針演説の中で表明されたことを皮切りとする。その後、同年4月「『留学生30万人計画』骨子 取りまとめと考え方」[15]、同年6月「経済財政改革の基本方針2008」[16]、同年7月「『留学生30万人計画』骨子の概要」[17]と議論を深め、その策定作業が進んだ。

　「『留学生30万人計画』骨子の概要」では、企業や地域との結びつきを強めるための方策として、5つの領域に19の具体的行動目標を設けた（表1）。学生獲得から受入れ後の教育、さらに出口保証をも意識した包括的な留学生支援に目を向けていることがわかる。出入国管理政策についても取り組むべき事項の中に挙げられるなど、国レベルでの政策ならではのものとなっている点も見て取れる。

　ところで、領域3の「大学等のグローバル化の推進　～魅力ある大学づくり～」にある「国際化拠点大学（30）の重点的育成」だが、これは何をどう

育成していこうというのか。その目標とするところは、文部科学省「平成21年度国際化拠点整備事業（グローバル30）」に具体的に示されている。この事業に採択された大学は国立7大学（東北大学、筑波大学、東京大学、名古屋大学、京都大学、大阪大学、九州大学）、私立6大学（慶應義塾大学、上智大学、明治大学、早稲田大学、同志社大学、立命館大学）の計13大学であり、いずれも日本を代表する大規模大学、一流大学と言ってよい。

　それでは、国際化拠点大学に期待される役割には、どのようなものが挙げられるのだろうか。選定結果の通知文書[18]には「拠点大学において実施する取組」として、(1) 英語による授業等の実施体制の構築、(2) 留学生受入れに関する体制の整備、(3) 戦略的な国際連携の推進の3つを挙げている。これをみると、日本語教育を蔑ろにしているわけではないが、優秀な学生を獲得するにはまず英語を重視し、あるいは英語のみで留学の完遂を目指すという姿勢が目立つ。また国際的な競争力の向上を目指し、旧帝大はもちろん、国内でも高い評価をすでに確立している名門大学ばかりを対象として基幹大学と位置づけ、個別の留学生政策を一層充実させようとする事業であることは疑いない。見方を変えれば、多数を占める中小規模の大学に直接福利をもたらす政策ではない。

　この「グローバル30」に続く事業には、2012年の「グローバル人材育成推進事業」[19]、さらに2014年の「スーパーグローバル大学創成支援」[20]が設けられている。いずれも公募型の補助金制度である。

　まず「グローバル人材育成推進事業」だが、この事業はその目的を「若い世代の『内向き志向』を克服し、国際的な産業競争力の向上や国と国の絆の強化の基盤として、グローバルな舞台に積極的に挑戦し活躍できる人材の育成を図るべく、大学教育のグローバル化を目的とした体制整備を推進する事業に対して重点的に財政支援すること」であると述べ、国内大学の一層のグローバル化を目指した取り組みであるという立場を鮮明にしている。事業は「タイプA（全学推進型）」と「タイプB（特色型）」の2つがあり、前者は「国内大学のグローバル化を先導する大学として、他の大学のグローバル化推進に貢献する取組の実施が求められる」とあって、先の拠点大学同様の役割が期待される。一方後者は学部・研究科単位での取り組みを促しているが、これによって「大学全体のグローバル化推進に貢献する取組の実施が求められる」とされる。審査項目に留学生の文字は直接挙げられてはいないが、大学や教員、学生のグローバル化を目指すことが繰り返し強調されており、その環境の一部として留学生

に期待を寄せるものであろう。

「スーパーグローバル大学創成支援」も「トップ型」と「グローバル化牽引型」に二分されるが、特に前者は「グローバル30」、そして「グローバル人材育成推進事業」のタイプAからの延長線上に位置づけられる取り組みであろう。その背景ならびに目的に関する記述を抜き出し、以下に紹介する（下線も原文のママ）。

　　経済社会のグローバル化が進む中、我が国が今後も世界に伍して発展していくには、大学の国際競争力向上と、多様な場でグローバルに活躍できる人材の育成が不可欠。そのため、徹底した「大学改革」と「国際化」を断行し、我が国高等教育の国際通用性、ひいては国際競争力強化の実現を図る。

ここで「ベースとなる用件」として挙げているものに、「学生及び教員の外国人比率の向上」と「英語による授業の拡大」がある。国際化、グローバル化を推進する上で、留学生の受入れ数を拡大する必要があること、また「海外大学との先駆的教育連携」などを謳っているが、そのためにも英語によるカリキュラムの裾野を広げる必要があるという。留学生教育における日本語の重要性は直接的に語られず、この点で後退したと捉えてもよいのかもしれない。「トップ型」に13大学が、「グローバル化牽引型」に24大学が採択されており、「トップ型」は「グローバル30」採択校と重複するところが多い。

しかし「グローバル化牽引型」は国公私立の幅も広く、必ずしも総合大学とは限らない。また歴史的に日の浅い大学も含まれるなど、採択校のバリエーションに富む（後述の立命館アジア太平洋大学の名前もこの中に見出せる）。

諸々の取り組みを経て、日本全体の留学生数はその後も増加を続けた。2011年の東日本大震災や日中、日韓関係の悪化により東アジア圏からの留学生数が停滞する時期もあったが、2013年にはおよそ旧に復した。さらに翌2014年は18万人を突破し、「留学生30万人計画」がスタートした2008年から6年で5割増加したことになる。しかし、裏を返せば、同じ比率で増加しても達成目標年度である2020年まで30万に届くか心許ない、というのが当時の状況であったとも言える。

これに関して茂住（2010）は、大学を卒業しても国内で就職できた留学生が

一握りという現状では、目標人数を達成するだけの魅力を日本留学が持てないと評価している。そしてその要因は日本企業や入管もそうであるが、大学側の消極的な支援にもあるとしている。「留学生30万人計画」達成への阻害要因として、日本の大学が持つ留学生観の見直しが、この時求められていたと言えよう。

3. 新たな留学マーケットの開拓と30万人の達成

1.「留学生10万人計画」への批判

　すでに完遂された「留学生10万人計画」については、これまでに取り上げたものも含め、多くの研究者が批評している。そしてその多くが批判的な姿勢でこの政策を捉えている。

　高（2010）は中国からの渡日留学生を扱った論考であるが、「『留学生10万人計画』は質より量を優先させたため留学生の質の低下をもたらした」と評するとともに、「そうした学生を継続的に受け入れたことにより、日本の教育機関のブランド価値が低下してしまった」点をも問題視している。そしてこの政策に沿って来日した学生たちの「中には、学業をそっちのけにしてアルバイトで稼いだ大金を持ち帰った人も多く、出稼ぎ目的で日本に行きたい人を刺激する結果となった」と述べ、さらにこのような悪循環によって「中国国内では、日本から帰国した留学生に対する評価が低下し、日本の教育ブランドが失墜した」と、そのマイナス面にも言及した。

　高（前掲）同様に、大塚（2008）も中国人留学生に注目した。大塚は次のように、中国マーケットが計画を達成する上で果たした役割の大きさを指摘している。

> 「留学生十万人計画」の目標達成を支えたのは中国人学生である。近年の急増は文部科学省奨学金の支給人数増など留学生支援の積極策や入国・在留管理の改善が功を奏したこと、さらに、わが国の18歳人口の減少や少子化への対策として私立大学を中心として多くの大学が留学生の受入れに積極的になっていることの結果と考えられる。

　田部井（1989）も私立大学が積極的に取り組んでいる「18歳人口の減少や少

子化への対策」に、大塚 (2008) が指摘する 20 年前から注目した。田部井が寄せる危惧の中には次のような記述がみられた。

> 不足した学生の席を埋めるという安易な考えでは、留学生の受入れは単に数を増やしただけのものなってしまう。留学生の受入れには、日本人学生の場合より時間的にも経済的にも負担がかかることを覚悟しなくてはならないはずである。

留学生の受入れは経済的にはむしろ負担がかかるものであり、相応の覚悟をもって臨むべきであると警鐘を鳴らしている。またそうでなければ留学生満足は得られないのだという。

またシンガポールから自身が日本へ留学した経験を持つタン (2008) は、元日本留学生の視点から「留学生 30 万人計画」への提言を述べた。①日本がその技術力を背景に経済大国に発展したこと、②入国が容易であり、比較的良好な留学生活環境（奨学金、住環境など）が整っていること、③伝統文化から現代のポップカルチャーにまでいたる幅広い文化的魅力を持つこと、④外国人の就労や就学への日本社会の受容性が向上していることの 4 点が日本へ留学生を呼び寄せる魅力なのだという。一方、次の 3 点を改善すべき課題として挙げている。すなわち、

1. 日本の大学は国際的な評価が乏しく、留学実績がその後の進路実現に繋がっていない
2. これに関連して日本の大学が持つ強みや専門性が世界的に認められていない
3. 途上国出身の留学生が大半を占めている

日本留学で得た実績が生かされない、つまり出口保証が課題であると読み取れる。また途上国出身の留学生がほとんどであることを課題として捉えるのは、先の高 (2010) などが指摘しているように、その留学目的が「出稼ぎ」に流れることを懸念してのことでもあろう。同様の指摘は栖原 (2010) でもなされており、「留学生 30 万人計画」を遂行する上で、「留学生 10 万人計画」の反省に立つべきだという声は大きい。そもそも「留学生 30 万人計画」自体が、質

表2　留学生の出身国・地域の変遷

| 2008年（123,829人） || 2018年（298,980人） ||
国・地域	留学生数（構成比）	国・地域	留学生数（構成比）
中国	72,766人（58.8%）	中国	114,950人（38.4%）
韓国	18,862人（15.2%）	ベトナム	72,354人（24.2%）
台湾	5,082人（ 4.1%）	ネパール	24,331人（ 8.1%）
ベトナム	2,873人（ 2.3%）	韓国	17,012人（ 5.7%）
マレーシア	2,271人（ 1.8%）	台湾	9,524人（ 3.2%）
タイ	2,203人（ 1.8%）	スリランカ	8,329人（ 2.8%）
アメリカ	2,024人（ 1.6%）	インドネシア	6,277人（ 2.1%）
インドネシア	1,791人（ 1.4%）	ミャンマー	5,928人（ 2.0%）
バングラデシュ	1,686人（ 1.4%）	タイ	3,962人（ 1.3%）
ネパール	1,476人（ 1.2%）	バングラデシュ	3,640人（ 1.2%）

出典：日本学生支援機構（JASSO）「外国人留学生在籍状況調査」：https://www.jasso.go.jp/about/statistics/intl_student_e/index.html（最終閲覧2019年3月1日）より筆者作成

より量に偏ったという「留学生10万人計画」を反面教師として、質の重視を説いている。

2. 新たな留学生マーケット

　実際のところ、一時は達成が危ぶまれていた「30万人計画」も、本章冒頭で述べたように2018年には達成されるに至った。しかし、このことは高（前掲）の懸念を払拭し、中国マーケットの日本留学に対する満足度が向上したことを必ずしも意味するものではないようだ。表2は2008年と2018年の日本への留学生がどこからやってきたのか、その出身を上位10カ国・地域に関して紹介したものである。

　この10年での日本への留学生は、その出身国・地域が著しく変化したことがわかる。かつては、東アジア（中国、韓国、台湾）で全体の8割を占めていたのが、2018年には5割を下回り、その一方でベトナム、ネパールからの留学生数増加が目立つ。中国は一貫して最多出身国のままだが、全体における構成比は20%減じている。いわば、日本留学の潮流が東アジアの時代からアジア全域に拡大したのだと言えよう。

　以上を受けて、ネパールからの留学生増加についての報道が、特に日本語学校を舞台に目立つようになる。西日本新聞社による『新 移民時代』は同名の新

表3　留学生の受入れ数の多い大学

大学名	留学生数（人）2018年／2017年	大学名	留学生数（人）2018年／2017年
1）早稲田大学	5,412／5,027	6）大阪大学	2,480／2,273
2）東京福祉大学	5,133／3,733	7）筑波大学	2,457／2,426
3）東京大学	3,853／3,618	8）立命館大学	2,446／2,141
4）日本経済大学	3,348／2,983	9）京都大学	2,387／2,134
5）立命館アジア太平洋大学	2,867／2,804	10）九州大学	2,313／2,201

出典：日本学生支援機構（JASSO）「（平成30年度）外国人留学生受入数の多い大学」：https://www.jasso.go.jp/about/statistics/intl_student_e/2018/ref18_02.html（最終閲覧2019年3月1日）より筆者作成

聞連載を編纂して出版したものだが、激化する現地留学ビジネスと、そのための「偽造書類」の存在や送り出しを担う現地日本語学校での「カタコト教師」による実態の乏しい日本語教育を紹介している。また受け入れる日本国内の日本語学校では学習意欲もなく、就労の隠れ蓑として入学する学生たちを前に「学校崩壊」した「名ばかり学校」が「乱立」する現状を報道するとともに、他方では「留学生への人権侵害」が危惧されるケースすらあることを取り上げている。

　量を求めるあまり、質に目を背けた留学生獲得が社会不安を醸成するというのは、かつての「留学生10万人計画」において中国をフィールドに経験済みであった。『新 移民時代』のレポートは、これを所を変えて繰り返したものと言える。そして同様の問題は、次節で取り上げる「2018年問題」を抱える大学においても無関係では済まない。

4．定員充足のための留学生獲得

1．留学生獲得に積極的な大学

　留学生の受入れ数が多い大学を日本学生支援機構（JASSO）は毎年調査している。表3は2018年度5月1日および2017年5月1日時点での在籍者数を表したものである。ここに挙げた上位10大学は、留学生の受入れについて、少なくとも量的に積極的であると言ってよい。

　2017年と2018年とで順位の変動も多少あるが、10校すべてにおいて留学生数を拡大させている。特に東京福祉大学と日本経済大学については、前者が

前年比4割近くとなる1400人増、後者が1割強のおよそ350人増と、急速にその数を増している点が目立つ。

表3に挙げられた多くの大学が、総在籍学生数が万を数える大規模大学であり、留学生数が多いこともその規模に比してのものと考えれば、異とするにはあたらない。だが、前掲の東京福祉大学（2018年度収容定員4558人）、日本経済大学（同6069人）、立命館アジア太平洋大学（同5470人）については、いずれも学生数が1万人に満たないにもかかわらず留学生を多数擁している[21]。自ずとランキング中の他の大学と留学生の位置づけが異なるだろう。

立命館アジア太平洋大学については、留学生獲得を政策として明確に打ち出しており、「平成26年度スーパーグローバル大学創成支援」に採択されるなど、その取り組みは高い評価を得ている。2018年度の在籍者数について、同大学ホームページ[22]には「学生数：世界89カ国・地域からの国際学生2952名と国内学生2877名の合計5829名（国際学生比率50.6%）」とあり、定員を超えて学生が在籍していることがわかる。

一方、日本経済大学は2018年度の総在籍者数が4636人であり、留学生を加えてもなお定員を満たせない。日本経済大学については、2010年新設の渋谷キャンパスにおける入学式に関連した記事を以下に抜粋しよう[23]。

　　実は、日本経済大学渋谷キャンパスは、940人の新入生の約9割を中国からの留学生が占める。他にも、ベトナム、ネパール、バングラデシュなど17カ国からの留学生を受け入れ、留学生率は99%。日本人がたった12人という超異色大学の挑戦が始まろうとしている。

これより、大学の国際化という美名の下、留学生の獲得には異なる目的が潜んでいることが再確認できる。それは田部井（前掲）などが指摘していた、まさに日本人で満たせていない定員充足の代替としての留学生という側面である。

東京福祉大学に関しては、こうした定員充足としての一面に加えて、授業料収入の点から過度な受け入れを行っていることも考えられる。一見すると収容定員4558名に対し、留学生だけで5000名を超えている（前掲表3）ことになるが、『大学ポートレート』上では総在籍者数は4110名（うち留学生925名。またこれとは別に通信教育学部に留学生が1534名在籍するという）と紹介されており、定員を欠いているのだという。

序章　留学生獲得が日本の大学にもたらすもの

表4　募集停止大学の一覧

大学名（募集停止の時期）	所在地	大学名（募集停止の時期）	所在地
立志舘大学（2003年）	広島県安芸郡	LEC東京リーガルマインド大学（2009年）	東京都千代田区
東北文化学園大学（2004年）	宮城県仙台市	福岡医療福祉大学（2010年）	福岡県太宰府市
萩国際大学（2005年）	山口県萩市	東京女学館大学（2012年）	東京都町田市
東和大学（2006年）	福岡県福岡市	創造学園大学（2013年）	群馬県高崎市
三重中京大学（2009年）	三重県松阪市	神戸夙川学院大学（2014年）	兵庫県神戸市
聖トマス大学（2009年）	兵庫県尼崎市	福岡国際大学（2014年）	福岡県太宰府市
神戸ファッション造形大学（2009年）	兵庫県明石市	聖母大学（2014年）	東京都新宿区
愛知新城大谷大学（2009年）	愛知県新城市		

出典：大学職員.net：http://blog.university-staff.net/（最終閲覧2019年3月1日）および木村（2012）、島野（2014）を参考に筆者作成

　同大学は、2019年3月15日に「『研究生』という資格で入学したベトナム、ネパールなどからのおよそ2700人の留学生のうち、700人近くが所在不明となり、大学から除籍されていた」と報じられており、上記表3に挙げた日本学生支援機構のデータ（5133人）の半数以上がこの研究生制度を利用しての受入れであったこと、またこの資格が収容定員の枠外であることがわかる。つまり、研究生であれば入学者数の制限を受けず、それゆえに授業料収入に特化しての制度の盲点を突いた量的獲得の一例と言えるかもしれない。

2. 大学の生き残りと留学生獲得

　21世紀に入ってこのかた、少子化の煽りを受けて定員充足に喘ぐ大学は珍しくない。表4は募集停止に追い込まれた大学の一覧である。

　この表に示すとおり、2003年からの10年あまりで、募集停止や経営破綻に追い込まれる大学が相次ぎ、その数はここに挙げたもので15大学に達する（名称変更等を経て、経営を立て直した大学も含まれる）。その直接、間接の要因は様々だが、安定した定員充足が図れていれば、閉学することはなかっただろう。このほかにも学部、研究科レベルで募集停止した大学もある。短期大学に目を向ければ、さらに多くの教育機関がその姿を消す事態となっている。

　またこれらの大学は、東京女学館大学（東京都町田市）やRECリーガルマインド大学（東京都千代田区）、聖母大学（東京都新宿区）を例外とするものの、多

表5　私立大学の定員充足率

年度	2003	2004	2005	2006	2007	2008	2009	2010
定員充足校数	374	378	382	329	337	299	305	351
定員割れ校数	147	155	160	221	222	266	265	218
定員割れ校の割合	28.2%	29.1%	29.5%	40.2%	39.7%	47.1%	46.5%	38.3%
校数合計	521	533	542	550	559	565	570	569

年度	2011	2012	2013	2014	2015	2016	2017	2018
定員充足校数	349	313	344	313	329	320	352	372
定員割れ校数	223	264	232	265	250	257	229	210
定員割れ校の割合	39.0%	45.8%	40.3%	45.8%	43.2%	44.5%	39.4%	36.1%
校数合計	572	577	576	578	579	577	581	582

出典：日本私立学校振興・共済事業団「月報私学」：https://www.shigaku.go.jp/g_geppo.htm（最終閲覧2019年3月1日）より筆者作成

くは地方にキャンパスを構えていたことが共通点として挙げられる。県庁所在地としてみたときも神戸市の神戸夙川大学、福岡市の東和大学、仙台市の東北文化学園大学に限られる。

　さらに定員充足に注目したい。定員割れを起こしている機関数を一覧で表そう（表5）。これを見れば、いかに私立大学を取り巻く環境が厳しいかがわかる。

　2005年までは3割程度だった定員割れ校が、翌年には4割を超えるに至った。状況の悪化はとどまらず、2008、2009年はおよそ半数の私立大学が定員を満たせなかった。2010、2011年はやや回復したが、岩田（2013）はその理由の一つに留学生の募集拡大を挙げる。しかしながら、2012年には前年の東日本大震災や日中、日韓関係の悪化が影響するなどして頼みとした留学生獲得が足踏みしたのであろうか、45％を超えている。この数値は2013年に若干改善するも、2014年には2012年と同率となった。以降、ほぼ横ばい傾向が続いたが、2017年以降は回復傾向にある。留学生数が年々拡大し、今や30万人に達しようとしていることと無縁ではないだろう。

　宮野・松本（2005）は、「大学等の高等教育機関は18歳人口の減少により、定員を留学生で埋めるため、容易に入学できるような環境整備を行った」と指摘している。2005年の時点で、すでに深刻な問題として一部の大学では定員充足を捉えていたことがわかる。

　18歳人口の推移については、産経新聞に次のような記事も掲載された。[26]今後の人口推移に基づいて「2018年問題」を紹介したものである。

大学関係者の間で「2018年問題」という言葉が語られている。近年横ばい状態にあった18歳人口が、この年あたりから再び大きく減り始めることから、「倒産する大学が相次ぐ」との懸念が広がっているのだ。
　昨年生まれの子供が大学受験を迎える2031年の18歳人口は約104万人で、現在より15万人ほど少ない。折しも、大手予備校「代々木ゼミナール」の校舎の7割強が閉鎖されることも明らかになった。大学の大淘汰（とうた）時代がいよいよ現実味を帯びてきた印象だ。
　教育界が18歳人口減少の危機に瀕（ひん）して久しい。すでに半数近い私立大学が入学定員割れしている。少子化が進むのに大学数が増えたのだから当然の帰結である。
　これまでも各大学は生き残りをかけ、志願者が増えそうな校名への変更や学部新設、多様な入試制度の導入など、あの手この手で受験生集めをしてきた。だが、小手先の対応はいつまでも通用しない。年間出生数は急坂を転げ落ちるように減るからだ。2020年は83.6万人、2030年には74.9万人と推計されている。
　かつて大学の経営破綻は「小規模な地方私立大学の問題」と受け止められることが多かった。
　だが、民間有識者による「日本創成会議」の分科会が公表した2040年までに自治体の半数が将来的な「消滅」の危機にさらされるとの推計結果を見る限り、今後は国公立大学とて無関係で居続けられるとは言い難い。（後略）

　「2018年問題」とは2018年に収束する問題ではなく、今後ますます顕在化する課題である。「留学生30万人計画」は今、達成を間近に控えているが、量を求めるあまり質を軽視したとして批判が相次いだ「留学生10万人計画」と同じ轍を踏む大学の存在は否定できない。
　先の新聞記事に類するものとして飯塚（2014）は、18歳人口をめぐっては「2018年以降は減少期に突入し、2025年度までの8年間で約10万人減少する。大学進学者の減少がボディーブローどころではなく、決定的な経営難の加速要因になる大学が出てくるだろう」と述べる。状況は好転するどころか、時と共に厳しさを増すことがここでも予想されている。

さらにその先の展望についても「平成33年以降再び急激に減少をはじめ、その後10年間に約18万人減少することとなる（32年：117万人⇒43年：99万人）。これにより、43年には現在（平成26年）の83.9%になることとなる」と新田（2014）は紹介しており、日本人のみでの定員充足の見通しに希望的な要素が見出せない。加えて新田は、「上昇する高等教育進学率も、都道府県により大きなばらつきがあり、高等教育ニーズ・進学率の在り方の検討・議論にあたってはこのような地域差を考慮する必要があることがわかる」と述べ、地方大学はさらに厳しいものがあるという。前掲の記事は「かつて大学の経営破綻は『小規模な地方私立大学の問題』と受け止められることが多かった」と述べたが、今では「小規模な地方私立大学の問題」ではなくなった、つまり、より広範囲の大学が定員充足を深刻な課題とするようになったと言えよう。

　では、こうした状況下において、日本の高等教育機関は留学生をどのように受け入れているのか。規模の大小にも注目し、その実態に基づいて、留学生受入れの意義を一考する必要があるだろう。

注

　本章は早稲田大学大学院日本語教育研究科博士学位論文『留学生エンロールメント・マネジメントと日本語教育——小規模大学の取組みを通して』の第1章「大学における留学生獲得の意義」を一部抜粋の上、加筆修正したものであり、それにあたり以下の参考URLは2019年3月1日に改めて閲覧・確認した。

(1) 日本学生支援機構（JASSO）「外国人留学生在籍状況調査」：https://www.jasso.go.jp/about/statistics/intl_student_e/index.html
　　なお、表2、表3も同様に上記ホームページの該当年度より閲覧したデータをもとに作成している。
(2) 文部科学省「『留学生30万人計画』骨子の策定について」：http://www.mext.go.jp/b_menu/houdou/20/07/08080109.htm
(3) 入国管理局「入管法及び法務省設置法改正について」：http://www.immi-moj.go.jp/hourei/h30_kaisei.html
(4) BUSINESS INSIDER JAPAN「外国人労働者受け入れ拡大で『出稼ぎ留学生』が激減？日本語学校の危機」：https://www.businessinsider.jp/post-185910?fbclid=IwAR2KUovY5zO26nSkXMyn-E7NHSxN1z-JR2JDU9rkX4Kylhc8IIywLcATuTY
(5) 文部科学省「大学の国際化のためのネットワーク形成推進事業」：http://www.mext.go.jp/a_menu/koutou/kaikaku/1260188.htm

（6）文部科学省「スーパーグローバル大学等事業」：http://www.mext.go.jp/a_menu/koutou/kaikaku/sekaitenkai/1319596.htm
（7）文部科学省「新たな留学生政策の展開について（答申）」：http://www.mext.go.jp/b_menu/shingi/chukyo/chukyo0/toushin/03121801.htm
（8）総務省「留学生受入れ推進施策に関する政策評価」：http://www.soumu.go.jp/menu_news/s-news/daijinkanbou/050111_1.pdf
（9）経済財政諮問会議「成長力加速プログラム――生産性5割増を目指して」：http://www5.cao.go.jp/keizai-shimon/cabinet/2007/potential/item1.pdf
（10）首相官邸「『アジア・ゲートウェイ構想』の概要」：http://www.kantei.go.jp/jp/singi/asia/gaiyou.pdf
（11）内閣府「長期戦略指針『イノベーション25』について」：http://www.cao.go.jp/innovation/action/conference/minutes/minute_cabinet/kakugi1.pdf
（12）首相官邸「第8回 教育再生会議 議事要旨」：http://www.kantei.go.jp/jp/singi/kyouiku/dai8/8gijiyoushi.pdf
（13）内閣府「経済成長戦略大綱（改訂）」：http://www5.cao.go.jp/keizai-shimon/minutes/2008/0627/item5.pdf
（14）首相官邸「経済財政改革の基本方針2007について」：http://www.kantei.go.jp/jp/singi/keizai/kakugi/070619kettei.pdf
（15）文部科学省「『留学生30万人計画』骨子 取りまとめと考え方に基づく具体的方策の検討」：http://www.mext.go.jp/b_menu/shingi/chukyo/chukyo4/020/gijiroku/__icsFiles/afieldfile/2014/09/29/1217000_001.pdf
（16）首相官邸「経済財政改革の基本方針 2008」：http://www.kantei.go.jp/jp/singi/keizai/kakugi/080627kettei.pdf
（17）首相官邸「『留学生30万人計画』骨子の概要」：http://www.kantei.go.jp/jp/tyoukanpress/rireki/2008/07/29gaiyou.pdf
（18）文部科学省「平成21年度国際化拠点整備事業（グローバル30）の採択拠点の決定について」：http://www.mext.go.jp/b_menu/houdou/21/07/1280880.htm
（19）文部科学省「平成24年度グローバル人材育成推進事業の公募について（通知）」：http://www.mext.go.jp/b_menu/houdou/24/09/attach/1326084.htm
（20）文部科学省「スーパーグローバル大学創成支援 事業概要」：http://www.mext.go.jp/b_menu/houdou/26/09/__icsFiles/afieldfile/2014/09/26/1352218_01.pdf
（21）各大学の「大学ポートレート」(http://up-j.shigaku.go.jp/) を参照した。
（22）立命館アジア太平洋大学「大学基本情報」：http://www.apu.ac.jp/home/about/content55/ なお、日本学生支援機構のデータ（表3）とは若干の差異がみられる。
（23）JBpress「新入生9割が中国人、渋谷に誕生した超異色大学」：http://jbpress.ismedia.jp/articles/-/3465
（24）TBS NEWS「【現場から、】『消えた留学生』、東京福祉大の700人所在不明に」：https://news.tbs.co.jp/newsi_sp/ryuugakusei/archive/20190315_01.html
（25）文部科学省から与えられる経常費補助金は、定員超過あるいは定員割れに関して交付の基準が設けられており、例えば大規模大学（収容定員8000人以上）で1.2倍以上入学者がいた場合、全学不交付となる。詳しくは以下を参照されたい。

文部科学省「私振補第 30 号平成 27 年 7 月 10 日」：http://www.mext.go.jp/a_menu/koutou/shinkou/07021403/002/002/__icsFiles/afieldfile/2015/07/13/1360007_2.pdf

(26) iza「地方国公立大も"倒産"の危機？ささやかれる『2018 年問題』」：http://www.iza.ne.jp/kiji/life/news/140908/lif14090809020005-n1.html

【参考文献】

飯塚信 (2014)「環境変化を捉えた教育改革を」『Between』255、4-7 頁

岩田雅明 (2013)『生き残りをかけた大学経営戦略――大学、常夏の時代から氷河期へ』ぎょうせい

大塚豊 (2008)「第 7 章 中国の留学生政策の変遷と留日中国人学生に対する教育の課題」『Reviews in higher education』94、91-107 頁

木村誠 (2012)『危ない私立大学 残る私立大学』朝日新書

高明珠 (2010)「中国人留学生の視点からみる日本の留学生政策」『同志社政策科学研究』12(1)、1-15 頁

島野清志 (2014)『危ない大学 消える大学 '15』エール出版社

杉村美紀 (2005)「アジア諸国における高等教育戦略としての留学生政策――日本へのインパクトと課題」『日本教育社会学会大会発表要旨集録』57、27-28 頁

栖原暁 (2010)「『留学生 30 万人計画』の意味と課題」『移民政策研究』2、7-19 頁

田部井圭子 (1989)「留学生政策と問題点」『亜細亜大学教養部紀要』39、42-33 頁

タン、ジョンレク (2008)「元留学生からひとこと――日本の留学生政策への提言」『外交フォーラム』243、18-20 頁

西日本新聞社編 (2017)『新 移民時代――外国人労働者と共に生きる社会へ』明石書店

新田正樹 (2014)「私立大学を取り巻く現状(1)」『文部科学教育通信』352、22-25 頁

宮野良一・松本達也 (2005)「日本語教育機関に関する考察――我が国の留学生政策との関連から」『芦屋大学論叢』42、107-123 頁

茂住和世 (2010)「『留学生 30 万人計画』の実現可能性をめぐる一考察」『東京情報大学研究論集』13 (2)、40-52 頁

米川英樹 (1991)「今日の留学生政策とその課題――高等教育の国際化へ向けて」『教育学論集』20、121-131 頁、大阪教育大学教育学教室

米澤彰純 (2007)「新たな段階に入った留学生政策と大学主体の質保証」『留学交流』19 (8)、2-5 頁

第Ⅰ部 受入れ側の実態
― 留学生が持つ価値と国内高等教育機関の期待 ―

　序章では、留学生の存在感が増すなかでの日本の留学生政策を概観した。日本の高等教育が留学生に依存している状況は、社会的な問題として近年注目されている。とはいえ、700を超える日本の大学が一律に同じ状況にあるわけではない。大学の規模や資金力、伝統・ブランド力、地域性、総合大学か単科大学か（理系か文系か）、留学生を受け入れる事情は、その大学ごとに様々な要因が複雑に絡み合っているだろう。

　そこで留学生を受け入れる日本の大学の実際を具体的にみていきたい。以下、第1章で大規模大学を、第2章で中規模大学を、第3章で小規模大学をそれぞれ扱う。教職員の所属大学の政策に対する忌憚のない意見、特に中小規模大学については批判的な意見も散見されることから、大学名をL: Large、M: Medium、S: Small の略称を付して紹介することで、調査協力者に配慮した。

　なお、大中小という大学の規模の定義についてだが、文部科学省の「私立大学等経常費補助金」の中で、大規模大学を収容定員8000人以上、小規模大学を同じく4000人未満とし、その中間を中規模大学と位置づけた記述があった[※]。本書で取り上げた各大学もこの条件に合致する。実際のところL大学は学部だけで4万人を超え、一方S大学は1000人を下回る。加えて、L大学が首都圏に位置する総合大学であり、創設100年を超える伝統校であるのに対し、S大学は地方都市にある単科大学、そして大学設置から10年あまりの新設校と、あらゆる面で対比的な存在となっている。本書で取り上げる大学にとっての留学生の価値、またそれへの期待にどのような違いがあるか、ケース・スタディではあるが、日本の高等教育の縮図を俯瞰していると言えるだろう。

※文部科学省「地方創生のための大都市圏への学生集中是正方策について」: http://www.mext.go.jp/b_menu/shingi/chukyo/chukyo4/gijiroku/__icsFiles/afieldfile/2015/07/10/1359837_19.pdf（最終閲覧2019年2月17日）

第1章

大規模大学
留学生政策の牽引役として期待される役割とは

宮崎里司

はじめに——留学生政策を取り巻く諸課題

　本章は、日本における、外国人留学生受入れ政策の推進が、グローバル化政策を牽引する大規模校大学をはじめとした、受入れ大学の戦略や、卒業あるいは修了後、高度人材職に就くための雇用政策に寄与することにつながることを論述する。それはまた、送り出し国の、日本理解や、留学生自身のキャリアパスのための自己実現に役立つ、Win-Winの関係を構築する上で、どのような課題解決をしていかなければならないのかにもつながり、同時にポスト留学生30万人計画を見据えた留学生政策とに関連する。

　これまで、日本の外国人留学生は、主に、5つの政策の観点から、議論されてきた。

(1) 知日派、親日派養成に向けた、ジャパン・リテラシーの教育を含む外交政策
(2) 大学教育や大学経営などを目的とした、高等教育機関のグローバル化政策の構築
(3) 外国人との共生社会を構築するモデル事業として、留学生が在住する地域のダイバーシティ、活性化、ならびに量的補充政策
(4) 在籍中の資格外活動ならびに、卒業(修了)後の雇用政策として、キャリアパスのための政策
(5) 来るべき移民政策として、国境・統合政策の推進

これらの政策は、グローバル化を目標とする日本の大学が取り組むべき基幹教育の方向性を示している。しかしながら、各高等教育機関が、留学生の獲得に力を入れ、経営改善につなげたいという思惑もあるものの、時勢に流されず、かつ持続可能（sustainable）な教旨として位置づけているのかは疑わしい。留学生が学ぶ大学キャンパスは、多文化共生社会における代表的なモデル実験場の一つとも言えるが、中核的な役割を果たす社会基盤としてのプラットホームは、十分に形成されているとは言い難く、認識も薄い。

　1991年、大学設置基準の緩和により、1992年以降、ピーク時には、205万人いた18歳以下の人口減少に歯止めがかからない状況にもかかわらず、大学数は増加したが、一方では、「入学定員充足率」100％未満の、いわゆる定員割れ大学・短期大学数も増加した。日本私立学校振興・共済事業団資料（2017年8月）によれば、2017年の私立大学全体で、入学定員割れの大学は、2016年度より28校減、計校数に対する割合は5.1ポイント下降と改善されたものの、229校と依然高く、4割（39.4％）を示している。その一方で、定員数（入学定員、収容定員）、入学定員3000人以上（収容定員1万2000人以上）の大規模大学による寡占化が進んでおり、2017年度、集計校の4.1％にあたる24校に上っている。また、入学定員も前年度より7295人（5.4％）増の14万2379人で、全入学定員の29.8％に相当する。加えて、志願者数は前年度より18万4957人（11.3％）増え、181万7212人で、全志願者数の46.8％に達し、入学者数は、前年度より3482人（2.4％）増の15万981人で、全入学者数の30.2％を占めた。本章でも、2章（中規模大学－M大学）、3章（小規模大学－S大学）と記されていることを踏まえて、こうした大規模大学を当該大学ないしは、L大学と記す。

　「留学生30万人計画」は2008年1月8日の第169回国会における福田内閣総理大臣の施政方針演説において発表された。2013年6月14日に閣議決定された「日本再興戦略」および「第2期教育振興基本計画」において、2020年までに受け入れる外国人留学生を30万人に倍増することが明記された。その結果、2017年17年6月末には、「留学」で在留する外国人は、29万1164人（11.8％）に達している。これは、2011年に比べ、180％以上の増加にあたる。

　グローバル化を実現する多様な留学生交流を推進する上で、2つの課題が考えられる。第一に、日本語に習熟していないものの、優秀な留学生獲得に課題があり、大学でのアカデミックなインターアクションに耐え得る日本語能力の確保が課題となっている。次に、学部への受入れ留学生は、日本語教育機関等

を含む国内からの進学者が 6 割を占め、海外から進学する、いわゆる新規渡日者が少ない状況にあり、進学に多様性がない。しかしながら、一方で、海外における日本語教育の環境が十分に整わないなか、渡日前までに大学学部段階で必要な、日本語能力試験の N2 に相当する、留学生の日本語能力の確保が問題となっている。そのため、キャリアパスを志向する諸外国の優秀な留学生を取り込むためには、英語による学部プログラムの拡充が必要となるが、提供しうる教育プログラムが、質量ともに少なく、かつ、コスト面での負担が大きいため、海外大学との連携による戦略的な留学生交流の推進が望まれる。

1. ある大規模校の留学ならびに日本語教育政策事例

本節では、上述のような留学生に関する諸課題に対し、どのようなグローバル・ストラテジーを構築すべきであろうか。ここでは、首都圏の私立大規模校（L 大学）を例に、日本語教育政策を紹介する。

当該大学は、2019 年 4 月 1 日の時点で、10 の学術院の下 13 学部・21 研究科（大学院）を設置し、在籍者数 5 万人を超え、日本学生支援機構（JASSO）の留学生受入れ数の多い大学調査（2018）では、外国人留学生を最も多く受け入れる大学（5412 人）となっている。2014 年から、世界トップレベルの大学との交流・連携を加速するための取り組みや、学生のグローバル対応力育成のための体制強化などを進める大学を重点支援する、「スーパーグローバル大学創成支援事業」に採択され、世界大学ランキングトップ 100 を目指す力があり、世界レベルの教育研究を行う大学「タイプ A（トップ型）」（13 大学）に分類されている。「開放性、多様性、流動性を持つ教育研究ネットワークの構築」と名付けた構想調書のうち、日本語教育を含む、留学生政策の一部を、以下に要約する。

2009 年度に International Admissions Office（国際入試オフィス）を設置し、海外での学生募集に積極的な施策を活用し、従来入学者が少なかった地域からの学生を獲得するために、渡日前入試と入学許可時奨学金給付を推進している。また、オンディマンド型のインターネットで視聴できる科目を複数提供しているが、教育内容を全世界に公開し、優秀な留学生を獲得するため、国際バカロレア（The International Baccalaureate: IB）やアドミッション・オフィス（Admission Office: AO）入試を効果的に活用し、首都圏最大規模の混住型国際

学生寮を、2014年度3月に開設した（定員約900人）。この構想の終了までには1万人超の留学生の受入れを実現し、学生の海外留学への送り出しも、同数の1万人を達成する計画を打ち出している。

　当該大学の国際化への取り組みは、創立以来「地球市民の育成」を担うという建学の精神の下、1905（明治38）年の清国留学生部を設置し、拡充的に継続されており、外国人学生への学生生活に関する情報を統括する、留学センターにおけるワンストップ・サービスと、保健センターによる健康サポートが揃っている。また、外国人学生・研究者が日本語を学ぶ個々の理由・目的に応じて、日本語学習計画の立案・実施・検証を支援し、日本語学習支援＋メンタルケアを担うスタッフ研修プログラムを開発している。

　日本語教育に関する戦略については、当該大学に在籍するすべての留学生に対する日本語教育を担い、初級から超上級までの、様々なレベルに対応した日本語科目を提供し、単一の日本語教育では世界最大の教育機関である日本語教育研究センターを設立している。科目群としては、大きく、「総合科目群」と「テーマ科目群」に分けられる。「総合科目群」は、初級から上級前半の学習者（レベル1～6）を対象に、標準化されたシラバスと教材によって展開され、四技能（「文章読解」「文章産出」「会話」「聴解」）を総合的に学習する科目で、「入門日本語」「総合日本語1～6」「集中日本語1～2」と、「漢字科目1～5」や「会話1～2」も提供されている。一方、「テーマ科目群」では、多様で独創的な230以上の科目が展開されている。テーマ科目群全体として、思考力や問題解決能力の育成を目指している。初級から超級の学習者（レベル1～8）を対象に、担当教員がそれぞれの専門性を生かした教材・シラバスを策定し、ユニークで「先進性」のある授業が提供され、多様化する留学生の興味関心やニーズに対応した、幅広い分野の科目が展開されている。

　さらにこの日本語教育研究センターに加え、大学院日本語教育研究科が、2001年に設立されている。この大学院は、修士課程・博士後期課程を有する独立研究大学院であり、日本語教師をはじめとする日本語教育専門家の養成、および日本語教育学の理論の構築を担うとともに、在籍する院生が学んだ日本語教育学理論を実践する場を提供している。入試に関しては、中国、台湾、韓国などを対象に、海外指定校推薦や、学内推薦、現職社会人コースなど、様々な入試がデザインされているが、とりわけ、経済的に私費留学が難しい国・地域を対象とした「奨学金給付型AO入試」を実施し、経済的に私費留学が困難

な国・地域の優秀層を受け入れ、将来的にその国の牽引役となり得る人材の輩出を目的として、ミャンマー連邦共和国の学生を対象に、渡日を要さない入試制度を設置し、文部科学省国費外国人留学生の積極的な受入れを図っている。

2. 雇用政策から捉えた留学生政策

　前節では、首都圏私立L大学を例に、日本語教育をキーワードに、どのようなグローバル化政策を運用しているのかを紹介してきた。こうした大学をはじめ、留学生を受け入れている大学が、一方で、彼らを、どのように社会に送り出しているのかといった、高等教育機関の出口保証の観点から考察してみよう。昨今の留学生政策を考察する場合、アカデミック・リテラシーを向上させるだけではなく、地域に根差す社会構成員として、生活者、さらには、雇用を通した社会活動、具体的には、留学中のキャリアパスを考慮に入れ、就職活動や資格外活動（アルバイト）などの、十全なインターアクション能力の習得についても、エンロール・マネジメント（enrolment management, 春口 2015, 2017 および本書終章）の一環として、高等教育機関の果たすべき役割が認識されるようになってきた。日本語教育政策の必要性も、そうしたコンテクストで議論されはじめているが、厚生労働省の「外国人雇用状況の届出状況」（2019）によると、2018年10月現在、国内の外国人労働者数は、前年比14.2%増の約146万人で過去最高を更新した。留学生のうち、6割は日本での就職を希望しているものの、大卒・院卒の留学生の就職率は、わずか3割にとどまっているのが現状である。

　一方で、労働市場での外国人の在留資格を見てみると、厚労省（2018）「『外国人雇用状況』の届出状況まとめ」（2017年10月末現在）では、資格外活動（留学生など）23.2%、在留資格「技能実習」20.2%と、およそ4割強が、いわゆるフロントドアの労働者ではない。ここでは、経営上の理由で留学生獲得を望む私立の教育機関と、非熟練労働の人材不足で、そうした留学生を戦力として期待する労働現場のニーズが合致してしまう傾向も見て取れる。言い換えれば、正規の在留資格の下で就労する、フロントドアからの労働者だけで、日本の労働力事情の課題を解決できない諸事情があり、アルバイトを含む就労により、学費や生活費を得ることを期待する学生と、これを後押しする斡旋業者の存在が絡んでいる。こうした問題の解決に向けては、まず、労働市場の需要を満た

すための正規の外国人労働者に関する知見を持ち、留学生が日本社会に貢献する意義を適切に評価した上で、日本語習得費用や授業料等を公的に支援するシステムを構築しなければならない。

　2012年7月に閣議決定された「日本再生戦略」においても実現が盛り込まれているディーセント・ワーク（Decent Work: 働きがいのある人間らしい仕事）は、1999年の第87回ILO総会に提出されたファン・ソマビア（Juan O. Somavia）事務局長の報告において初めて用いられた（Report of the Director-General "Decent Work - International Labour Organization Conference 87th Session 1999"）。その後、2008年の第97回ILO総会において採択された「公正なグローバル化のための社会正義に関するILO宣言」の中で、ディーセント・ワークを実現するための4つの戦略目標（1. 仕事の創出、2. 社会的保護の拡充、3. 社会対話の推進、4. 仕事における権利の保障）が立てられた。そうした状況の下、2015年の9月、「国連持続可能な開発サミット」が開催され、「我々の世界を変革する：持続可能な開発のための2030アジェンダ」が採択された。アジェンダは、人間、地球および繁栄のための行動計画であり、17の持続可能な開発目標（Sustainable Development Goals: SDGs）と169のターゲットからなる。SDGsを達成する上で、大学の持つ特徴的かつ極めて重要な社会的役割に対する期待が高まっている。失業、不完全就業、質の低い非生産的な仕事、安全性が担保されず不安定な所得、就労に関する権利が認められていない仕事、男女不平等、移民労働者の搾取、病気・障害・高齢に対する不十分な保護などにみられるような状況は、ディーセント・ワークとは程遠い。

　一方、日本においても、2007年6月、雇用対策法改定に基づき、「優秀な留学生の日本への招聘、日本企業での活躍の機会を拡大するため、産業界と大学が一体となり、留学生の募集・選抜から専門教育・日本語教育、就職活動支援までの人材育成プログラムを一貫して行う」（第4条の10）項目が追加された。また、2007年度から5年間の期限付きで、産業界と大学で、留学生の募集・専門家ら就職活動支援までの人材育成プログラムである、アジア人財資金構想支援事業が始まり、2015～2016年度の、「外国人材活躍推進プログラム」につながっている。

　さらに、政府は2018年12月、外国人材の採用に関する関係省庁の施策を集約する組織を日本貿易振興機構（JETRO）に設け、外国人材の採用を考える企業のニーズに対応する体制を整え、留学生の国内就職支援に乗り出した。

第1章　大規模大学：留学生政策の牽引役として期待される役割とは

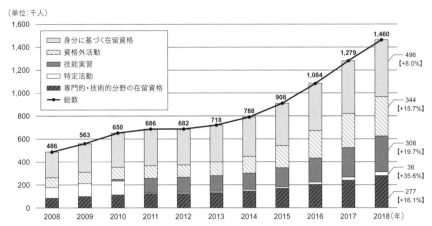

図1　厚生労働省「『外国人雇用状況』の届出状況まとめ」に基づく集計（各年10月末現在の統計）
注1：【】内は前年同期比を示している。
注2：「専門的・技術的分野の在留資格」とは、就労目的で在留が認められるものであり、経営者、技術者、研究者、外国料理の調理師等が該当する。
注3：「身分に基づく在留資格」とは、我が国において有する身分又は地位に基づくものであり、永住者、日系人等が該当する。
注4：「特定活動」とは、法務大臣が個々の外国人について特に指定する活動を行うもの。
注5：「資格外活動」とは、本来の在留目的である活動以外に在留活動を行うもの（原則週28時間以内）であり、留学生のアルバイト等が該当する。
出典：厚生労働省「外国人雇用状況の届出状況（平成30年10月末現在）」

　図1に示すように、外国人労働者は、過去10年にわたり、増加し続け、技能実習生や特定技能就労者が増加したが、これを、多文化共生社会の構成員がdiversity化したと軽々に判断すべきではない。日本は、年齢・学歴・収入・日本語能力・学術研究実績などで、実績がある外国人に優遇措置を講じており、いわゆるLow-Endだけではなく、高度専門職・研究、教育、技術・人文知識・国際・技能・介護などといった、High-Endの在留資格保持者の増加も促進すべきである。こうしたことから、高度外国人材候補者として期待される。L大学も、日本での就職を希望する留学生の出口保証の対策を講じるべきであるが、一方では、改正入管法に基づき、就労が目的の「出稼ぎ留学生」の防止策や、所在不明の留学生が多い大学の受入れを認可しないようにし、私学助成金を減額するなどといった対策強化が必要であろう。

3. オーストラリアの留学生政策を事例とした検証

　前節までは、L大学から見た日本の留学生政策を、留学生に対する出口保証も併せながら考察してきた。ここでは、留学生の受入れ先進国の一つである、オーストラリアの高等教育政策を概観、検証しながら、日本が学ぶべき政策とともに、オーストラリアが抱える課題なども考察する。

　世界各国の高等教育機関で学ぶ留学生の数は、1980年代の約110万人から、2010年には420万人に達したが、2015年は460万人と、その後の増加ペースは緩やかになってきている。この背景としては、これまで送り出しを牽引してきた新興国やアジア諸国において、国内の高等教育機関の整備が進んできていることも要因の一つと考えられるが、受入れ国の状況としては、2016年に就任したトランプ政権下のアメリカにおける留学生受入れ数が、2016〜2017年に、初めて減少に転じたほか、ヨーロッパにおいても、難民受入れや留学生を含む人の移動による影響について懸念が生じはじめている。他方で中国での留学生受入れ数が40万人を超えるなど、留学生の主要な受入れ先の状況にも変化がみられている。

　そのような状況下、オーストラリアは、留学生受入れを確実に伸ばしてきた。2016年現在、高等教育機関数は176校で、そのうち、大学数は40校である。同じ年の高等教育機関（海外にキャンパスを持つ大学におけるオフショア教育も含む）で受け入れた外国人学生数は、フルタイムで30万753人に上り、大学教育機関に所属する学生の約27％を、外国人学生が占めている。2016年、オーストラリアの教育機関全体では、96万5334人中、外国人学生が、26万1652人（27％）、高等教育機関全体では、40万910人であった。2016年に、高等教育機関で学ぶ外国人留学生の出身国トップ5は、中国（38％）、インド（16％）、ベトナム（6％）、ネパール（5％）、パキスタン（4％）であり、中国とインド出身の学生数は、全外国人学生数の過半数を超える。なお、外国人学生の約51％が商学（Management and Commerce）を専攻しているという特徴がある。オーストラリアは、海外からの留学先として、アメリカ・イギリスに次いで世界第3位にランキングされ、日本からも2016年度には9472人（対前年比1392人増）が留学している（TEQSA 2018）。

　次に、こうした多くの外国人留学生を受け入れているオーストラリアの大学機関のアカデミックパフォーマンスを、大学ランキング、SDGsの観点からみ

た社会貢献、大学進学に関する情報の提供、そして、大学の収益性からみることにする。英国 Times Higher Education（THE）は、2017年9月5日に公表した「The World University Rankings 2018」において、「オーストラリアの大学は比較的、安定したパフォーマンスを維持している」と評価している。今回の結果では、The Group of Eight（Go8、オーストラリアのトップ8大学からなる大学連盟）に所属する大学は、前年に引き続き、すべてがトップ150位以内となっている（Group of Eight, Website）。

2017年8月22日、The SDSN（Sustainable Development Solutions Network）Australia/Pacificは、オーストラリア、ニュージーランドおよび太平洋地域の大学が、SDGsに取り組むためのガイド「Getting started with the SDGs in universities」を公表した。SDSNは国連が支援する持続可能な社会を実現するためのグローバルなネットワークだが、当該ガイドでは、SDGsにおける大学の役割を示すとともに、大学でのSDGs実施の参考となる、イノベーション、ソリューションの提供、現在および将来のSDGs策定・実施に関わる人材の創出、SDGsの地域、国および世界での実施における横断的なリーダーシップの提供などの情報を提供している。また、そのステップとして、SDGsの関連取り組みをマッピングし、分担・責任体制を構築し、主要なステークホルダー（教職員、学生、関連コミュニティ）の共通理解を深めている。2017年2月、オーストラリア高等教育質・基準機構（Tertiary Education Quality and Standards Agency: TEQSA）は、オーストラリアの高等教育の質保証と国際的な評判の保護、教育活動およびイノベーションの支援などを目標とするミッションに基づく、国際連携戦略"International Engagement Strategy 2016-2020"を公表した。

次に、大学進学に関する情報提供であるが、2018年11月1日、オーストラリア政府主導の下、教育訓練省の予算で、高等教育入試センターが開発協力した高等教育進学情報サイト「Course Seeker」が公開された。Course Seekerには、高等教育機関に関する情報（コース情報、入学要件・入学プロセス、卒業後のキャリア情報）が集約されており、高等教育機関の比較が容易になる。また、進学情報を提供するデジタルツールの開発は、2019年2月現在イギリスでも政府主導によって進められている。入学情報の一貫性の確保として、コースや入学制度の情報を提供するための共通の"インフォメーションセット"を採用することで、入学申請の全選択肢の明確な説明と、入学資格評価が明示されている。インフォメーションセットの主な内容として、コースおよび入学基準、

利用可能な学術的／非学術的支援、授業料等の学費、奨学金、学生ローン等の財政支援などが含まれている。

　最後の収益性については、オーストラリアの高等教育機関の収益（2017年）について、外国人学生関係は、70億豪ドル（2018年9月11日現在 約5560億円）であり、全体の19％を占める。すべての高等教育機関において、外国人学生関係の収益が増加しており、2016年におけるオーストラリアの教育輸出額は218億豪ドルで、2015年から17％増加しており、輸出額全体（約3300億豪ドル）に占める割合は6.6％となっている。なお、国際貿易センター（International Trade Centre）のデータベースによると、2014年における米国の教育輸出額は308億米ドルとなっており、収益だけではなく、持続可能なグローバル教育にも貢献していると言える。

　このように、オーストラリアは、国を挙げて留学生政策に取り組み、大輸出産業として位置づけてきた点は、日本も参考にすべきところである。しかしながら、安定した持続可能な政策としていくために、引き続き、オーストラリアの関連省庁全体で対応する必要がある。文部科学省や法務省など、一部の限定的な官庁のみで対応する日本が学びたい点は、まさに、ここにある。

結びと提言──大規模校の果たすべき役割

　2019年6月21日、国会で可決・成立した日本語教育推進法案の基本理念は、外国人の児童生徒や留学生、就労者らに対し、日本語教育を受ける機会を最大限確保することを目的とするものであり、エージェントである「国」「地方公共団体」と、アクターである「事業主」の「責務」として明確にしたほか、政府および地方自治体に対し、「日本語教育基本方針」の策定を義務づけたものである。大規模大学は、こうした理念を率先垂範する役割を果たす責務がある。THEのランキング評価基準には、教育（Teaching [the learning environment]）や、研究（Research [volume, income and reputation]）が重要基準となっているが、産業界からの資金調達や共同研究体制の構築も期待されている（University Rankings 2018, Times Higher Education）。大規模校は、日本語教育推進法に基づき、研究資金を調達しながら、関連する実践研究を推進しなければならない。具体的には、外国人留学生、高等教育機関を通過するアカデミックライフに関する、エンロールメント・マネージメント（enrolment management）、学びの連

続性という観点からのアーティキュレーション、共生社会を構成するメンバーという観点から、市民リテラシー（宮崎 2011）の習得、さらには、グローバルな高度人材を育てるミッションを、どのように自己実現するべきかなどが関連トピックとなるだろう。

　本章のまとめとして、小・中規模校と比べ、海外協定校とのネットワークや、学内のグローバル化の進展など、諸条件が揃っている上で期待されるロールモデルや、大規模校が果たすべき課題を最後に列挙し、今後持続可能な役割参加を続けることがより求められるとした上で、以下のポイントを提言し、結びとしたい。

1. 多様な出身国からの留学生の受入れ

　留学生の受入れが、各大学の強み・特色や社会のニーズに応じた大学の教育研究の国際化に効果的に結びつくよう、多様な出身国からの優秀な留学生を戦略的に受け入れるべきである。

2. 多様なディグリーによる留学生の受入れ

　正規課程以外にも、協定校等と連携したダブル・ディグリー（Double Degree）・ジョイント・ディグリー（Joint Degree）や、コンバインド・ディグリー（Combined Degree）、さらには、ツイニング・プログラム（Twinning Program）等による留学生交流の推進など、より多様な形態での留学生を受け入れることが求められる。

3. 日本の大学への転入学・編入学の促進

　すでに、東アジアや東南アジアの一部の大学とは、「2+2」といったスキームで、転入・編入の連携を行っているが、小規模・中規模校に限定されている傾向がある。今後は、大規模校でも、テストケースなどを始め効果検証を行うべきである。

4. 優秀な学部留学生の受入れを促進するため、条件付き入学を可能とするための留学生の日本語準備教育（ファウンデーションコース）の設置推進

　日本に留学する上で、「アカデミック日本語」の習得が、唯一の壁にならないような柔軟なプログラム構想の一環として、準備コースなどを設置してもよ

い。

5. 日本留学の情報発信強化に向けた体制づくりの推進
　各大学が相手国の状況に応じた戦略的なリクルーティングに取り組むことを支援するため、「日本留学海外拠点連携推進事業」の海外拠点が中心となって、IB などのインターナショナルスクールとのネットワークを構築し、留学情報の一元化・海外でのリクルーティングを強化する。これまでの大規模校の留学政策は、留学フェアなどでの広報などに限られがちであったが、英国のブリティッシュ・カウンシルのように海外拠点を設け、日本留学の情報発信の基盤を構築すべきである。具体的には、在外公館、JETRO、国際交流基金等の海外事務所との緊密な連携を図り、一層の体制構築を促進することなどが考えられる。

6. 日本ブランドを発信するため、ポータルサイトのコンテンツの充実を図る
　情報発信と関連して、海外の高校生の IT リテラシーをフル活用し、そうした学生がアクセスするサイトへの広報を手掛ける必要がある。

7. 日本の大学設置基準等に基づき設置されるオフショアキャンパス（海外校）の設置促進
　設置基準等の海外校への適用に関して、定員管理や校地校舎の自己所有に関する運用を改善することが考えられる。キャンパス自体のグローバル化を図るために、より一層の大学の設置基準の柔軟化が求められる。こうした機運を醸成し、行政への働き掛けをリードしていくことも大規模校の使命の一つであろう。

8. 教育の質を担保する経費を考慮し、それに見合う形で留学生に係る授業料の設定の弾力化の推進
　日本の大学の学費は欧米に比べ相対的に安く、また、授業料減免・免除制度や奨学金制度も充実している。しかし、留学生は、日本語の手当てを含め、日本人学生と比べても経費がかさむことから、高水準の教育環境の維持といった観点から応分の値上げや負担は然るべきと考える。

9．日本人学生の留学促進による、キャンパス全体のグローバル化

　キャンパスに留学生を呼び込むだけではなく、日本人学生の海外留学を促進させることによって、「共通体験」した学生同士のインターアクションを推進させる必要がある。文部科学省は、官民協働で「グローバル人材育成コミュニティ」を形成し、将来世界で活躍できるグローバル人材を育成する目的の下、2013年より、留学促進キャンペーン「トビタテ！留学JAPAN」を開始し、「日本再興戦略～JAPAN is BACK」（2013年閣議決定）において掲げた2020年までに大学生の海外留学12万人の達成を目指している。しかしながら、内閣府（2017）による、13～29歳の男女を対象にした、「留学意識国際比較調査」では、日本は、短期を含む留学希望者の割合が、32.3％と最も低く、韓国（65.7％）やアメリカ（65.4％）の半分にも満たなかった。例えば、L大学は世界の協定大学との幅広いネットワークを生かした豊かな送り出し実績を誇るが、日本の高等教育における海外展開の起爆剤として位置づけられるとよい。そのためにも留学体験の魅力を、まずは大規模校が個々の学びに留めない施策として発信していくことが肝要である。

10．大学の組織全体で、エンロールメント・マネジメントを考える

　効果的なエンロールメント・マネジメントの構築のために、留学生政策を、大学の一部の組織に委譲させるのではなく、オール・キャンパスで担当する必要がある。大規模校は、そうした人材、知見、ネットワーク、資金、リソース、多様な海外協定校、そして何より、豊富な外国人留学生を抱えているので、小・中規模の大学との、情報の共有を図っていくべきである。

注

(1) なお、本章では、「留学」とは、海外の大学等における教育または研究等の活動および、学位取得を目的としなくても単位取得が可能な学習活動や、異文化体験・語学の実地修得、研究指導を受ける活動など、海外の教育機関（あるいはそれに付属する機関）と関連して行われる各種プログラムへ参加することを指す。
(2) 日本の高等教育機関の受入留学生数（短期留学生を除く）は2017年5月1日現在、17万798人である（日本学生支援機構「2017年度外国人留学生在籍状況調査結果」）。
(3) CRICOS（留学生向け教育機関・コース政府登録制度）に登録している機関のみ、外国人

第Ⅰ部　受け入れ側の実態　－留学生が持つ価値と国内高等教育機関の期待－

留学生の受入れが認められている。

【参考文献】

オーストラリア教育訓練省：Admissions Transparency Implementation Plan Released Getting started with the SDGs in universities, SDSN Australia/Pacific) 2018：http://ap-unsdsn.org/wp-content/uploads/University-SDG-Guide_web.pdf（最終閲覧2019年6月5日）

国際連携戦略："International Engagement Strategy 2016-2020"（オーストラリア）：https://qaup dates.niad.ac.jp/2017/04/28/international-engagement-strategy/（最終閲覧2019年5月7日）

厚生労働省（2018）「『外国人雇用状況』の届出状況まとめ」（平成29年10月末現在）

佐藤由利子（2019）「人材ニーズの高度化と日本留学生の役割の変化──タイを事例として」『大学論集』51、95-109頁

──（2019）「日本企業の海外展開と留学生の進路選択」2019年度移民政策学会年次大会（立教大学）抄録

文部科学省「日本留学海外拠点連携推進事業」：http://www.mext.go.jp/a_menu/koutou/ryugaku/1405546.htm（最終閲覧2019年5月15日）

宮崎里司（2011）「市民リテラシーと日本語能力」『早稲田日本語教育学』9、93-98頁

宮崎里司・川上郁雄（2015）「SENDプログラムを通して求められる能力とは──日本語教育とグローバル化」『早稲田日本語教育学』17・18、1-8頁

文部科学省「ポスト留学生30万人計画を見据えた留学生政策」（2018年4月27日）：http://www.mext.go.jp/b_menu/shingi/chukyo/chukyo4/042/siryo/__icsFiles/afieldfile/2018/05/28/1405510_4.pdf（最終閲覧2019年4月13日）

Course Seeker (Australia): https://www.courseseeker.edu.au/（最終閲覧2019年6月22日）

Group of Eight (Australia): https://go8.edu.au/（最終閲覧2019年6月22日）

Statistics Report on TEQSA Registered Higher Education Providers - August 2018: https://www.teqsa.gov.au/latest-news/publications/statistics-report-teqsa-registered-higher-education-providers-2018（最終閲覧2019年6月20日）

World University Rankings 2019: https://www.timeshighereducation.com/world-university-rankings/2019/world-ranking#!/page/0/length/25/sort_by/rank/sort_order/asc/cols/stats（最終閲覧2019年6月21日）

第2章 | 中規模大学

留学生担当教員が抱える問題意識から見えるもの

永岡悦子

　本章では、首都圏近郊にある中規模私立大学に注目し、今日の留学生の受入れ環境と支援のあり方について、留学生を指導している教員の抱えている問題意識から質的に調査することを目的とする。

1. 問題背景と研究目的

　日本学生支援機構（JASSO）の「平成30年度外国人留学生在籍状況調査結果」によれば、2018年5月1日現在の留学生数は29万8980人であり、このうち約28%にあたる8万4857人が大学の学部で学んでいる。さらに学部で学ぶ留学生の83.0%にあたる7万448人は私立大学に在籍しており、学部留学生の受入れにおいて私立大学が大きな役割を果たしていることがわかる。留学生は大学の国際化に寄与する一方で、全体の39.4%が入学者が定員に達しない「定員割れ」の状態である私立大学にとって、学生数を維持し、学生納付金や国からの私学助成金を確保する上で、日本人学生では埋められない入学定員を補充するための重要な存在にもなっている。

　留学生数の増加は日本の高等教育の大衆化と密接に関係している。トロウ（1976）は、同年齢人口比でみた高等教育への進学率が15%までをエリート段階、15〜50%までを「マス段階」、50%以上を「ユニバーサル段階」と分類している。日本社会でも1970年以降、大学の量的拡大が進み、1945年に48校だった大学が2012年には783校、在学者数は2012年に256万人、進学率が50.8%に達し、「ユニバーサル段階」へ入ったと判断されている（伊藤2013:17; 濱中2013:4）。行き先を選ばなければすべての希望者が大学に入学できるよ

47

うになった状態は「大学全入」と言われるが、18歳人口の減少によって大学の選抜機能が低下し進学が容易になっており、日本人学生で入学定員が満たせない分を留学生で補充するという側面がある。

　これに加え、日本や中国の留学生政策も留学生数を押し上げた。1983年、中曽根首相の下で「留学生10万人計画」が策定されたが、アジアを中心にした発展途上国の人材育成に協力することを標榜した裏に、18歳人口の減少に伴う高等教育への学生補充という意図があった（横田・白土 2004: 25）。また2000年の入国管理・在留資格の大幅な緩和という日本の留学生政策の影響のほか、中国の経済発展による所得水準の増加と私費留学に対する促進政策を受けて、2000年以降は私立大学、とりわけ首都圏近郊にある中規模私立大学の留学生受入れ数が増加した（徐 2011；永岡 2012）。

　このような日本の大学の大衆化の進行に、中国の留学がエリートのみが許されていた時代から大衆留学時代を迎えた影響も加わり、十数年あまりのうちに大学の教育環境は大きく変化してきた。かつては優秀なエリート学生のみに許されていた日本への留学も、日本の大学の大衆化の進行に、海外からの留学大衆化の影響も加わり、十数年あまりのうちにその質が大きく変化してきた。さらに大学の入学試験に複数の方法が導入されるようになり、AO入試や推薦入試の拡大によって、多様な学力を持つ日本人学生、留学生が増加した。その結果、私立大学を中心に多くの教員が、日々の授業運営と指導に苦慮するという現実に直面している。

　政策過程の政策論議において、政策過程にかかわる個人や集団は、「政策アクター」と呼ばれる（ファウラー 2008: 111、以下「アクター」と表記する）。教員は大学運営の主要なアクターであるが、教員自身が主体的にどのように意思決定や運営に参加しているのかについての研究はまだほとんど行われていない（両角 2014: 68）。大学の大衆化、留学の大衆化が進むなかで、現在困難を抱えている大学も多いが、教育現場で問題点に直面している教員の問題意識にこそ、解決の糸口が隠されているはずである。その問題意識を分析し、改善に向けて検討することは、日本の大学全体の留学生教育の質の向上につながると思われる。そこで本章では、高等教育政策・留学生政策を教育現場というミクロレベルで実施する上で重要な役割を果たすアクターとして、留学生の指導を担当する大学教員について注目する。そして留学生担当教員が勤務先の留学生教育の現状についてどのように考えて行動し評価しているのかなど、抱えている問題意識

の分析を通じて、大学・留学大衆化時代における私立大学の留学生の受入れ環境について問題点を指摘することを目的とする。

2. 先行研究

　留学生を指導する教員・職員の意識を調査した先行研究には、白土・権藤（1991）、二宮・中矢（2004）、横田ほか（2006）、近田（2011）などがあり、いずれの研究も修学面、生活面で教員は幅広い問題への対応を迫られていることを明らかにしている。

　白土・権藤（1991）は国立・私立大学 73 大学の外国人留学生担当教員、留学生担当事務職員を対象に質問紙調査を行った研究であるが、修学指導面で教員の感じる問題点としては専門領域の知識・学力の不足、語学・数学等に関する基礎学力の不足、日本語能力の不足を指摘しており、授業の理解のためには教員自身が指導をするほか、同じ研究室の日本人学生に教えてもらう、チューターに教えてもらう、などの対応をとっていることを挙げている。また生活面においても、奨学金への配慮、宿舎の世話、病気・事故等への援助、身元保証、就職の斡旋など、教員は幅広い問題への対応を迫られていると述べている。

　大学院の受入れ体制について質問紙調査を行った二宮・中矢（2004）は、大学院担当教員の抱える問題点として、研究指導の面で①留学生に限らず学生指導の時間がないこと、②留学生指導には非常にエネルギーが必要であるにもかかわらず評価されることがなく、③教員にはメリットがないこと、④教員一人あたりの適切な留学生の人数、⑤受け入れる教員への支援制度の整備および待遇の改善に努めていかない限り、留学生に対する研究指導の改善は教員のボランティア精神に全面的に頼るものとなっている状況を指摘している。

　日本の大学の国際化部門担当者に質問紙調査を行った横田ほか（2006）でも、外国人留学生の受入れを推進する上で特に問題と考えている点の一つとして教員の負担が大きいことを挙げ、日本留学の基本的な課題として従来から指摘されていることが解決されていないと述べている。

　また名古屋大学の専任教員に対する質問紙調査を行った近田（2011）は、大教室での講義やゼミの運営といった大学での教育に対する教授法やファカルティ・ディベロップメント（faculty development: FD）は日本人教員が日本人大学生に行う授業研究が中心であり、留学生の受入れについて教員間で多くの共

通認識があるにもかかわらず、彼らに対する授業や研究指導上の基本ノウハウが教員間でほとんど共有されていないことも、状況が改善しない要因になっていると指摘している。

これらの研究はいずれも質問紙による量的調査によって大学教員の現実を明らかにしたものであるが、留学生教育の拠点校となっている、大学院留学生の比率が高い1万人規模以上の国公私立大学を中心に行ったものである。しかし学部留学生の比率が高い中・小規模私立大学の問題はまだ十分に検討が行われていない。大学の特徴を揃えた上で、教員へのインタビューによる質的調査をすることで、より具体的な問題とその関係性、共通の課題が明らかになると思われる。

3. 調査方法

1. 調査対象校・調査協力者

本研究は、首都圏近郊にある中規模私立大学5校を対象に、留学生の受入れ環境と支援のあり方について、留学生を指導している教員の抱えている問題意識から質的に調査することを目的とした事例研究である。なお本章で対象とした中規模私立大学は学生数が約5000人から1万人規模の大学である[5]。調査対象校は、首都圏近郊に位置する社会科学・人文科学系の学部を擁する大学で、大学の教育内容、大学受験の偏差値など諸条件が近い5つの大学である。なお、大学の表記は、1章の大規模大学（Large-sized University）L校、3章の小規模大学（Small-sized University）S校にならい、中規模大学（Middle-sized Unversity）M1～M5とする。

調査協力者は上記の5校に所属し、専任教員としてゼミでレポートや論文指導を行うほか、講義を通じて留学生を指導する立場にある、大学教員12名である。

12名の教員のうち、6名は主として日本人学生を中心に学部の専門科目や教養科目を中心に指導する一般教員6名、残りの6名は留学生に対する日本語教育の知識を持ち、留学生教育の知識と経験が豊富な日本語教員である。6名ずつではあるが、一般教員と日本語教員の共通点・相違点を分析することにより、学部留学生の受入れ問題を多角的に検討できると考えた。調査協力者の12名の内訳は表1のとおりである。

表 1　調査協力者

番号	性別	勤務年数	専門分野	所属大学	番号	性別	勤務年数	専門分野	所属大学
1	男	7	国際物流	M1	7	男	10	日本語教育	M2
2	男	10	行政法	M1	8	女	6	日本語教育	M2
3	男	30	経営工学	M1	9	女	7	日本語教育	M2
4	女	5	キャリアデザイン	M1	10	男	5	日本語教育	M3
5	女	13	日本文学	M1	11	男	2	日本語教育	M4
6	女	28	中国語	M1	12	女	7	日本語教育	M5

出典：筆者作成

　調査は 2012 年 2 月〜8 月の間に、1 対 1 の半構造化インタビューを実施した。1 回あたりのインタビューは約 90 分で、IC レコーダーで録音し、文字化を行った。
　インタビューの基本項目は、①勤務年数、②留学生教育の経験、③留学生を教えていて難しいと感じる点、④留学生の日本語で問題だと思う点、⑤留学生の日本語を向上させるために必要なもの、⑥（学部で学ぶ上で）求められる日本語力、⑦授業をする時の留意点や工夫、⑧ゼミの指導方針、⑨大学、学部等での留学生指導方針、⑩今後の留学生受入れの課題である。

2. 分析方法

　インタビューによって収集したデータは、木下（2003）を参考に、修正版グラウンデッド・セオリー・アプローチ（Modified Grounded Theory Approach: M-GTA）を用いて分析した。M-GTA は、データの解釈から独自の説明概念を生成し、そうした概念間の関係から人間行動についての一つのまとまりのある説明図を理論として提示するものである（木下 2003: 100-101）。M-GTA は社会的相互作用に関係し、人間の行動の説明と予測に有効な方法である。留学生教育は、教員、職員、学生同士など様々なアクターの相互作用により進められているものであるが、そのような教員の教育現場における問題意識の生成プロセスの分析に有効であると考えた。
　データの分析にあたり、具体例から概念を生成し、概念ごとに分析ワークシートを作成した。そして分析ワークシートごとに概念名、定義、具体例、および理論的メモを記入し、概念の類似性、関係性からカテゴリーを生成し、全

体における位置づけを考察した。一般教員、日本語教員ごとに分析を行った後、共通点と相違点について分析を行った。

4. 結果・考察

1. ストーリーライン

　分析の結果、36の概念が生成され、12のサブカテゴリー、4つのカテゴリーにまとめられ、表2に日本語教育担当教員と一般教員の概念の比較、図1に概念図をまとめた。〈　〉は概念名、【　】はカテゴリー名、〔　〕はサブカテゴリー名である。図中の黒の矢印は意識の方向性、黒の双方向の矢印は影響関係、白の矢印はサブカテゴリー間の対応関係を表している。概念名〈　〉の前のアルファベットNは日本語教員、Iは一般教員にみられた概念を表している。〈　〉の前にアルファベットの記載のないカテゴリーは、日本語教育担当教員と一般教員に共通してみられた概念である。また、表2において太字で表記した概念は、日本語教員・一般教員のどちらか一方にのみ確認できた概念であることを示す。

　中規模私立大学の留学生担当教員は、【大学大衆化による学生の多様化】のため留学生・日本人学生の区別なく、学力やコミュニケーション能力の低い学生を受け入れなければならないという教育現場の厳しい現実に直面している。特に留学生の受入れには〔国の矛盾した留学生政策〕の影響もあると捉えている。【留学生教育の問題意識】としては、留学生の受入れについて〔大学の教育方針が不明確〕であるために〔教師間の連携不足〕が生じ、その影響で〔留学生の学習意欲の不足〕や〔留学生の日本語力の不足〕が深刻になり、さらに〔留学生・日本人学生の交流が困難〕になっていると考えている。このようななかで、教員は個別に様々な形で【現在の学生を伸ばす取り組み】を行っている。また〔組織の活用と連携〕や〔学生を動かす〕ことによって教育環境を組織的に改善する仕組みをつくり、〔学生に寄り添う〕〔基礎を固める〕ことによって学生個々の特性に配慮して指導する努力を行っていた。大学の現状を踏まえ、今後の【理想とする改革の方向性】としては、教職員・日本人学生を含め〔学内の意識改革〕を進め、大学の国際化に向けて〔大学における留学生政策の確立〕が必要であるという点で共通していた。

　以下、一覧表（表2）と図（図1）に概念を示し、各カテゴリーの構成、カテ

表2　日本語教員と一般教員の概念の比較

カテゴリー	サブカテゴリー	概念 日本語教育担当教員	概念 一般教員
【大学大衆化による学生の多様化】		〈日本語力の低い留学生の受入れ〉 〈日本人学生の学力の低下〉 〈コミュニケーション能力不足の学生の増加〉	〈日本語力の低い留学生の受入れ〉 〈日本人学生の学力の低下〉 〈コミュニケーション能力不足の学生の増加〉
【留学生教育の問題意識】	〔国の矛盾した留学生政策〕	〈日本留学試験への批判〉	〈入国管理局の方針への批判〉
	〔大学の教育方針が不明確〕	〈留学生政策の不在〉	〈大学の制度に対する不満〉
	〔教師間の連携不足〕	〈独立性の高い教師〉 〈教師の指導方針の違い〉 〈情報や情熱の共有が不十分〉 〈多忙な教師〉	〈独立性の高い教師〉 〈教師の指導方針の違い〉 〈情報や情熱の共有が不十分〉 〈多忙な教師〉
	〔留学生・日本人学生の交流が困難〕	〈年齢差〉	〈年齢差〉〈日本語力の差〉 〈異文化への関心の差〉 〈文化差〉〈金銭感覚の差〉
	〔留学生の日本語力の不足〕	〈書く力が不足している〉 〈適切な表現で話せない〉	〈講義が理解できない〉 〈書く力が不足している〉 〈適切な表現で話せない〉
	〔留学生の学習意欲の不足〕	〈やる気がない〉〈学習環境や機会を活用しない〉	〈やる気がない〉
【現在の学生を伸ばす取り組み】	〔組織の活用と連携〕	〈留学生を支援する制度の設立・活用〉〈教職員の連携を図る〉	
	〔学生を動かす〕	〈学生が交流する仕掛けを作る〉	〈ゼミを活用する〉 〈学生が交流する仕掛けを作る〉 〈優秀な学生を伸ばす〉
	〔学生に寄り添う〕	〈個人差に対応する〉 〈就職・進路指導を行う〉	〈個人差に対応する〉 〈就職・進路指導を行う〉
	〔基礎を固める〕	〈理解の確認〉 〈繰り返し書かせる〉 〈段階的な指導〉 〈教材の工夫〉	〈理解の確認〉 〈繰り返し書かせる〉 〈教材の工夫〉
【理想とする改革の方向性】	〔学内の意識改革〕	〈教職員・組織全体の協力〉 〈日本人学生の意識改革〉	〈教職員・組織全体の協力〉 〈日本人学生の意識改革〉
	〔大学における留学生政策の確立〕	〈バランスのとれた国際化〉 〈人材育成方針の明確化と卒業後の出口管理〉	〈バランスのとれた国際化〉 〈人材育成方針の明確化と卒業後の出口管理〉

出典：筆者作成

第Ⅰ部　受け入れ側の実態　－留学生が持つ価値と国内高等教育機関の期待－

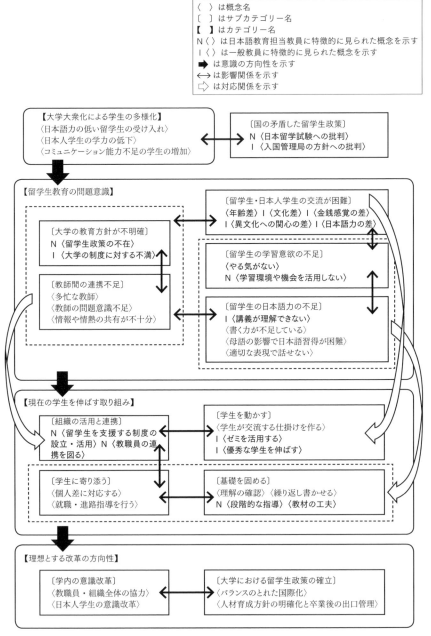

図１　留学生担当教員が抱える問題意識の概念図　　　　　　　　出典：筆者作成

ゴリー間および概念間の関係を説明する。

2. 大学大衆化による学生の多様化

　【大学大衆化による学生の多様化】というカテゴリーには、〈日本語力の低い留学生の受入れ〉〈日本人学生の学力の低下〉〈コミュニケーション能力不足の学生の増加〉という3つの概念がまとめられた。学生の多様化の影響について、日本語教員も一般教育教員も高等教育を実施する上で困難な教育環境が生み出されているという点で認識は共通している。現在、大学では学力やその他の面で多様な学生を受け入れているが、定員の充足やスポーツの振興など、その背景には様々な〈日本語能力の低い学生の受入れ〉をせざるを得ないという事情があり、大学の経営上やむを得ないと考えている。特に日本の大学が持つ「定員」制度では、大学に入学定員と収容定員を基準として予算措置がなされており、これを大きく超過もしくは下回ることは困難となっている（佐々木2009）。私立の大学・短大・高等専門学校（以下、私立大等）を対象とする私立大等経常費補助金は、①私立大等の教育研究条件の維持向上のため、②学生の修学上の経済的負担の軽減に資するため、③私立大等の経営の健全性向上に資するため、日本私立学校振興・共済事業団が国から補助金の交付を受け、これを財源として全額、学校法人に対して私立大等の経常的経費について補助している（旺文社教育情報センター2015）。そのため、大学にとって定員を確保することは至上命題となっている。定員維持のために多くの学生を入学させた大学では留学生だけでなく、「漢字が書けない」「卒論が書けない」など〈日本人学生の学力の低下〉もみられるため、教師は卒業論文やレポートの指導など留学生・日本人学生双方に対して多大な労力を費やしている。学力のほか少子化やインターネットの普及による弊害で、インターネットやスマートフォン依存症や引きこもりの学生も増えている。留学生・日本人を問わず〈コミュニケーション能力不足の学生が増加〉しており、大学のキャンパス内で学生主体による積極的な行動や交流も進みにくい状態にあることが改めて浮き彫りになっている。

3. 国の矛盾した留学生政策

　学生の多様化という大学個別の事情以外に、教育現場の混乱を生み出した要因の一つとして〔国の矛盾した留学生政策〕を指摘する声もあった。2000年1月に入国・在留に関わる申請時の提出書類が大幅に簡素化され、留学生・

就学生の入国審査が原則的に受入れ先教育機関に委ねられるようになった（寺倉 2009: 34）。2002 年からは日本留学試験が導入され、海外からも受験できるようになり渡日前に許可を受けることが可能になった（日本学生支援機構 2014）。入試の受験資格に日本留学試験の受験を義務づけられることが多いが、受入れ点数や試験の形態は大学の裁量で決定されるようになり、2000 年以降留学生の受入れは個々の大学の判断に大きく委ねられるようになった。これにより留学生数が急増した一方で、留学生の質は多様化し、大学で学ぶための日本語力や目的意識が十分でない者も増加した。学業不振者は中途退学、あるいは留学ビザの更新が許可されずに強制送還となる。仮に大学卒業資格は得ても日本で就職できるレベルに達する者は限られる。外国人留学生・就学生の卒業後の進路状況を 2005 年度と 2010 年度で比較した調査によれば、日本国内での就職率や進学率は低下しており（労働政策研究・研修機構 2013）、日本留学によって留学生の進路選択が広がっているとは言えない現実がある。こうした状況について、一般教員が「一番矛盾感じているのは、その受入れとその、受け入れたあとの、うーん、あるいはその管理とそれから出口の管理これがちぐはぐしています。（略）日本に来ても、就職もできず、結局、日本で学んだ、学んで中国に帰るしかないかと。そこが大きな矛盾ですね。」と述べているように、現行の制度に対する疑問の声も上がっている。日本が国家として留学生数の拡大を目指す上で、日本留学の質と価値を高め、受け入れた留学生をどのように育成し、社会に送り出すべきか、関係省庁や企業との連携も含め、多方面で検討が必要であろう。

4. 留学生教育の問題意識

　大学は多様な学生を受け入れているが、その指導体制が確立していないために生じる様々な問題意識は、【留学生教育の問題意識】としてまとめることができる。

(1) 大学の教育方針が不明確
　まず教員は多様な留学生・日本人学生が混在するなかで授業や学生指導を行う際に、本来はその拠り所となるべき〔大学の教育方針が不明確〕であることの戸惑いを感じているが、日本語教員と一般教員で立場の違いがみられた。
　日本語教員が感じているのは、大学に留学生が存在することを前提とした上

での〈留学生政策の不在〉である。大学で留学生を受け入れているにもかかわらず、その教育方針や位置づけが明確でないために、目指す方向性がわからないという指摘である。これに対し一般教員が抱いているのは、〈留学生教育への違和感〉であり、日本人大学生の教育を前提とした教育体制・環境の中で留学生を受け入れ、指導していくことの困難さを感じている。「私もいったいどうしてここの大学は留学生を受け入れるのかなっていうのは、実はよくわからないっていうのはありますね。」という日本語教員の認識と、「日本人と一緒に混合で授業をするのが有効なんだろうか、非常に私としては疑問なんですね。」という一般教員の認識は、大学で留学生の存在を前提とするか否かの差であり、留学生の存在をコインの表と裏からみた関係ということもできる。これはいずれも大学の教育方針や教育体制が未整備であることから生じていると考えられる。留学生数の差に起因する学部間の問題意識の壁、日本人学生と留学生との指導方法の違いや成績評価の問題点、国際交流活動として日本人を留学生として出す「送り出し」と、外国人留学生の「受入れ」のどちらを重視するかなど、〈大学の制度に対する不満〉を抱いている教員は多い。横田ほか（2006）の調査でも大学国際化のための明確なビジョンやミッションを持っている大学は全体で20%にすぎず、これに関連して大学の国際化を評価する制度・体制もできていないという結果が出ている（横田ほか 2006: 131-132）。グローバル化の進行に伴い大学の国際化や留学生の増加の必要性が叫ばれるなかで、留学生教育の教育方針の確立は喫緊の課題であると言える。

(2) 教師間の連携不足

多くの悩みを抱えながら、〔教師間の連携不足〕であることも状況が改善しない原因となっているという認識は、日本語教員も一般教員も共通している。この原因として大学の教育方針が不明確であることのほか、大学教員は学問の自由が保障されている〈独立性の高い教師〉であるため、他の干渉を嫌い、自らの学問的理想を実現させるためにオリジナリティーの高い授業を望むことが多い。一般教員に「調整しないといけませんね。なかなか調整、したがらないんですよね。すればいいんだっていうの、みんなわかってる。」という発言にみられるように、連携の必要性に気づいていながらも、学生数の中心を占める日本人学生の指導に労力やコストがかかるため、〈多忙な教師〉が多く改善する余裕がないこと、また留学生に関心がなく〈教師の指導方針の違い〉や〈情

報共有や情熱の共有が不十分〉であることも改善が進まない悪循環を生み出している。そのほか、大学全体の構造上の問題として、留学生教育の議論を行う場が不足しているということも挙げられる。日本語教員も、「つまり、我々が何らかのポジションなり、日本語を持つだけということで、役職についているわけではないです。日本語教育について。日本語科目を1つ持っているというだけで。だからトータルを俯瞰する立場にある人っていうのは実は学部長だけなんですよね。（略）つまり、その学部の事情っていうのは反映させることができますけれども、その一方で一元的な管理の視点は抜け落ちていますよね。」と述べているように、日本語教員や日本語教育は大学教育の一部分であるにすぎないため、留学生教育を一元的に管理する視点が必要であることを指摘している。これも、大学の中でどのように留学生教育を位置づけるかという、教育方針と密接にかかわってくる問題である。

(3) 留学生の学習意欲の不足

　留学生を指導する際の根本的な問題として、〔留学生の学習意欲の不足〕も指摘されている。「意欲のない人にあの、勉強しろっていってもね、なかなか効果はないですよね。」のように、〈やる気がない〉ことが挙げられる。一般教員も、「あの、日本に留学する意思、目的が変わってきてるんじゃないかと思いますね。っていうのはやっぱり10年前くらいまでは日本に来て、勉強して吸収できるもんは吸収して国に帰りたいっていうようなね、意識が強かった、まあ相対的なものでしょうけどね。だけどそのこの何年か違うっていうのは、あのーまあ勉強はともかく、何とかまあ稼ぎを、お金を貯めようと、日本に来てアルバイトしてお金を貯めようという。だから日本に来る目的が、まさに勉学第一っていうのからだんだんだんだん移って変わってきてるんじゃないかっていう、そんな気がしますね。」という発言にまとめられているように、アジアを中心とする留学大衆化により、日本留学の目的そのものが変化してきていることが大きな要因として挙げられる。そのため、留学生の日本語力・理解の不足を補うために、日本語教員を中心に大学側も補講クラスの設置など様々な学習の機会や日本人学生との交流の機会を増加させるために方策を立てるが、留学生は〈学習環境や機会を活用しない〉状況である。アルバイトがある、単位にならない、勉強したくない、などの理由で受講生が集まらないという現実があり、教員が対策をとっても問題が改善されないという現実がある。

(4) 留学生の日本語力の不足

　日本留学の意義そのものを留学生自身が感じなければ日本語学習が進まず、来日後何年経っても〔留学生の日本語力の不足〕は解消しない。大学で学ぶ上で、〈講義が理解できない〉〈書く力が不足している〉〈適切な表現で話せない〉〈母語の影響で日本語の習得が難しい〉など、様々な問題があるが、なかでも大学の学業を続けるにあたり日本語力の面で最も重要な懸念は、〈書く力が不足している〉ことである。基本的な文体、文法が不完全であるため、言いたいことがあっても表現できず、配布されたプリントを写して終わってしまうことも多い。最終的に書く力の問題点は成績評価の問題に発展する。「（テストの答案として高村光太郎の詩の感想を書かせると）"光太郎さんはやさしかった"とか"智恵子さんはかわいそうだった"とか一行しかでてこない。こちらとしてはやっぱりそれで評価っていうのが……。（略）本当にジレンマなんです。」のように対応に悩んでいる。

　学業のほかに、〔留学生・日本人学生の交流が困難〕であることも大きな課題となっている。「日本人は、まず中国人留学生と２つぐらい年齢違うんですよね。その差だけじゃなくて、（略）日本人は中国人が大嫌いだという、そういう、子が、いっぱいいるんですよ。」のように、日本人学生が〈年齢差〉〈異文化への関心の差〉の理由から留学生を避ける傾向もある。また留学生側の〈日本語力の差〉〈文化の差〉、交流よりアルバイトが優先といった〈金銭感覚の差〉も交流を妨げる要因になっている。留学生と日本人学生との交流の困難さについては、日本人学生の数が多いゼミや授業を担当する一般教員のほうが、より深刻に感じていた。

5. 現在の学生を伸ばす取り組み

　【現在の留学生を伸ばす取り組み】については、日本語教員が連携により支援システムをつくって教育を進めたいと考えているのに対し、一般教員はゼミを基本に指導するべきであると考えている。確かにゼミでも個別指導ができるが、問題が起こったときに外部から見えにくい。連携があったほうが、問題が起こったときの対応がうまくできるであろう。

(1) 組織の活用と連携

　問題が山積するなかで、【現在の学生を伸ばす取り組み】として教員は様々

な努力を行っていた。日本語教員は〔組織の活用と連携〕によって個人的な活動から脱し、〈教職員の連携を図る〉ことで〈留学生を支援する制度の設立・活用〉を進めたいと考えていた。例えば補習学習を提供する機会として学習支援センターを設置しても、学習支援センターが個別に働きかけるだけでは利用は進まない。しかし、普段留学生と必修科目の授業の中で直接関わり合う日本語担当教員がセンターの職員と連携をとり、センターの利用率を上げる努力をするなど、日本語教員が専門教員や関連部署とのパイプ役となり、問題意識の共有と役割分担を進めることを非常に効果的に行っている例もみられた。「学部を越えていろんな先生とお話したり、そういうことを積み重ねて。(略)あっちこっちドアを押しているうちに、ばたばたばたって開いていって、いまそんなふうにこう、あちこち動いて、勝手に動いていく。」と語るように、連携によって組織が変化し、教育環境改善への協力体制が構築されていく。

その他、日本語教員が個人的に声をかけることで始めた、日本人学生と留学生がペアで会話を練習する「カンバセーションパートナー」を学内の制度として発展させることで、学部と留学生別科の教員の交流が生まれ、効果を上げている事例もみられた。「ちょっといろんな誤解もお互いあったみたいで、何やっているかなかなか見えないのでお互い。そこであの、そういう交流が始まって、いまはわりとうまくいっているんじゃないかなと思います。」と語るように、連携によって組織が変化し、教育環境改善への協力体制が構築されるきっかけとなっていた。

(2) 学生を動かす

日本語教員が連携により支援システムをつくって教育を進めたいと考えているのに対し、一般教員はゼミを基本に指導するべきであると考えている。特に〔学生を動かす〕ことでは教育環境を改善する取り組みもみられた。中規模大学の特徴を生かし、少人数制の〈ゼミを活用する〉ことによって打ち解けやすい環境で学習内容の理解と学生間の交流を深めることも重視されていた。また、「留学生の男子学生が少し年上だったので、(略)あなたはお兄さんよ、みたいにしちゃったんです。だからみんなも尊敬してね、みたいな。」のように、日本人学生に留学生への接し方を教員自ら示し、〈学生が交流する仕掛けを作る〉などの工夫もみられた。学生間の協力体制が構築され、チューター制度や学生による日本語教室、学内の発表会など教育環境改善が進むと留学生に実力がつ

いてくる。そして日本語力が自信になって授業や活動に積極的に参加する〈優秀な学生を伸ばす〉ことは、教師にとっても周囲の留学生・日本人学生にとっても刺激となり、留学生を中心とした良い循環ができあがっていく。

(3) 学生に寄り添う
　一方、多様な学生を抱えているなかで一人ひとりの学生の個性に応じて〔学生に寄り添う〕ように対応していくことも重要である。「多様な問題を抱える学生もいるので、最終的には個別対応するしかないっていうのはありますね。」というように、様々な事情や学力の〈個人差に対応する〉こともしながら、卒業まで〈就職・進路指導を行う〉も重要である。日本語教員の中には、就職への希望があって活動できない学生を就職課へ連れていき、「こういう状況なんですけど、何か紹介してもらえませんかって連れていってあげたり、〈略〉その相談始まるまで一緒にいて。」のように、学生に寄り添った対応をしながら、具体的な支援を行っている例もみられた。

(4) 基礎を固める
　学生の〔基礎を固める〕手段としては、〈理解の確認〉〈繰り返し書かせる〉〈段階的な指導〉〈教材の工夫〉などにより、講義の理解を促し、書く力の向上に努めていた。「一回直せば、その部分については、あの、次からは直ってきますし、でまた同じのあったら、ここなんかおかしくないって言うだけで、"あ"って気がついてくるので、そうするとだんだん上手になってくるんですね。(略)私のなかではそこ最後の砦だと思っていまして、それをやって、社会に出さないと、きっときちんとした文章を書けないんじゃないかと思うんです。」という語りのように教員の強い信念と個人の努力が教育を支えていることがわかる。〔基礎を固める〕面では共通点も多いが、一般教員は日本人学生と同じ学習方法を学生に求めるのに対して、日本語教員は留学生に向けた〈段階的な指導〉を心がける姿勢がみられた。

6. 理想とする改革の方向性
　以上のような取り組みを行うなかで、教員が考える今後【理想とする改革の方向性】として、まず〔大学における留学生政策の確立〕が挙げられる。大学の経営的にも、学生に対する教育効果を上げるためにも、外国人学生比率や出

身国籍で〈バランスのとれた国際化〉が必要だと考えられている。また大学の大衆化、留学の大衆化が進むなかで、どのような留学生を受け入れ、育てるかという〈人材育成方針の明確化と卒業後の出口管理〉を徹底し、実績を積むことで大学の社会的な存在意義を確立することが重要である。

　そのためには、〔学内の意識改革〕が欠かせない。大学の国際化に向けて〈教職員・組織全体の協力〉のほか、〈日本人学生の意識改革〉も課題として挙げられた。「日本人についてもいかに、留学生と友達、仲良しになって、お互いの交流ができるかどうか、それがやっぱり一番ポイントだと思いますね。」というように、留学生と日本人学生が相互に交流を進めることこそが大学の国際化の原点であると考えられていた。なお、今回の調査では〈日本人学生の意識改革〉はインタビューからカテゴリーとして出現したのに対し、留学生の意識改革についての言及はみられなかった。しかし、学内全体の意識改革を進めるためには、留学生の意識改革の必要性についても考えていく必要があると思われる。

5. 本調査のまとめ

　日本語教員と一般教員は、それぞれの立場から留学生教育に尽力しているが、大学教育における留学生の位置づけ方に違いがみられる。日本語教員は大学で留学生を受け入れることを前提と考えている。日本語教育担当教員は、留学生の支援に対して学内全体の協力の必要性を強く感じており、国際交流センターや学習支援センターなど、学内の組織を活用しながら教職員の連携を図ることで留学生への支援を充実させようとしている。その上で、大学の留学生政策が明確でなく、留学生をどこまで、どのように支援するべきか、疑問を感じている。これに対し、一般教員は大学の教育は日本人が主体であるという意識が強い。日本人主体の大学経営や制度の中に留学生を順応させて授業を運営していこうとするなかで指導方法・成績評価・学生交流の面などで多くの苦労を抱えていた。特に一般教員はゼミを教育の重要な単位とし、ゼミの中での指導や学生交流の中で留学生を支援することを重視している。ゼミという少人数教育を実践するなかで丁寧な指導を試みる一方、少人数であるがゆえに、日本人学生と留学生の差も強く意識し、学生交流の難しさを感じている。

　日本語教育担当教員と一般教員には以上のような違いがあるが、留学生の指

導面で多くの共通の課題を抱えている。しかし、留学生に関する情報や議論が十分に共有されていないという現実がある。その背景には、留学生の支援は、日本語教育担当教員や国際交流センターのような専門の教員や組織が行うものだ、という意識が、日本語教育担当教員にも一般教員にも強いことが影響していると考えられる。

　留学生を大学内でどのように位置づけるかは、大学の留学生政策と深い関わりがある。佐々木（2009: 5）は「（留学生の）特別選抜はそれが例外であり、特別であるがゆえに、皮肉にも、日本の大学が留学生を普遍的に受け入れることを遠ざける結果をもたらしている」と述べているが、大学の入口から日本人学生とは異なる基準で特別に入学させていることは、入学後の教育にも大きな影響を与えていると考えられる。

　しかし、入口は特別であっても、入学すると、留学生は定員に含まれているため、入学定員と収容定員を基準として予算措置がされる厳しい定員管理の下では、大学経営のためには数が重視される。太田（2010）は、このような現状の定員管理体制下では学生をふるいにかけ、一定のレベルに達した学生だけを卒業させるという形での質保証へのシフトを妨げていると指摘している。このような国全体の高等教育政策・留学生政策が教育現場のアクターである教員、学生の意識・行動にも影響を与えていると考えられる。一般教員も日本語教員も留学生教育のアクターとして活発に活動している。しかし、その連携に影響を与えるのは学内の留学生政策である。今回の調査から、学内の留学生政策の不足が教員間の連携不足に大きく影響していることが明らかになった。また、国の「留学生は特別枠」という定員管理の政策も教育現場の教員の学生管理に影響をもたらしていることが浮かび上がった。国の政策においても、教育現場においても、大学教育の中で留学生をどのように位置づけるかという問題が指導に大きな影響を与えていることを認識する必要がある。

6. 総合的考察と今後の課題

　本研究では、大学・留学大衆化が進む私立大学の留学生の受入れ環境の問題点を検討するため、首都圏近郊の中規模私立大学で留学生教育を担当する教員12名を対象に、留学生に対する教育観や問題意識についてインタビューを行い、M-GTAによって分析した。その結果、多様な学生を受け入れているなか

で、教員は授業運営に困難さを感じつつも、教員個人の取り組みのほか、組織的な連携を図ることで学生指導に多大な努力をしていることが明らかになった。また今回の調査では、留学生教育を専門とする日本語教育が専門の教員と、日本語教育以外の人文科学・社会科学を専門とする教員を対象とし、両方の観点から留学生を指導する上での問題点を分析するようにしたが、調査の結果、留学生教育に対する問題意識は非常に共通しているにもかかわらず、教員間で意識が共有されていないことが明らかになった。

　問題意識の根幹にあるものは、〈留学生政策の不在〉である。今回対象とした中規模私立大学では、大学の生き残りをかけて近年留学生を急増させたが、教育方針が不明確であるために教育現場の混乱が続いている。これは以前から指摘されているにもかかわらず、解消されていない。しかし、外国人訪日客の増加や、人口減少に伴う外国人労働者の受入れ促進、さらには東京五輪の開催により、今後一層日本の国際化が求められる時代となることが明白となっている今こそ、大学は変わらなければならない。日本社会の国際化の実現には、一部のエリートだけでなく幅広い市民の参加と協力が欠かせない。その中で、日本人だけでなく留学生についても多様な学生を受け入れている大衆化型私立大学が市民の国際化教育に果たす役割は大きいと考えられる。〔大学における留学生政策の確立〕は喫緊の課題である。

　そのためには教職員・日本人学生を含めた〔学内の意識改革〕が必至である。大学改革の難しさには教職員や学生など関係する各アクターが多く、各アクターの役割や相互交渉のあり方が複雑であること、また大学自治、教授会の権限や教育・研究者個人としての自立性保障の問題も無視できないこともあるが（夏目 2012）、居神（2013: 102）は大衆化が進む大学の中で、最終的に「他者への共感」が改革の道を開くと述べている。中規模私立大学で受け入れているのは学部留学生である。国際化が進んだ国立大学が主に大学院留学生を対象に指導教官の下で研究を中心とした教育を展開しているのに対し、学部留学生は履修科目数が多く、様々な教員の指導を受ける。多くの教員が存在するなかで非常に難しいことではあるが、「その、留学生と日本人の子たち、（略）なんとか交流持たせたいと思うんであれば、やっぱり思ってるんだよっていう、（略）どれだけそういう思いを教職員が持てるかですよね。」という語りが示すように、「思い」が共有できるかが改革の成否にかかっていると思われる。教職員同士の問題意識の共有が進めば、中規模大学は大規模大学に比べて教員同士の

連携が生まれやすく、組織の変化・発展に結びつけることができると思われる。
　そのような「思い」を具体的にいかに育成するべきか。それが次の課題となってくる。鈴木ほか（2005）は、20世紀後半から急速に進展したグローバル化により、国境を越えた人やモノ、金の動き、多文化・多民族市民社会が発展すると、従来の国家の枠組みだけではとらえられないものの意味が高まり、グローバルな認識を持った「地球市民」としての意識が求められていると述べている。個々のアクターに社会参加を働きかける教育方法の概念として、近年、「市民教育」の重要性が指摘されている。さらに従来の国家の枠組みだけでなく、グローバルな認識を持った「地球市民（Global Citizenship: GC）」としての意識とその教育は、「地球市民教育」あるいは「GCED（Global Citizenship Education: GCED）」とも呼ばれ、UNESCO（2015）においても重要な教育目標に掲げられている。日本ユネスコ委員会・文部科学省（2015）によれば、GCEDとは、「教育がいかにして世界をより平和的、包括的で安全な、持続可能なものにするか、そのために必要な知識、スキル、価値、態度を育成していくかを包含する理論的枠組み」のことであり、GCEDの教育目標は「学習者が国際的な諸問題に向き合い、その解決に向けて地域レベルおよび国際レベルで積極的な役割を担うようにすることで、平和的で、寛容な、包括的、安全で持続可能な世界の構築に率先して貢献するようになることを目指すもの」と定義されている。このような理念にもとづく教育を大学教育でも日本人留学生、留学生の双方に共通する教育目標として掲げ、教員同士の連携や学内体制も整えていくことも方法の一つになるのではないだろうか。
　今回は首都圏近郊の中規模私立大学という限定的な特徴を持つ5つの大学の教員を対象とした事例研究であり、調査の結果に限界がある。日本には異なる特徴を持つ700以上の大学が存在し、中規模私立大学の中にも、設立の背景や教育方針が異なる大学が数多くある。大学の特徴によって、留学生教育の方針や状況も様々である。今後はさらに調査対象を広げ、大学・留学大衆化時代における留学生教育のあり方を調査・検証していきたいと考えている。

第Ⅰ部　受け入れ側の実態　－留学生が持つ価値と国内高等教育機関の期待－

注

　本章は筆者の博士号学位論文『大学大衆化時代における日本語教育の役割と可能性――グローバルシティズンシップの育成をめざした研究と実践の試み』第5章「留学生教育に対する大学教員の意識調査」を一部抜粋の上、加筆修正したものである。
(1) 日本学生支援機構（JASSO）（2019）「平成30年度外国人留学生在籍状況調査結果　1. 留学生総数」: https://www.jasso.go.jp/sp/about/statistics/intl_student_e/2018/index.html（最終閲覧2019年3月29日）
(2) 日本学生支援機構（JASSO）（2019）「平成30年度外国人留学生在籍状況調査結果　6. 在学段階別・国公私立別留学生数」: https://www.jasso.go.jp/sp/about/statistics/intl_student_e/2018/index.html（最終閲覧2019年3月29日）
(3) 日本私立学校振興・共済事業団（2017）「平成29（2017）年度私立大学・短期大学等　入学志願動向」: http://www.shigaku.go.jp/files/shigandoukouH29.pdf（最終閲覧2018年8月21日）
(4) 長井雄一郎（2017）「学生の6割が中国人の大学も……私大の4割が定員割れ、『倒産ラッシュ』の代わりに起きる事態」2018年7月19日 Business Journal: https://biz-journal.jp/2018/07/post_24111_3.html（最終閲覧2018年8月21日）
(5) 横田ほか（2006）は、「学生数が3000人以上1万人未満の私立大学」としている。

【参考文献】

居神浩（2013）「マージナル大学における教学改革の可能性」『大衆化する大学――学生の多様化をどうみるか』岩波書店、75-104頁
伊藤彰浩（2013）「大学大衆化への過程――戦後日本における量的拡大と学生層の変容」『大衆化する大学――学生の多様化をどうみるか』岩波書店、17-46頁
旺文社教育情報センター（2015）「26年度私立大学等経常費補助金交付状況」: http://eic.obunsha.co.jp/resource/pdf/educational_info/2015/0331_k.pdf（最終閲覧2015年6月6日）
太田浩（2010）「留学生三〇万人計画時代における留学生の入学選考」『留学交流』22（6）、2-5頁
木下康仁（2003）『グラウンデッド・セオリー・アプローチの実践――質的研究への誘い』弘文堂
近江政博（2011）「留学生の受け入れに関する大学教員の認識」『名古屋高等教育研究』11、191-210頁
佐々木隆生（2009）「日本の大学入学者選抜と留学生選考」『留学交流』21（6）、2-5頁
徐亜文（2011）「中国人留学生の中国帰国後の就職問題」守屋貴司編著『日本の外国人留学生・労働者と雇用問題――労働と人材のグローバリゼーションと企業経営』晃洋書房、91-120頁
白土悟・権藤与志夫（1991）「外国人留学生の教育・生活指導における現状と課題――大学教員及び事務職員層に対する質問紙調査報告」『比較教育文化研究施設紀要』42、97-119頁

鈴木崇弘・上野真城子・風巻浩・成田喜一郎・中村美恵子・村尾信尚・福岡政行・川北秀人・細野助博・島広樹編（2005）『シチズン・リテラシー――社会をよりよくするために私たちにできること』教育出版

寺倉憲一（2009）「我が国における留学生受け入れ政策――これまでの経緯と『留学生30万人計画』の策定」『レファレンス』国立国会図書館調査及び立法考査局、27-47頁

トロウ、マーチン（1976）天野郁夫・喜多村和之訳『高学歴社会の大学――エリートからマスへ』東京大学出版会

永岡悦子（2012）「1996年から2011年までの国内留学生数の変化と要因について」『流通経済大学流通情報学部紀要』17（1）、291-304頁

夏目達也（2012）「大学教育改革における大学執行部のリーダーシップの形成と発揮――国立大学副学長を中心に」『名古屋高等教育研究』12、5-24頁

二宮晧・中矢礼美（2004）「留学生調査にみるわが国の大学院受け入れ体制の現実と課題――大学院留学生調査と教員調査の自由記述分析を通して」『広島大学留学生センター紀要』14、47-63頁

日本学生支援機構（JASSO）（2014）「日本留学試験（EJU）とは」：http://www.jasso.go.jp/eju/whats_eju.html（2014年2月更新、最終閲覧2014年8月27日）

日本ユネスコ委員会・文部科学省（2015）「参考5　GCED: Global Citizenship Education（地球市民教育）について」：http://www.mext.go.jp/unesco/002/006/002/003/shiryo/attach/1356893.htm（最終閲覧2017年12月20日）

濱中淳子（2013）「序論――大衆化する大学にどう向き合うべきか」『大衆化する大学――学生の多様化をどうみるか』岩波書店、1-16頁

ファウラー、F. C.（2008）堀和郎監訳『スクールリーダーのための教育政策研究入門』東信堂

両角亜希子（2014）「大学教員の意思決定参加に対する現状と将来像」『広島大学高等教育研究開発センター　大学論集』45、65-79頁

横田雅弘・白土悟（2004）『留学生アドバイジング――学習・生活・心理をいかに支援するか』ナカニシヤ出版

横田雅弘・太田浩・白土悟・坪井健（2006）『日米豪の留学交流戦略の実態分析と中国の動向――来たるべき日本の留学交流戦略の構築』平成15・16・17（2003-05）年度文部科学省科学研究費補助金（基盤研究B）成果報告書.

労働政策研究・研修機構（2013）『留学生の就職活動――現状と課題』JILPT資料シリーズ、No.113

UNESCO（2015）Global Citizenship Education TOPICS AND LEARNING OBJECTIVES: http://unesdoc.unesco.org/images/0023/002329/232993e.pdf（最終閲覧2017年12月17日）

第Ⅰ部　受け入れ側の実態　－留学生が持つ価値と国内高等教育機関の期待－

第3章 小規模大学

存続をかけて展開される留学生獲得マーケット

春口淳一

　本章では小規模大学であるS大学の留学生獲得マーケットについて整理、分析を行う。S大学は開学以来留学生獲得に積極的であり、国内の日本語教育機関からの受入れはもちろん、海外からも在外事務所や協定校などを介しての受入れを活発に展開してきた。

　では、S大学の留学生獲得のマーケットはどこにあるのか。国・地域ごとにマーケットとして評価するところ、期待するところに違いはあるのか。マーケットの開拓や維持のためにどのような取り組みがみられるのか。以上を中心的な課題として、ケース・スタディではあるが小規模大学の留学生獲得事情を整理・紹介したい。

　なお、本章執筆にあたっては、S大学の許可を得て、留学生関連の学内会議議事録等の資料（2008～2014年）を情報源とした。さらに表1に挙げた教職員（S1～S6）に対して行ったインタビューから得られた情報も活用している。

1. 対象大学について

　対象としたS大学は某県の県庁所在地にキャンパスを構える、私立の単科大学（国際系）である。総在籍学生が1000人に満たない（700人前後）ことから、国内に数多くある大学の中でも、特にその規模は小さいと言えるだろう。

　表2に明らかなように、S大学は定員を充足することに苦慮し、定員充足率が7割に届かない年もあった（2008年）。その要因の一つには、その所在地が人口50万に満たない地方都市にあることも挙げられるのかもしれない。序章で18歳人口の減少について触れたが、「特に問題となるのが、進学者のパイ

第 3 章　小規模大学：存続をかけて展開される留学生獲得マーケット

表1　インタビュー協力者

S1：上海事務所駐在員（中国人）	S2：入試課スタッフ（韓国人）
S3：国際交流センタースタッフ（中国人）	S4：学生支援課スタッフ（日本人）
S5：学長（日本人）	S6：専任日本語教師（日本人）

出典：筆者作成

表2　S大学在籍学生数

年度	2008	2009	2010	2011	2012	2013	2014
日本人	415人	399人	412人	430人	455人	471人	497人
留学生	109人	194人	274人	289人	245人	181人	166人
合計	524人	593人	686人	719人	700人	652人	663人
定員	760人			750人	740人		
定員充足率	68.9%	78.0%	90.3%	95.9%	94.6%	88.1%	89.6%
留学生比率	20.8%	32.7%	39.9%	40.2%	35.0%	27.8%	25.0%

出典：筆者作成

そのものが小さくなっていく中、定員割れが深刻化していく地方の私大である」との意見もある。

このような状況を打開すべく、S大学が打って出たのが留学生の獲得による定員補充であった。本章では小規模大学の挑戦を取り上げるとともに、そこに関わった教職員の声を取り上げることで、留意すべきポイントが何かを考えていきたい。

2. マーケットの現状

　S大学の留学生獲得のマーケットはどこにあるのか。これまで在籍していた学生の出身地を手掛かりに考えてみる（日本国内受験者は対象外）。これによって挙げられるのは、正規留学（学部生として1年次、3年次より学位取得を目指す）では中国、韓国、台湾、ネパールがある。短期留学（半年もしくは1年間の留学プログラム）ではアジア圏からは中国、韓国、台湾、ベトナム、そしてタイから、欧米についてはアメリカ、カナダ、イギリス、フランス、ドイツから直接留学生を受け入れている。さらに短期研修ではフランスや中国、韓国のほか、香港も加えることができる。これにアメリカの留学コンソーシアムを経て短期留学

第Ⅰ部　受け入れ側の実態　－留学生が持つ価値と国内高等教育機関の期待－

表3　正規留学生の出身国・地域別内訳（2010～2014年度）

出身国・地域	2010年 春	2010年 秋	2011年 春	2011年 秋	2012年 春	2012年 秋	2013年 春	2013年 秋	2014年 春	2014年 秋
中国	255人	264人	274人	243人	232人	195人	169人	142人	115人	100人
韓国	9人	9人	9人	9人	7人	7人	3人	4人	11人	11人
台湾	9人	9人	5人	6人	5人	6人	7人	8人	8人	7人
ネパール	0人	0人	0人	1人	1人	1人	1人	30人	30人	13人
その他	1人	1人	1人	1人	0人	1人	1人	2人	2人	2人
合計	274人	283人	289人	260人	245人	210人	181人	186人	166人	133人

出典：筆者作成

のプログラムに参加した学生やS大学の海外交流協定校に留学し、そこからさらにS大学へ留学した学生も数え上げれば、出身国はさらに多様性を増す（例えば2014年度ではノルウェー、ポルトガル、スペイン、ドミニカ出身学生が在籍）。

以下に、留学種別ごとに受け入れた留学生のこれまでの出身国・地域を整理する。それによって各マーケットの特色や寄せられる期待といったものを考察しよう。

1. 正規留学生のマーケット

表3に示したのは、2009年度から2014年度の5年間に正規留学生として在籍していた者を出身地に応じて一覧にまとめたものである。最大289名（2011年度春学期）の在籍者数を誇っていたが、その後、年とともに減少を続け、2014年度秋学期には半数以下の133名にまで減じている。

さて、学生の出身国・地域であるが、この間、一貫して圧倒的多数を占めるのが中国であることがわかる。中国からの留学生が高等教育においてその大半を占めるというのは日本全体に言えることであるが、S大学もそれに漏れることなく、最も重要なマーケットとなっており、そのためのリクルートの手段も複数存在する。

まずは国内と国外とに分けて考えることができる。また1年次での入学を望む者もいれば、3年次からの編転入学に応募する学生もいる。海外においては、個人出願、協定校の推薦や二重学位（ダブル・ディグリー）プログラムに応

じる者もおり、まさに多種多様である。

　韓国は一時期その数も下降気味であったが、東日本大震災以前と比しても2014年度の当地からの受入れ数は最大となっている。中国に比べれば1割を占めるにすぎないが、2013年度からの上昇率は甚だしく、リクルートのあり様に新たな戦略が施されたことがうかがえる。

　台湾に関してはほぼ横ばいと言ってよく、年度ごとに目だった変化はない。またその数も韓国と同程度であり限定的である。特色としては、協定大学からの二重学位留学がほとんどであることが挙げられる（14年度秋学期は7名中6名が該当。残り1名は国内日本語学校からの出願）。

　2011年度秋学期に、ネパール人学生が2年次に転入学している。この人物については国内他大学からの転入学であり、個人出願であることから、現地マーケットの開拓によるものではない。しかし、2013年度秋学期から新規獲得した29名はネパールから直接獲得した数となる。2014年度秋学期に13名まで減じているが、これは2014年度の新規獲得がなかったこと、先の個人出願で転入した学生が卒業したことに加え、16名が除籍・退学したことによる。ネパール・マーケットの維持に問題を抱えていたことが察せられる。

　その他については、若干名が存在するばかりであった。2011年まで在籍していたのはアメリカ人であり、2012年からはスロバキア人が、そして2013年度秋学期より新たなアメリカ人学生が加わった。アメリカ人はどちらも短期留学プログラムを経て出願した者であり、S大学側からアプローチがあったわけではない。

2. 短期留学プログラムのアジア圏マーケット

　短期留学プログラムは海外交流協定校からの受入れに限定している。ここで受け入れた留学生は、すべて協定校からの推薦を受けて参加していることになる。

　短期留学においても正規留学と同様に、中国のシェアが圧倒的である（表4）。協定校数に特化してみると、中国が30校を超え、アジア圏55校のうちの6割近くを占めているが、実際の送り出し機関の比率で言えばそれ以上の存在感を示す（中国31校、韓国16校、タイ1校、台湾6校、ベトナム1校）。

　一方で、韓国からは協定校の数ほどには送り出し人数は芳しくない。短期留学生のマーケットとしては、こちらはあまり機能していないことがわかる。

表4 「短期－アジア」の出身国・地域別内訳（2010～2014年度）

出身国・地域	2010年 春	2010年 秋	2011年 春	2011年 秋	2012年 春	2012年 秋	2013年 春	2013年 秋	2014年 春	2014年 秋
中国	57人	58人	46人	33人	38人	48人	41人	35人	38人	44人
韓国	3人	8人	2人	4人	5人	8人	8人	7人	7人	4人
台湾	7人	4人	2人	5人	8人	3人	3人	4人	7人	11人
その他	0人	0人	0人	0人	0人	0人	0人	0人	1人	1人
合計	67人	70人	50人	42人	51人	59人	52人	46人	52人	60人

出典：筆者作成

　台湾については、14年度秋学期には韓国の3倍近くを受け入れているが、この5年の10セメスターを見渡したときには平均5.3人となり、韓国の5.6人と大差ない。まず韓国と台湾については、量的には低い水準で拮抗している。
　その他で挙がったのはベトナムからの1名である（2セメスター留学しており、14年春と秋とは同一の人物である）。12年9月に協定を締結した現地大学から、調印後1年半を経て初めての受入れとなった（2015年度春学期にも入れ替わりに1名を受け入れている）。またタイでも1大学と交流協定を結んでいるが、こちらは15年度春学期に3名受け入れたことを実質的な交流の嚆矢としている。どちらもマーケットとしては、緒に就いたところであり、試行的段階と言えるだろう。

3. 短期留学プログラムの欧米圏マーケット

　こちらもアジア圏の学習者同様、協定校の推薦によって受け入れている（表5）。ただし、本章冒頭で述べたように、交流協定校に第三国から留学している学生の応募もあるため、思いがけず多様な国籍の学生を受け入れる年もあった。また2009年2月に加盟した留学コンソーシアム（全米33大学が加盟しているという）を活用して協定校以外から受け入れた例もある。
　欧米圏の協定校26校のうち、アメリカが最多で12校であり、フランス5校、スペイン3校、ドイツとイギリスが2校ずつ、カナダとエクアドルが1校となっている。このうちスペインとエクアドルはかつてスペイン語を学ぶ課程があった時の留学先として確保していたものであり、先方からの受入れ実績には元来欠け、スペイン語の課程が廃止となった現在ではまったく形骸化している。

表5 「短期 − 欧米」の出身国・地域別内訳（2010 〜 2014 年度）

出身国・地域	2010年 春	2010年 秋	2011年 春	2011年 秋	2012年 春	2012年 秋	2013年 春	2013年 秋	2014年 春	2014年 秋
アメリカ	25人	36人	12人	29人	30人	19人	24人	25人	25人	64人
イギリス	1人	2人	0人	2人	2人	2人	2人	0人	0人	2人
フランス	2人	6人	4人	1人	5人	4人	5人	2人	6人	2人
その他	1人	4人	1人	1人	2人	2人	0人	2人	4人	12人
合　計	29人	47人	17人	34人	39人	27人	31人	29人	35人	80人

出典：筆者作成

3. 海外マーケットの開拓と維持

　海外からの留学生獲得を欲したとき、何もネットワークを現地に持たない状況ではリクルートに手を付けようがない。現地マーケットに参入するためのきっかけが必要になるだろう。そこで挙げられるのが、留学斡旋団体の利用、在外事務所の設立、現地教育機関との交流協定の3点である。S大学が海外マーケットを開拓する上でどのようにこの3点を活用したのか、本節では考察することとする。

1. 留学斡旋団体

　留学斡旋団体は日本へ留学を希望する学生に当人の望む条件（進学先のブランド、専攻、学費等金銭的な負担、所在地など）を聞き取り、それに適した留学先を紹介する。選択肢を希望者に提示するには、複数の教育機関とネットワークを持たねばならない。言い換えれば、どこか特定の大学のために学生を送り出すものではない。そして、入国管理局や進学先への申請書類等の手続きを代行する。これによって留学希望者から収入を得るものであり、国によってはこのようなプロセスが海外留学を個人出願によって実現しようとする際に必須となることもある（張 2013）。

　また進学先である教育機関から手数料として収入を得るケースもある。この場合は、大学や日本語学校から学生獲得に関する現地業務を請け負うことになる。そのための協定書を取り交わし、大学の名前を冠して積極的なリクルートに打って出る団体もある。この場合は1人につきいくら支払うのか、取り決

めに基づいて手数料あるいは謝金が支払われることになる。

　S大学での実情に当てはめてみよう。次項で取り上げる在外事務所は中国に設置されており、当地がS大学にとって重要なマーケットであることがわかる。このうち、大連事務所と瀋陽事務所については、その実態は斡旋団体と言ってよい。所員として固定給が支払われるのではなく、何人S大学に送り出したかが収入に直結するからだ。大連事務所や瀋陽事務所が実質機能しなくなった後に上海に事務所を設けたが、こちらは固定給をスタッフに支払っている。

　上海事務所の駐在員S1の主動によって北京やハルピン、上海の留学斡旋団体とS大学は契約を結んだが、これはこれまでと違って在外事務所の名を冠することのない純然たる事業提携である。なぜ上海事務所を置きながら、斡旋団体とも提携するのか。S1によれば、斡旋団体の魅力には培ってきた学生獲得のノウハウ、それを可能とするネットワークがあるという。何より、海外の教育機関が直接学生を募集するのは中国では違法であり、斡旋団体を介在させることは手続き上の必須事項でもあるという。

2. 在外事務所と中国マーケット

　大学が海外に現地事務所を構え、当地での留学生獲得に向けた情報の収集、さらにはリクルート業務を行う例も近年活発さを増している。

　S大学は在外事務所を中国にのみ3カ所設けた。それは3地点で多面的な活動を期待したものではなく、最初に設けた大連事務所が振るわなくなったことを背景に瀋陽に、瀋陽もまた学生獲得が見込めなくなった時、新たな可能性を上海に求めてそれぞれ創設したものである。本項では唯一残った上海事務所の駐在員であるS1へのインタビュー調査から、中国のマーケットとしての現状を考えたい。

　1年次学生獲得を目的に創設されたという上海事務所であるが、その実情は「政治情勢とかいろいろ事情があって」、「1年次募集はなかなかうまくいっていない」という。大連事務所創設時の2008年から東日本大震災発生前（2010年度秋季入試）までは、大連事務所が1年次学生を安定して供給していた。だが、大連より大規模な都市である上海に基盤を置きながら、上海事務所が創設目的を達することができずにいるのはなぜだろうか。この点についてS1は、中国は日本留学ではなく、むしろ欧米を対象としているのが現状であり、たとえ留学フェアに参加してもその効果は乏しいと述べている。一方で、日中関係の影

響を尋ねたが、それは今に始まったことではなく、全体に与える影響は限定的であるという。そしてS1は、日本留学の機運向上への起爆剤として日本の魅力を積極的に発信する国レベルでの政策をこそ重視しているのだという。

3. 海外交流協定校

　さらに、現地教育機関との交流協定についてみていこう。短期留学制度とは「母国の大学に在籍したまま半年～1年間、日本の大学が留学生としてうけいれるというもの」(鈴木2011)だが、S大学はこれを積極的に展開してきた。

　正規留学での受入れは、協定先機関によって自ずと種別が限られる。大学間協定であれば、二重学位やジョイント・ディグリー(1)による3年次からの2年間にわたる長期留学が考えられる。また現地の短期大学と結び、3年次への編入学生として受け入れることも考えられる。他方、現地の高校と結ぶ、いわゆる高大連携であれば、原則1年次で受け入れることになる。

　では、マーケットとしての海外交流協定校の機能とはどのようなものか。その性格上、実物の掲載は控えるが、S大学から提供を受けた、3種の協定書（第一協定書、第二協定書、第三協定書）がある。交流協定書を具体的にみることで、どのような交流が規定され、また期待されているのか紐解くことにする。

　第一協定書は、まず大学間の関係性を構築するにあたって結ばれるものである。学生間交流や教職員間交流その他を今後進めていくことを申し合わせる、ごく基本的な内容となっている。

　第二協定書は、半年もしくは1年の短期留学プログラムを約したものとなる。対象者は2年次以上の日本語を専攻する学生であり、派遣元大学からの推薦を条件としている。つまりS大学の交流協定大学が自らの大学で日本語を1年以上専攻し、推薦するだけの成績を修めた者が出願資格を持つ。言い換えれば、留学希望者を推薦することは、S大学が提供するプログラムに参加できるだけの日本語能力を、派遣元大学の指導によって留学希望者が身につけたことを宣言するに等しい。このほか、実際に短期留学に臨むにあたって、必要となる支援をS大学が負うこと、その責任と役割分担とを明記するなど、具体性に富む。

　なお、S大学においては欧米圏からの受入れに日本語能力は求めず、非英語母語話者に対して英語能力を求める。その理由には、日本語教育以外に提供される授業が専ら英語を媒介して行われることによる（日本語のクラスは、ゼロ初級レベルから対応）。英語もできず、日本語もできない学生では学べる授業がな

いことから、入学条件にいずれかの言語能力を求めることは当然であろう。

第三協定書は正規留学生の受入れ（二重学位プログラム）を取り交わすためのものである。短期留学プログラムとの違いには、プログラム参加の可否をS大学が自ら試験することが明記されている点がまず挙げられる。また就業期間については、第5条第3項に下記の記載がある。

> 本留学生が留学先大学の所定の科目を履修し、学位を取得後、留学先大学がその卒業証明書を在学籍大学に提出し、本留学生が在籍大学に戻り、所定の単位を取得して初めて、在籍大学より学位を授与される

まずS大学の卒業が前提となり、その上で諸手続きを経て派遣元大学（留学以前に在籍していた大学）の卒業資格が与えられる。つまりS大学での卒業が叶わなければ、派遣元大学の卒業も成り立たない。

短期留学プログラムや二重学位では海外交流協定校をターゲットとするため、まさに「マーケット」は交流協定校そのものを指す。新規協定の締結はマーケットの拡大であり、協定校とのコンタクトは市場調査（後述）を意味する。

S大学では、海外交流協定校数を拡大し続けてきた過去を持つ。今後についての戦略は果たしてどのように描いているのだろうか。「S大ビジョン21」はS大学の2014年から2020年にかけての中長期計画だが、この中で「海外協定大学との連携を強化し、国によって必要な場合には留学生交換枠の拡大を図る」と述べられている。無差別ではないが、拡大路線は継続する意向であることは間違いないようだ。

一方で前述のエクアドルのように、名ばかりを残し、交流実績を何ら持たない協定も少なくない。これなどは宣伝目的のために名前を出しているのであろうか。実質を伴わなくとも、これを整理するという動きはこれまでなされずにいる。

4. 国内マーケットの開拓と維持

ここでは国内における留学生獲得のマーケットについて取り上げたい。大学所在地と同じ県内や近県の日本語学校からの進学の例がある。海外からの留学生獲得が本格化する2007年以前は国内進学が専らであった。また海外から留

第 3 章　小規模大学：存続をかけて展開される留学生獲得マーケット

表 6　留学生国内進学者数の変遷（2014 年 5 月 1 日時点）

年度	2010 年度		2011 年度		2012 年度		2013 年度		2014 年度	
学期	春	秋	春	秋	春	秋	春	秋	春	
県内	0 人	0 人	10 人	1 人	8 人	0 人	7 人	2 人	0 人	
県外	1 人	1 人	7 人	0 人	0 人	1 人	3 人	2 人	3 人	
合計	1 人	1 人	17 人	1 人	8 人	1 人	10 人	4 人	3 人	

出典：筆者作成

学生を受け入れるようになった後も、国内からの進学者がいなくなったわけではない。

2014 年 5 月時点での在籍者数のデータから、国内進学者の比率や特色をみていこう。入学年度と入学前に所属していた教育機関が、県内か県外かを一覧とした（表 6）。なお、入学年度別に振り分けたが、これはあくまでも在籍名簿に基づくものであり、入学したものの中途で退学・除籍となった者は含まれていない。

2014 年 5 月には 166 人が正規留学生として在籍しているが、そのうち国内進学者は 46 人であり、およそ 28% となる。大半を海外から受け入れて満たしている一方、国内進学もマーケットとして機能していることがわかる。また全体的に国内進学者は、春季入試に偏っていることもわかる。これは日本語学校の学年暦によるものであろう。中国からの海外入試による入学者が（中国の学年暦が秋から始まることを受けて）秋季入試中心であるのと対照的である。

国内進学者の内訳をみると、データが取り上げた 2010〜2014 年度において、全般的には県内進学者の割合が高い（県内 28 名、県外 18 名）。しかし県内進学者が常に安定しているわけではなく、入学式にその姿が全く見られなかった年度もある。

県内からの進学についてさらに言及すれば、日本語学校卒業後の進学先として選択する者が大半である。2 つの日本語学校から 11 名と 13 名が進学しており、この 2 校が国内マーケットを主に支えていると言ってよい。この 2 校の意向や状況次第で、国内からの留学生獲得は大いに左右されるのが実情であろう。

さて、上記国内進学者 46 名の国籍だが、ネパールとスロバキア、台湾の出身者を 1 名ずつ受け入れたほかは、すべて中国人である。海外同様国内にお

表7　日本語教育機関における学生の出身国・地域の内訳

2008 年度		2011 年度		2014 年度	
中国	17,968 名	中国	22,408 名	中国	16,118 名
韓国	10,528 名	韓国	2,675 名	ベトナム	13,758 名
台湾	2,228 名	ベトナム	2,039 名	ネパール	4,779 名
ベトナム	607 名	台湾	1,425 名	韓国	2,081 名
タイ	597 名	ネパール	1,371 名	台湾	1,837 名
計（含、その他）34,937 名		33,239 名		43,667 名	

出典：筆者作成

いても中国人学生の存在がやはり大きい。

　ただ、近年日本語学校を中心にその数を増しているのが、ネパールやベトナムからの留学生だという点には注目する必要があるだろう。留学生30万人計画が2008年に打ち出されて以降、日本国内で顕著にその留学生数が拡大している国として知られる両国だが、日本語教育振興協会が認定する日本語教育機関（2014年時点で375校）においてもその傾向は顕著である[2]。ネパールからの留学生は2008年は517名とタイに続く位置にあったが、本章が調査の軸を置く2014年には8倍以上に増え、留学生の主要出身国と位置づけられるに至った（表7）。

　調査当時、S大学において国内留学生の獲得業務を負うのは入試広報課のS2であった。S2は県内外の日本語学校に直接大学説明のために足を運び、そこで学ぶ学生、日本語を教える教員などとも交流の機会を持つという。そういった経験の中で、S2はこの国内マーケットにおいては近年ベトナム、ネパールの増加を肌で感じているという。

　日本語学校で学ぶ学生が非漢字圏出身で多くを占められることについて、S2は彼らの多くが日本語学習上の苦労と低所得のために学費工面に問題を抱えていることに注目している。そして、進学希望者を受け入れるにしても、この点について十分検討する必要を指摘している。

　またマーケット開拓上の課題として大学の所在地にも言及している。S大学の所在地は域内（関東地方、近畿地方などのブロックを指してこう呼ぶが、大学の特定を避けるため、特に具体的には示さない）においても交通が不便なところに位置し、中心都市からはまだしも他都市の日本語学校からは進学先として候補

に挙がりにくい。県外に可能性を求めるとしたら、地理的な制約からせいぜい域内中心都市に対象を絞ってのリクルートにわずかな可能性を求めることになる。またその際も非漢字圏、低所得の学生たちも対象となるため、それを想定しての受入れ体制が必要となってくる。

　こういった状況から、留学生獲得のマーケットとして、国内にかける期待はあまり大きなものではなくなっている。海外の交流協定校に対しては日本語教員が現地に赴いて、説明会を実施したり、授業を提供したりするなどリクルートに手厚いが、国内に関してはS2のみがこれに従事しており、力の注ぎ方に偏りがみられる。

5. 日本留学を決定する要因

　これまでS大学の留学生獲得マーケットの現状とそれに対する当事者による評価、また今後への期待を紹介してきた。しかし、マストン（1991）は「市場調査（Market research）」を次のように説明している。

> 市場調査とは大学の顧客となる学生を理解し、ニーズを知り、彼らの大学に対する態度と入学しようとする意思決定に影響する要因を深く、総合的に理解するために役立つ、大学内外のできごとや傾向を調べるあらゆる活動のことである（マストン 1991: 14-15）。

　では、留学生の日本留学を左右するものに何があるとS大学の教職員は認識していたのか。インタビュー調査より得られたところを紹介しよう。また実際に入学した留学生の日本留学へのニーズが何だったのか、その点にも目を向ける。

1. 教職員の認識

　まずS3だが、この人物は国際交流センターに所属する中国人のスタッフであり、特にアジア（なかでも中国）からの短期留学生の獲得・支援を中心に活躍していた。このS3は、留学志願者当人よりも親の意向が大きく影響することを強調している。また天災以上に両国の政治的な関係に左右されるのが中国からの留学生獲得だという点である。また経済成長もあってか、費用の点で日本

以上に負荷がかかる欧米への留学が現代の潮流であると指摘している。

　続いて先にも登場した S2、すなわち入試広報課に勤める韓国人スタッフの気づきを挙げてみよう。韓国人留学生を想定しての回答として「結局、力はすべて保護者が持っていると思います。保護者にダメって言われたら、行けないだろうし」と述べており、中国人学生同様にこちらも保護者の意向に重きを置いていることがわかる。またこの発話は1年次からの日本留学について語ったときのものだが、国内進学ではなく日本を選ぶ理由として、国内で一定の評価を得ている大学に進学できないことから、逃避、あるいは再スタートを留学に求めているケースと、日本留学に明確な目的意識を持っている場合の2つを挙げてもいた。保護者の影響は特に前者において大であり、その信頼を得ることが学生獲得に有用であることを示唆している。

　S4 は受入れ後の学生生活を支援する学生支援課スタッフの立場から、中国人学生の近年の動向について、日中関係の悪化が留学生の質の向上をもたらしたという観測を口にしている。先の S3 の回答と併せて考察すると、社会的文脈の中で日本留学が忌避される風潮の中、それでも日本留学をしようとするからには、親の反対さえ撥ね退けるほどの明確な目的意識を持った学生がやってくるのだろう。つまり、S 大学の取り組みとは別に、留学生獲得はマイナスの社会的要因を糧に質の向上の機会を得たと言える。

　一方で S4 は受け入れた学生の中に就労を目的とした者が含まれていたことに対し、母国と日本との経済格差がその背景にあるのだろうと考察している。この言に従えば、低所得国からの日本留学希望者については、その留学目的に注意する必要がある、ということになるだろう。

　しかし、近年中国に関しては学習に目的を置いて渡日する学生が増えたとも S4 は述べている。中国の経済成長が著しいことを踏まえれば、S4 の発言に矛盾はない。S3 も近年の傾向として欧米への留学志向が高まっていると述べたが、このことも中国の経済的発展の裏づけとなるだろう。

　この点については、韓国の動向にも注目したい。2014 年度から受入れがスタートした韓国の指定日本語学校だが、受験者の中には日本語を専攻するのではなく、英語学科への入学を希望する者がみられた。この理由について S5 は、アメリカやイギリスの授業料が高いので日本留学を選択したのだろうと推測している。非英語圏である日本を、英語学習を望む学生が留学先として選択した理由については、日本留学によって生活していくなかで日本語を自然習得しな

がら外国語として英語を学べば、いわば「一石二鳥」であると考えたのだろうと、併せて推測している。

2. 入学志願者の動機

本項では、実際にS大学に入学すべく出願した受験生たちが何を求めてS大学を選択したのか、その動機を探る。入学時に出願する書類の中に志願動機書がある。これについて2010年度および2014年度の春学期分について閲覧の許可を得た（S大学は春入学に加え、秋入学も実施している）。特に卒業後の進路について、彼らがどのような希望を抱いていたのか記述を拾い出して、その傾向をつかみたい。

データの閲覧および活用にあたっては個人情報の特定につながらないよう配慮することを約して臨んだ。なお、これ以前のデータについてはすでに廃棄されており、目にすることは叶わなかった。またこのデータには不合格者や合格したものの入学を辞退した者なども含まれる。

(1) 2010年度春季入学

2010年度は、すでにみたように獲得した留学生の数が非常に多かった時期である。ただし留学生の入試に関しては、特に海外から受験する中国人学生については秋学期入学が主となるため、それと比較すると春学期入学者は必ずしも多くはない。1年次入学試験に27名（中国26名、マレーシア1名）、3年次に40名（中国33名、台湾2名、韓国4名、アメリカ1名）がそれぞれ受験している。さらに前者は海外受験が18名、国内受験が9名であり、後者は海外受験28名、国内受験12名であった。国内受験のうち9名が短期留学プログラムからの出願であるが、出願書類の取り扱いが異なるため、提供を受けたデータには含まれなかった。また一部斡旋団体からは事前の出願書類の提出が整わず、入試を先行させ、かつ辞退した場合には書類提出を最後まで怠ったところもあり、受験者全員を網羅することはできなかった。今回目を通すことのできた書類は67名の受験者中、55名分に留まる。

この時期に斡旋団体が手続きを扱った受験者の志望動機書は、ほぼその文言が重なる。そしてこれは他の機関においても似通ったものとなっている。おおよそのパターンとして「日本語を学ぶなら日本へ行かねばならない」と日本語学習を理由とするもの、「S大学は素晴らしい環境だから」「S大学には優秀な

表8　2010年度春季入学希望者の卒業後の希望進路（数字は回答者数）

入試種別	就職 日本	就職 帰国	就職 未記入	進学	帰国	未記入
3年次・海外	1名	6名	6名	4名	0名	8名
3年次・国内	0名	0名	0名	0名	0名	2名
1年次・海外	1名	10名	2名	1名	3名	1名
1年次・国内	0名	4名	3名	0名	1名	2名

出典：筆者作成

先生がたくさんいるから」と対象大学を褒めるもの、「日本は経済的に発展している」「日本文化はすばらしい」と日本への憧れを口にするものが挙げられる。また目的については「将来両国の友好関係に寄与したい」などと漠然と自らを親善大使に擬する者も多い。そして、末尾に「両親は経済的に安定しており、留学を支持してくれている」と、家族の理解と経費支弁能力が万全であることを伝えるものが非常に目立つ。これらを組み合わせて指定用紙（A4サイズ1枚）を完成させたものがたいへん多い。志望動機書が形骸化していると言ってよい。

　このように共通した文言でつづられた志望動機書である。だが、将来の目標について親善大使以外について書かれた、受験者の個性を汲み取れる文言に注目した。そこからは留学に期待する効果、ニーズについてもうかがうこともできよう。

　表8は、2010年度春季入学に向けての出願書類を分析した結果である。例えば3年次編転入学を希望して海外から出願したものは25名いるが、このうち就職を志望する者13名、進学を志望する者4名、就職・進学は明記せずに帰国するつもりの者が0名、将来のビジョンに何も触れなかった者が8名となる。また就職志望についてはさらに日本での就職を望む者が1名、帰国の上で就職したい者が6名、就職する地域には特に触れなかった者が6名と細分できる。

　結果、定型的な志願書のほか、将来のビジョンをうかがわせる記述が特になかった者が学年、受験地を問わず、数多く存在している。また帰国する、あるいは帰国して就職すると述べた学生、あるいはただ就職すると回答した学生も多い。日本で就職する、あるいは大学院に進学しようと考える学生はわずかで

表9　2014年度春季／秋季入学希望者の卒業後の希望進路（数字は回答者数）

入試種別	就職 日本 春季／秋季	就職 帰国 春季／秋季	就職 未記入 春季／秋季	進学 春季／秋季	帰国 春季／秋季	未記入 春季／秋季
3年次・海外	1／0名	0／4名	2／3名	2／16名	0／0名	0／0名
3年次・国内	1／0名	0／0名	0／0名	1／0名	0／0名	0／0名
1年次・海外	0／0名	0／0名	0／0名	5／0名	0／0名	1／0名
1年次・国内	0／0名	1／0名	1／0名	1／0名	0／0名	0／0名

出典：筆者作成

あった。

　この時期に受け入れた中国人学生について、S3はある交流協定大学に注目した発言をしている。この協定大学の教員は、その大学とは無関係に留学希望者を集め、事実上ブローカーとして学部1年次への送り出し業務に従事していた。このルートでS大学に入学した学生は親の意向を受けて遊び感覚で日本留学に臨む学生たちであった。そのサポートにいかに苦慮していたかは、このルートが近年取りやめになったことに安心し、歓迎するS3の態度から察せられる。もちろん学習意欲を持って出願する学生もいたであろうが、一方でこのような学生たちもいたのが当時のマーケットとしての中国の実情であり、S大学が抱える問題であったと言える。

(2) 2014年度春季入学

　その後、東日本大震災や日中・日韓関係の悪化を経て、それでも入学を希望した者の将来のビジョンはどういったものであったか。2010年とはどのような変化があったのか。表9に、先程同様にまとめて紹介した。

　春季について見れば、極端に受験者が減少していることに気づく。そしてその内訳は3年次二重学位の台湾からの受験者2名を除き、すべて韓国人学生である（3年次二重学位3名、3年次協定校推薦1名、1年次一般入試6名）。春季については韓国がマーケットとして存在感を高めている。

　先のS3の発言にもあるようにこの時期には「質的にはある程度良くなった」というが、このことは問題のある学生がマーケットからその存在を消したということを意味するのだろう。将来のビジョンについて何も言及のなかった学生が姿を消している。そしてもう一つの特徴は大半が大学院進学を志望している

ことにある。特に1年次受験の大半の学生がそれを志望しているところが特徴的である。

　中国マーケットだが、春季については14年度においてまったく機能しなかったものの秋季はこの限りではない。23名全員が中国人であり、マーケットとして依然として重要な地位を中国が占めていると言えよう。ただしこの時期1年次の入試は見当たらず、すべてが二重学位による協定校からの出願である。中国の協定校こそがこの時期において機能し得る獲得マーケットであった。

　留学動機については16名が大学院進学を口にしている。進学志望が多数を占めるのは春季入試の韓国、台湾と同様である。長期留学者にとって留学は大学院進学を見据えてのものであることが一般的になりつつあるのかもしれない。学部留学生獲得も、それを前提とした受入れ施策を検討する必要があるだろう。

6. 今後のマーケットの展望

　これまで確認してきたように、長くS大学においては正規留学にせよ、短期留学にせよ、中国が最大のマーケットとされてきた。海外交流協定校の数、受け入れてきた留学生の数が他と比べて桁違いに多いほか、現地に通算3カ所の大学事務所を構えるなど、中国重視の施策が行われてきたと言える。

　しかし2011年の東日本大震災と、領土問題に端を発して著しく悪化した両国関係の影響から、特に正規留学生の獲得マーケットとして、中国は変質してきた。それまでは留学目的の不確かな学生が斡旋団体を経て大量に日本留学を希望していたが、これが大幅に減じたことにより、斡旋団体を通してのリクルートが機能しなくなった。この事態を受けて、S大学としては新たに安定的に留学生を供給できる道筋を模索するようになる。その中で白羽の矢が立ったのがネパールであった。

　この間の動きもまた、日本全体の留学生獲得の動向に準じたものと言ってよい。2018年現在のデータは第Ⅰ部で取り上げたが、2014年の時点でもベトナム、ネパールの躍進は顕著であった。在籍者数の上位から中国（7万7792名）、韓国（1万3940名）、ベトナム（1万1174名）、ネパール（5291名）、台湾（4971名）と続き、日本語教育機関ほどではないにせよ、高等教育機関においてもベトナムとネパールの占める位置の大きさが見て取れる[3]。この点について2013

年7月付のインターネット記事（NETIB-NEWS）では、「注目すべきはベトナムとネパール人学生の増加である」とし、その入国許可数（交付数）について「ネパールを見ても平成24年度の交付数487に対し、平成25年度は1457で約3倍に増加している」と取り上げている。[(4)]

S大学の東南アジア・南アジアへの視野拡大について、S3は中国に集中していたマーケットを多方面に展開することでリスク分散を図ろうとしたものであると認識する一方、未だ重点は中国に置かれており、その動きは全体の中の一部に留まると捉えている。

S5も東南アジアにおける協定校の拡大を謳ってはいるものの、その一方でマーケットとして量的にはその展望にあまり期待が持てないとの認識を持っている。その上で、依然として中国は非常に重要であり、韓国に比しても今後も継続して戦略的に重視していくべきマーケットであるとの評価を示した。中国へ寄せる期待は、変わらず大きいことがうかがえる。

これに関して、実際に中国でリクルートや入試業務を担当した日本語教師であるS6は、受け入れた留学生数の実際に注目している。特に二重学位による3年次での受入れが入学（編転入学）者数の大半を占める現状から、S5同様に中国の重要性を強調する。そしてマーケットの維持に力を注ぐよう呼び掛けている。

今後も日本への留学希望者を得るためのマーケットとして、中国を軸として検討していくことは基本戦略であり、日本語学校等の潮流とは一線を画していると言える。実際、中国国内の交流協定校も二重学位の供給元はそのエリアを拡大することで一定数の獲得を可能としている。1校のみでは数を満たせなくとも、新規に協定校を開拓することで量を補うことができる。見方を変えれば、日本語の専攻課程を持つ中国の大学の中には、日本での留学先を欲する機関もあり、そのニーズを掘り起こす余地はまだ枯渇したとは言えない。[(5)]

では、なぜ新たな国からの学生獲得を望むのか。これはS3が言うようにリスク分散としての性格がある。1国偏重での留学生獲得では、その国の事情一つで供給がストップする可能性があることを指す。例えば、日中関係の悪化によって中国からの出願が激減したが、このように政治的な両国間の関係性が留学生獲得に直結するからには、リスク回避として多数の国に交流協定校を設けることは効果的だろう。

だが、受入れ留学生の多様性を求めて、東南アジアや南アジア諸国へも食指

を伸ばしているという側面もある。このまま中国に縋る格好ばかりでは、その環境は中国人学生にも日本人学生にも外国語学習の理想的環境とは異なった姿となるだろう。せっかく日本に留学していながら周囲が同じ国からの留学生で占められたのでは、あえて環境を変えるべく留学した甲斐がない。

　日本人学生の視点で考えれば、中国人留学生が極端に多いことは、中国語や中国事情に興味のある学生に限っては理想的な環境であろう。しかし、1国よりも2国、2国よりもそれ以上に多くの国から留学生が集う環境のほうが、より多くの日本人学生の国際交流に向けたニーズを満たすことができる。日本人学生の獲得に苦しむ小規模大学としては、こういった効果も無視はできない。

　視点を戻して中国人学生の立場でそのメリットを改めて考えたときにも、日本語を介して他の国からの留学生と交流する場を提供できれば、それも多様な日本語の実際使用の場となる[6]。留学生の多様化は日本人学生、留学生の双方にとって魅力的な環境を創出することが期待できるだろう。

注

　本章は筆者の博士学位論文『留学生エンロールメント・マネジメントと日本語教育──小規模大学の取組みを通して』第5章「留学生獲得マーケット」を一部抜粋の上、加筆修正したものである。

(1) ジョイント・ディグリーとは、文部科学省の以下のページによれば「連携する大学間で開設された単一の共同の教育プログラムを学生が修了した際に、当該連携する複数の大学が共同で単一の学位を授与するもの」と定義される。
　文部科学省「我が国の大学と外国の大学間におけるジョイント・ディグリー及びダブル・ディグリー等国際共同学位プログラム構築に関するガイドライン」：http://www.mext.go.jp/b_menu/shingi/chukyo/chukyo4/houkoku/__icsFiles/afieldfile/2016/ 03/23/1353908.pdf（最終閲覧2019年3月8日）

(2) 日本語教育振興協会「日本語教育機関の概況」：http://www.nisshinkyo.org/article/pdf/overview05.pdf（最終閲覧2019年3月1日）

(3) 日本学生支援機構（JASSO）「平成26年度外国人留学生在籍状況調査等について」：http://www.jasso.go.jp/statistics/intl_student/documents/ data14_brief.pdf（最終閲覧2019年3月1日）

(4) NETIB-NEWS「外国人留学生 ベトナム・ネパールから急増」：http://www.data-max.co.jp/2013/07/16/post_16455_dm1545_3.html（最終閲覧2019年3月7日）

(5) 2019年2月の追跡調査においても、2018年度のアジア圏からの正規留学生の獲得実績で、中国は他を圧倒している（中国46名、香港8名、韓国5名）。その背景には、S大学の中

国に対する積極的なアプローチがある。2015年以降、7大学（香港を含む）と新たに協定を結んだこと、かねてからの中国の高校との関係構築が実を結び、高大連携プログラムが軌道に乗ったことが大きい。
(6) 母語の事なる者同士が第二言語である日本語で交流する「第三者言語接触場面」（ファン1999）を提供できる。

【参考文献】

鈴木洋子（2011）『日本における外国人留学生と留学生教育』春風社
田中敬文（2018）「経営難の次第に『名誉ある撤退』を促せ」『Wedge』30（3）、50-52頁
張泓明（2013）「留学仲介という斡旋組織について──中国山西省の日本留学仲介業務を例として」『人間社会環境研究』26、79-96頁
ファン、S. K.（1999）「非母語話者同士の日本語会話における言語問題」『社会言語科学』2（1）、37-48頁
マストン、レイ［山田達雄訳］（1991）『個性的大学になる学生獲得戦略──エンロールメント・マネジメントのすすめ』C.S.L. 学習評価研究所

第II部 送り出し側のホンネ
― 魅力的な日本留学とは ―

　「留学生を受け入れたい」という日本の大学の思惑に対し、送り出す側にもそれぞれ留学への期待があり、また留学先を選定する条件がある。以下では、各国、各地域の日本語教育、そして日本留学の全般的な状況を紹介するにとどまらず、一機関にフォーカスしての具体的なケース・スタディを読者に供する。このケース・スタディについては、多くが大学の日本語専攻課程を取り上げており、日本留学も半年、1年の短期留学が主となる。しかし、香港では短大相当の教育課程を経ての日本の大学への3年次編入学に注目したり、タイでは現地の大学に加えて、高校からの視点にも寄り添うなど、その調査対象は多岐にわたる。
　第1章～第3章で扱った国内高等教育機関に準じ、こちらでも機関名を伏せて紹介することを基本とする。協定関係にある日本の大学に言及した記述もあり、調査協力機関に不利益を被らないよう配慮しようとしてのことだ（一部、執筆者においてその必要なしと判断したケースでは実名で取り上げている）。だからこそ「ホンネ」を知ることができよう。
　このように本書では、現地の日本語教育機関からの生の声を取り上げる。換言すれば、留学の斡旋を生業とするエージェントについては、本書は対象としていない。教育機関を軸にしたからこそ、留学を終えた学生たちのその後についても追跡し、その評価を詳らかにすることができるのだとも言えるだろう。
　第4章から第7章にかけては、伝統的に数多くの日本語学習者を擁する東アジアの諸国・諸地域（中国、韓国、台湾、香港）をレポートする。一方、第8章から第14章では近年留学生送り出しの実績を拡大させる東南アジア（タイ、マレーシア、インドネシア、シンガポール、ベトナム）、さらには中央アジア（ウズベキスタン）や南アジア（インド）についても、その一端に触れる。
　本書を通して、量的に日本の留学生政策に大きく影響を与えるアジアの日本留学に対するホンネに耳を傾けてもらいたい。

第4章 中国

相対的な日本語学習者減と日本の社会文化に対する関心の高まり

楊 秀娥／葛 茜

1. 中国における日本語教育の現状

楊 秀娥

　中国における日本語教育は、主に初等、中等、高等、学校教育以外という4種類の教育機関で行われている。国際交流基金（2016）が行った2015年の調査結果によると、中国における日本語学習者は95万3283人で、依然として世界一の日本語学習者数を有しているものの、2012年の調査結果である104万6490人より8.9%減少している。一方、教育機関は2115、教師数は1万8312人で、2012年の調査結果よりそれぞれ17.5%、9.3%増加している。学習者数の減少に関しては、同調査では「英語志向の高まり」によると説明されている。しかし、中日関係の低迷、日本経済の不況なども日本語人気の減少に強くかかわっていると思われる。どのように現在の学習者を維持し、そして、新しい学習者をつくり出すかが、中国の日本語教育関係者の課題になるであろう。

　他方、国際交流基金の調査対象となっていない自習者・独習者も多数存在している。一例であるが、2018年に西安交通大学が開設した、日本語初心者向けのMOOC（大規模公開オンライン講座）「大学日語」[1]の利用者は、すでに10万人を超えているという。インターネットの普及と新たな教育技術の開発は、学校教育に拠らない新しい形の日本語教育をつくり出すことが見込まれる。

　しかしながら、高等教育機関で学ぶ学習者が多い点は、中国の日本語教育の特徴の一つである。特に、日本語や日本文学、文化など「日本」について専攻し、学士の学位を取得する大学日本語専攻教育は盛んであり、1999年からの大学生募集定員の拡大とともにすさまじい勢いで発展してきた。国際交流基金（2013）の統計によると、2012年高等機関で学ぶ日本語専攻生は24万1506人

表1　外国語専攻課程を設置している大学数

	英語	日本語	ロシア語	ドイツ語	フランス語	スペイン語	アラビア語
2005年度	790	293	91	58	60	19	10
2013年度	994	506	137	102	126	58	32

出典：钟・孙（2014）のデータに基づいて筆者作成

にも上るという。表1からもうかがえるように、2013年現在、中国全土1145校の大学のうち、506校で日本語専攻課程が設置され、2005年より大幅に増加しており、英語に続く第2位になっている。

一方、日本語専攻教育は目覚ましい発展を遂げるとともに、中国自身の社会発展、経済成長、中日関係の変化などにより、様々な問題点も現れるようになってきた。特に、育成目標の変化、育成目標の再検討、教材や科目の体系性の不足、卒業論文の見直しなどが挙げられる（修2016）。そして、こうした近年の状況を背景として、日本語専攻教育の改革が求められ、新たな動きを見せている。2018年1月に日本語専攻も含む「四年制大学各専攻教育の国家スタンダード」（日本の学習指導要領にあたる）が公表され、4月に出版された。これまでの日本語専攻教育に関する規定と比べ、次のような特徴がある（修2018）。①人文日本語教育を唱え、内容のある日本語教育を主張する。②アカデミック人材、応用型人材の育成に関する教育目標の多様化、教育手段の多様化、教育実践の多様化などを主張する。③異文化コミュニケーション能力の育成を際立たせている。④講義を共通する中核講義と、アカデミック人材か応用型人材を育成するためのそれぞれの講義に大別する。

国家スタンダードの公表・実施によって、日本語専攻教育は教育目標の設定、実践方法の改革、教育技術の活用などの面において新たな時代を迎えようとしている。日本語人材の捉えなおし、日本語教育の実践方法の新たな展開、IT手段の活用なども期待できよう。

2. 中国における留学事情
楊　秀娥

中国人の留学は増えつつあり、人数の年度平均増加率は19.06％になっている[2]。中国教育部が公表したデータ[3]によると、2015年現在の留学生総数は52.37万人に達しており、2013年度の41.39万人より大幅に増加し、2010年の

表2　中国人の留学数（単位：万人）

	2010年度	2013年度	2015年度
留学総数	28.47	41.39	52.37
公費の留学数	1.24 (4.36%)	1.63 (4%)	2.59 (5%)

出典：中国教育部のデータに基づいて筆者作成

28.47万人からすれば1.84倍も増えている。全体の増加に合わせて、公費の留学も増えており、留学総数の4〜5%をキープしている。その詳細は、表2に示した。

中国人の主な留学先は、イギリス、アメリカ、オーストラリア、韓国、日本、フランス、ロシア、カナダ、ドイツ、ウクライナ、ニュージーランド、そしてシンガポールである[4]。留学年齢については、高校を卒業してからの留学は33.48%、大学を卒業してからの留学は47.31%、修士を修了してからの留学は5.59%、その他は13.62%となっている[5]。

以上は、中国の教育部が公表したデータからみた留学の全貌である。また教育部とは別に、範囲を特化した調査も行われており、中国の留学の全体を考える上で参考になる。例えば、沈（2017）は、2014年度の大卒者の留学を大学別に調査し、以下のことを明らかにしている。ランキングが高い大学ほど、卒業生の留学が多い。経済系大学、外国語系大学の卒業生の留学の比率は多く、医学系大学の卒業生の留学の比率は最も低い。また、中国西部にある大学の卒業生の留学はほかの地域よりはるかに低い。留学の比率は、出身大学が所属する地域の平均収入の間に正の相関を見せている。さらに、大学を卒業してからの留学は、中国の経済の発展、中国国内での就職難、留学先の教育機関との連携、中国人の収入の増加、中国政府の公費支援、留学先の留学政策の牽引など多様な要因に影響されていると指摘した。

日本留学に絞ってみると、中国人の留学数はその他の国の留学数を上回っており、ここ数年はほぼ右肩上がりの流れになっているが、留学生総数に対する構成比は減少している点がうかがえる。次の表3は、日本学生支援機構（JASSO）が行った外国人留学生在籍状況調査の結果に基づき[6]、筆者が作成したものである。表3からわかるように、中国からの留学生は2014年度に9万4399人で、留学生総数の半数超を占めているが、2017年度は10万人を突破した半面、留学生総数の40.2%までに減少してきた。構成比においてベトナ

表3　日本に在籍している留学生の総数と中国からの留学生の数（単位：人）

	留学生総数	中国からの留学生（構成比）
2017年度	267,042	107,260（40.2%）
2016年度	239,287	98,483（41.2%）
2015年度	208,379	94,111（45.2%）
2014年度	184,155	94,399（51.3%）

出典：日本学生支援機構（JASSO）のデータに基づいて筆者作成

ムなど勢いよく日本留学を増やしている国・地域とは逆の様相を見せている。

　中国人留学生が日本留学に至るまでの意思決定を影響する要因について、李（2015）は歴史的・社会的な分析を行っている。日本留学を選択する理由として、①中国の高等教育の大衆化に伴う高等教育の質の低下、②名門校をめぐる進学競争の熾烈化の回避、③経済の高度成長による家庭所得の増加、さらに④一人っ子を中心とする家族構成による海外留学の経費支弁能力の向上などが挙げられている。そして、日本留学の目的は、かつては「より質の高い教育」「より多くの就職機会」だったが、近年になると、この2つの要因が徐々に後退し、「海外での生活体験」を求める留学が増えつつあると指摘されている。一方、中国経済の急速な成長、国内の労働市場の活発化という背景の下で、留学のために放棄しなければならない国内の経済コスト、機会コストも高くなってきており、英語中心、欧米中心という評価システムなども、留学を考える際に考慮せざるを得ない要因となっている。

3. 日本の高等教育機関への送り出しの実態
　　　——中国のF大学の場合

葛　茜

　本節では、中国のF大学をケース・スタディーの対象に、日本の高等教育機関への送り出しの実態および大学生の留学意識を明らかにする。

1. F大学および日本への留学プログラムの紹介

　F大学は、1950年代設立され、現在約3000人の教職員、2万4000人の学部生と1万人の大学院生を有する総合大学である。これまで世界各国の計140校の大学と提携や交流関係を結び、長期、短期を合わせ40以上の留学プログ

ラムを持っている。年間約 800 人の学生を海外の大学に送り出しており、うち約 8 割は短期留学プログラムを利用している。その中で、日本の大学の留学プログラムは約 10 件で、年間 30〜40 名ほどの学生は日本に渡って留学している。

　F 大学の日本語学科は、2000 年代初頭設立され、現在中国人教員 13 人、日本人教員 3 人が常勤勤務しており、年間 40 名弱の日本語専攻生を募集している。2006 年に J1 大学、2007 年に J2 大学と提携協定を結び、3 年生を対象とした 1 年間の短期留学プログラムを通して、年間公費（学費免除）5〜7 名、私費 6〜8 名の学生を送り出している。2011 年に J3 大学、2013 年に J4 大学と締結し、毎年 1〜3 名の日本語専攻卒業生が推薦入学か海外入試で修士課程に進学している。また、2015 年にできた日本語日本文学専攻修士課程では、学生が 2 年次の約半年間、J5 大学で短期留学ができるようになっている。

2. 日本留学の意識に関する調査

(1) 調査方法

　日本留学に関する意識を把握するために、日本語専攻生、そして日本語専攻生を除いた F 大学で学ぶ一般の大学生を対象としたアンケートをそれぞれ作成した。後者は専攻、日本語学習歴を含めて無作為で抽出している。

　それぞれへのアンケートはやや異なるが、共通して次の内容からなる。①留学の願望があるか否か、なぜか。②日本を留学先として選ぶか選ばないか、なぜか。③どのような日本の大学を優先的に選ぶか。④留学資金および語学能力はどうか。2 つのアンケートはともに 13 項目から構成されており、多肢選択の形を採用している。2018 年 4 月に「問巻星」というネット調査ツールで、一般の大学生、日本語専攻生別に無作為に質問用紙を配り、調査を行った。一般の大学生から得られた有効回答は 860 部で、日本語専攻生から得られた有効回答は 128 部であった。

(2) 調査結果

1) 留学願望の有無とその要因

　一般の大学生のうち、留学を希望する人は 3 割強（860 人中の 263 人）で、留学願望を持たない人は大多数であった。日本語専攻の場合、52% の人（128 人中の 67 人）は留学を希望している。一般の大学生が選んだ、留学を希望しな

第Ⅱ部　送り出し側のホンネ　－魅力的な日本留学とは－

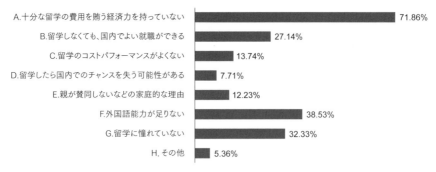

図1　留学を希望しない理由
出典：筆者作成

い理由を図1に示した。図1からわかるように、最も大きな要因は十分な留学の費用を賄う経済力を持っていないことである。次いで外国語能力が足りないこと、留学に憧れていないこと、そして留学しなくても国内でよい就職ができることなどが続く。

2）日本を留学先として選ぶ要因と選ばない要因

留学希望者が選んだ留学先は、日本が70人で一番多く（留学希望者の27%、一般の大学生の8%）、アメリカが55人、イギリスが47人、欧州の他の国が51人、オーストラリアが11人だった。日本語専攻生の場合、ほとんどの留学希望者は（67人中の65人）日本を選んだ。

日本を留学先として選ぶ要因は、図2で示すとおりである。最も多く挙げられたのは日本、日本文化に興味があることである。一定の日本語能力を有していること、日本と中国は地理的に近いこと、自分の研究領域において日本の大学の研究レベルが高いことなども高い比率を占めている。

日本を留学先として選ばない要因のうち、ほかの留学希望国があることが最も多く選ばれた（図3）。日本語がわからなくて、日本語を学びたくないことと、日本留学の情報をよく知らないことが近い比率で共に36%強だった。戦争、歴史など日本に対するネガティブなイメージ、日本の学術環境および学術の実力が欧米の大学より劣っている点、日本留学の経歴が今後の職業にあまりプラスではない点を選んだ人が2割弱を占めている。

第4章　中国：相対的な日本語学習者減と日本の社会文化に対する関心の高まり

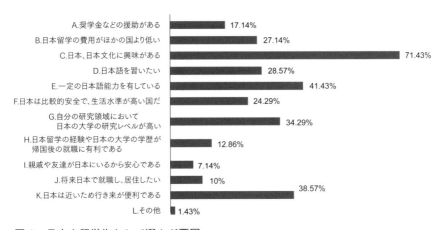

図2　日本を留学先として選んだ要因
出典：筆者作成

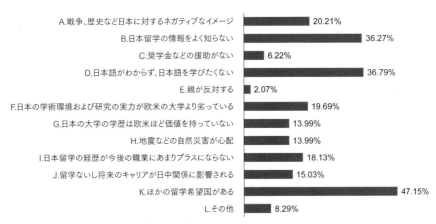

図3　日本を留学先として選ばない要因
出典：筆者作成

第Ⅱ部　送り出し側のホンネ　－魅力的な日本留学とは－

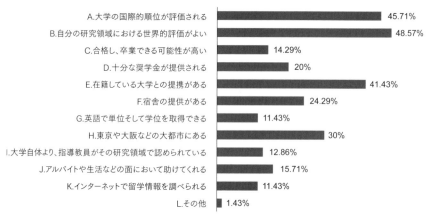

図4　優先的に選択する日本の大学の条件
出典：筆者作成

3) 優先的に選択する日本の大学の条件

　日本の大学を選択する際に優先的に考える条件は、図4で示す。自分の研究領域における大学の世界的評価、大学の国際的順位が上位に選ばれた。在籍している大学との提携の有無も、留学先の選択を左右する条件になっている。そのほかに、大学の立地、宿舎の提供の有無、受入れ体制の完備も考慮すべき条件である。

4) 留学資金と語学能力

　私費留学のために得られる援助資金の金額について、41.6%の一般の大学生、51.6%の専攻生は「0～5万元」(0～30万円)を選び、22.4%の一般の大学生、10.1%の専攻生はまったく得られないと答えた。
　言語能力について、一般の大学生のうち、英語能力はCET（中国の大学英語試験）4級62.2%で、CET6級29.9%で、87.9%の人は日本語能力がゼロレベルである。一方、専攻生の英語能力はCET4レベル61.7%、CET6レベル42.2%で、日本語能力はN1レベル34.38%、N2レベル32.81%で、高い日本語と英語の能力を持っていることがわかる。

4. 総合考察

葛 茜

1. 中国人大学生にとっての（日本）留学の意味

　留学はかつてほど中国人大学生を惹きつけるものではなくなっている。留学は高等教育に学ぶ者が自らに向けた人的資本投資であると言えよう。海外留学はかつて中国人にとって、高い学歴を獲得して海外定住を実現し、あるいは中国に戻って優れた待遇がある仕事に就く手段だった。しかし、近年飛躍的に発展している中国において、留学せずに国内に残っていてもよい就職ができ、将来出世が見込まれる可能性も増えてきた。そして、帰国留学生が年々増加し、平均給料は国内の大卒者とそれほど差がつかないほどになっている。つまり、中国国内における機会コストと経済コスト（李2015）が留学の決定に与える影響は年々顕著になってきている。また、2017年QSアジア大学ランキング[7]では、トップ50に入った日本の大学は10校で、中国の大学も10校になっている。中国国内の大学のレベルが高くなりつつあることを背景に、大学生は留学するのか、またどんな大学を選択するのかに関して、取捨選択に向けてますます慎重な姿勢を取るようになるだろう。本調査で示したように、留学そのものに憧れを持たない、中国にいてもよい就職が保証できると考え、留学願望を持たない人が大多数になっている。一方、日本語専攻生の場合、日本語がある程度わかり、日本に高い感心を持っているので、予想どおり日本留学を選ぶ人が多かった。しかし、それでも日本留学志願者は半分程度にとどまった。この結果は、留学がそれほど憧れられていない現況を如実に反映していると言えよう。

　一方、留学願望を持つ一般の大学生のうち、3割弱の人が日本を留学先として選んだ。文系、理工系と関係なく、日本文化、日本語への興味や、地理的近さ、日本の安全面、生活面に関するポジティブなイメージや、日本の大学の研究の先進性などを理由に日本留学を検討している。特に日本文化、日本語への興味という理由は圧倒的に支持されている。

　言語の問題より、ハイレベルの教育、日本文化の魅力、就職や永住の機会などは留学の選択に大きく影響している。留学願望を持つ一般の大学生のうち、アメリカとイギリスとオーストラリアを選ぶ人が合わせて5割に近く、英語圏留学志向が依然として顕著である。英語圏を選ぶ人の9割は日本語能力がゼロレベルであるものの、「日本語を分からなくて勉強したくない」という理由で日本留学を忌避する人は9%にすぎなかった。一方、もともと日本留学の

願望を持つ人は日本語がわからなくても日本留学を選んでいる。つまり、日本語ができるか否かは決して日本留学を決定する要因ではない。もともと英語圏留学を志望する大学生は、日本語を学習する必然性がなく、日本の大学の英語課程に惹かれて留学することは考えにくい。言い換えれば、「英語だけで学位を取得できる課程の設置は、根本的に中国人留学生数を拡大できる施策とはなりえない」(高 2010: 13) という指摘は、10 年近く経った今でも成り立つと言えよう。留学を決定する要因は、大学生の日本語能力より、むしろ日本の大学の国際的評価、教育の質、日本文化の魅力、就職や永住の機会などによるものが多い。

2. 中国人留学生を惹きつけるために必要なこと

　まず、ハイレベルの教育水準を保持し、それを宣伝することである。日本の「留学生 30 万人計画」は、優秀な人材をターゲットにしている。優秀な人材に対する争奪戦は、世界各国の有名大学で繰り広げられている。日本は人材の争奪戦に敗れないように、これまで以上に教育の質を向上・保持することが肝心であろう。日本の大学は、特に経営、工学、コンピュータ分野や環境関連の領域において、学問的なレベルが高いと評価されている。中国人大学生にとって、最も魅力のある専攻は金融、教育、文化、IT 関係で、中国に帰国後従事する仕事の分野もこれらに集中する傾向がある。[8]日本は、得意の研究、教育分野と、中国人留学生に人気のある分野を関係づけて宣伝すれば誘致の効果が出てくるのではないだろうか。

　次に、日本留学の資金の割安感をアピールすることである。留学資金は留学先の選択を左右する重要な要因の一つである。学費や生活費、奨学金などを含める日本留学の費用は、アメリカやイギリスなど欧米先進国での留学費用より比較的に安いと認識されている。本調査でわかったように、留学資金のことで留学を断念する大学生が大勢いる。このような金銭的な理由で留学を諦めた学生に、日本留学の割安感をアピールし、さらに具体的なアルバイトや奨学金の情報を提示していけば、より多くの学生が日本留学を選ぶだろう。しかし一方で、学費や生活費の捻出に法定時間を超過してアルバイトに専念する学生もいることが事実であり、その回避も真剣に検討すべき課題である。

　それから、留学プログラムを充実させることである。本調査でわかるように、出身大学との間に留学交流の提携がある日本の大学が優先的に選ばれる傾向が

ある。それは、留学の手続きの利便性や、奨学金などの資金援助、受入れ体制の充実によるものだと考えられる。日本の高校・大学が、積極的に中国の高校生・大学生を対象とする文化体験プログラムや留学プログラムを維持・拡大すれば、より多くの中国人高校生や大学生が日本について理解し、より多くの日本留学が図れるのではないか。特に、多種多様な短期留学プログラムで高いコストパフォーマンスが得られる可能性が高いだろう。また、中国の大学とのジョイント・ディグリーやダブル・ディグリーの制度を設置することは、国内の学業に支障なくより長期な留学をサポートすることにつながると考えられる。

　さらに、潜在的な日本留学予備軍を創出することである。日本は、アニメや漫画、若者のファッションなど魅力的な文化を持っているので、世界の若者のなかでは高い人気を博している。日本文化に惹かれて日本語を学び、日本留学を実現した人も多い。今後より多くの中国人大学生を獲得するには、中国の若者に向かって積極的に日本の社会・文化の魅力をアピールし、彼らの日本に対する関心および好感を喚起し、潜在的な日本留学予備軍を創出することが重要である。きっかけとなる短期留学プログラムや日本文化体験プログラムを拡充することが手段の一つだと考えられる。また、日本留学の経験を持つ教員や先輩などを活かすことも有効であろう。例えば、日本の大学の海外校友会を創立し、校友会のネットワークを通して日本留学を宣伝する。これらの人的リソースは、日本留学のきっかけをつくってくれるだけでなく、大学選定のガイドやアドバイザーや推進役にもなることが期待できよう。

　最後に、日本留学に関する情報の発信、宣伝にも要領よく力を入れることである。本調査では日本側による日本留学の広報の重要性が示されたため、これまで以上に積極的に日本留学の情報を発信し、発信のツールや内容も検討、改善すべきである。これまでインターネット上の留学情報は十分な広がりをもって提供されているが、深さにむらがあり、情報不足や理解しにくい個所もある。また、ネット接続の制約によって日本の大学のHPや、留学関連サイトへのアクセスが遮断されることもしばしばある。日本留学の情報を知る契機や、留学情報を簡単にウェブで検索できるような環境を整備したり、北京・上海のような大都市だけではなく、内陸の都市にも日本留学の説明会を開いたりする工夫は今後検討する余地があると思われる。

　以上、本章では、近年の中国の日本語教育、留学の全体的動向を記述・分析したうえ、F大学をケース・スタディーに、留学に関するアンケート調査の結

果に基づき、留学意識や派遣の実態を報告した。

注

(1)「大学日語」は、MOOCサイトである「中国大学MOOC」で開設されており、社会人、学生、中高生などを含む日本語学習者を対象としている。http://www.icourse163.org/course/XJTU-1002533017（最終閲覧2018年5月16日）
(2) 中華人民共和国教育部「留学回国就業人員都去那儿了」：http://www.moe.gov.cn/jyb_xwfb/s7600/201603/t20160328_235486.html（最終閲覧2018年4月4日）
(3) http://www.moe.edu.cn/jyb_xwfb/s7600/201609/t20160909_280593.html（最終閲覧2018年4月4日）
(4) 中華人民共和国教育部「大数据告诉你中国留学回国人员就业和创业基本情况」：http://www.moe.gov.cn/jyb_xwfb/s7600/201506/t20150626_191210.html（最終閲覧2018年4月4日）
(5) 同上
(6) 日本学生支援機構（JASSO）「外国人留学生在籍状況調査」：https://www.jasso.go.jp/about/statistics/intl_student_e/index.html（最終閲覧2018年4月4日）
(7) https://www.topuniversities.com/university-rankings/asian-university-rankings/2018（最終閲覧2018年4月26日）
(8) 中華人民共和国教育部「大数据告诉你中国留学回国人员就业和创业基本情况」：http://www.moe.gov.cn/jyb_xwfb/s7600/201506/t20150626_191210.html（最終閲覧2018年4月26日）

【参考文献】

高明珠（2010）「中国人留学生の視点からみる日本の留学生政策」『同志社政策科学研究』12（1）、1-15頁

国際交流基金（2013）『海外の日本語教育の現状――2012年度日本語教育機関調査より』くろしお出版

――（2016）「2015年度海外日本語教育機関調査結果」：http://www.jpfbj.cn/sys/wp-content/uploads/2016/11/2015_jieguoshuoming.pdf（最終閲覧2018年4月2日）

修剛（2016）「中国の日本語教育の現状と課題――大学の日本語専攻を中心に」徐敏民、近藤安月子編『日语教学研究』北京：外语教学与研究出版社、36-55頁

――（2018）「国家基準に基づく日本語人材育成および教育実践のあり方」『第三回「日本語教育学の理論と実践をつなぐ」国際シンポジウム予稿集』4-5頁

源島福己（2014）「外国人留学生の留学目的の変容とキャリア観に関する考察」『長崎大学留学生センター紀要』21-22、1-30頁

李敏（2015）「中国人留学生の日本留学決定要因に関する研究――Push-and-Pullモデルに基づ

いて」『大学論集』48、97-112 頁

沈文欽（2017）「我国高校本科毕业生出国读研现状及其趋势分析——基于院校差异的视角」『中国高教研究』10、78-82+87 頁

视美荪・孙有中（2014）「以人才培养为中心，全面推进外语类专业教学改革与发展——第五届高等学校外国语言文学类专业教学指导委员会工作思路」『外语界』(1)、2-8 頁

第Ⅱ部　送り出し側のホンネ　－魅力的な日本留学とは－

第5章

韓 国

中国語教育との競争を背景に変化する日本語学習・日本留学の目的と形態

金東奎[(1)]

1. 韓国における日本語教育の概況

　本節では、国際交流基金の「日本語教育機関調査」(2009年度、2012年度、2015年度)をもとに韓国における日本語教育の概況について述べる。

　2015年度の調査によると、韓国は2012年度と同様、世界3位の学習者数 (55万6237人) を有している。しかし、2009年度の96万4014人、2012年度の84万187人と学習者の減少を見せている。ただし、学習者数の減少は韓国に限るものではない。学習者数1位の中国と2位のインドネシアも減少の傾向にある。韓国における学習者数の減少について国際交流基金の2015年度速報では、英語教育の強化、第二外国語の必修科目除外、少子化を要因として挙げているが[(2)]、それらに加えて、韓国に対する中国の経済・政治的影響力の増加とそれに伴う「中国語教育・学習ブーム」も要因の一つとして挙げなければならないだろう (金2018)。

　韓国の日本語教育機関数と日本語教師数は2009年度と2012年度に引き続き、世界1位の2862機関、1万4855人である。しかし、機関数・教師数ともに、それぞれ26.9%減少 (3914機関／2012年度) と16.6%減少 (1万7817人／2012年度) を見せている。韓国の高等教育機関の場合、日本 (学) 研究および日本語教育関連学科 (部) の統合や閉鎖が2010年代に入り相次いでいたが、これが減少における要因の一つとして考えられる。

　教師数に対する日本人教師の割合は、2009年度の調査では日本語教師の全体 (6577人) のうち15.5% (1018人) が母語教師だった。この比率は、2012年には6.8%と低下している。他国に比べ (シンガポール80%、フランス78.2%、

第 5 章　韓国：中国語教育との競争を背景に変化する日本語学習・日本留学の目的と形態

表 1　韓国の年度別留学生数（2011 ～ 2017 年度）

年　度	2011	2012	2013	2014	2015	2016	2017
留学生数（人）	262,465	239,213	227,126	219,543	214,696	223,908	239,824

出典：韓国の教育部

表 2　海外の高等教育機関における学位課程別韓国人留学生数（2011 ～ 2017 年度）

	年　度	2011	2013	2015	2017
留学生数（人）	大学院	40,799	38,154	34,873	32,189
	大学	123,370	105,933	123,542	110,697
	大学院＋大学の小計	164,169	144,087	158,415	142,886
	語学研修	98,296	62,155	23,517	31,132
	その他の研修	（集計なし）	20,884	32,764	65,806
	合　計	262,465	227,126	214,696	239,824

出典：韓国の教育部

ドイツ 78.5%)、日本人教師の比率は少ない。

2. 韓国の高等教育における留学事情

　本節では韓国の高等教育における留学事情について確認する。資料は、韓国の教育部の留学情報ページ[3]における毎年の 4 月 1 日付けの集計結果である。表 1 は海外に留学した韓国人の全体数を年度ごとに示したものである。

　海外高等教育機関における韓国人留学生数は、2011 年度を頂点に、2012 ～ 2015 年度にかけて減少し続け、2015 年度には最も少ない 21 万 4696 人を記録した。平均的に毎年 23 万人程度の韓国人学生が海外に留学している。

　次は、韓国人留学生の高等教育機関における学位課程の内訳について確認する。表 2 は 2011 年度から 2 年置きの状況を示したものである。

　大学院課程（修士・博士）より大学課程（学士）のほうが約 3 倍程多い。大学課程の海外留学生は、2011 年度から減り続け、2015 年度には多少回復しているが、2017 年度には最も少ない約 11 万人を記録している。大学院課程も同様の傾向を見せている。なお、外国語学習・習得を目的とする語学研修生も減少の流れにある。しかし、2012 年度から集計を始めた「その他の研修」の場合、

第Ⅱ部　送り出し側のホンネ　−魅力的な日本留学とは−

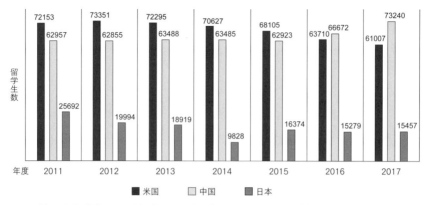

図1　韓国人留学生の国別留学先・人数（2011～2017年度）
出典：韓国の教育部

2012年度から継続的な増加を見せている。「その他の研修」とは、海外交流協定大学への交換留学生・訪問留学生などを指すものである。韓国人留学生の従来の留学目的は、学位取得と外国語習得が主であったが、2012年度以降、留学における目的と形態が多様化していることがわかる。ただし、これは集計方法の変化による結果の可能性も否定できない。留学生の数は前述のとおり、減少の推移を見せており、この流れはしばらく続くだろう。一方、海外留学の目的や形態は今後さらに多様化が進むと予測される。

　図1は、韓国人留学生の主な留学先と人数について、上位の国を中心に示したものである。

　1位と2位を米国と中国が占め、第3位以下と大きな隔たりがある。日本は、3、4位に甘んじることが多い。

　日本に留学している韓国人留学生はどのような課程に在籍しているだろうか。表3は、日本の留学生の在籍状況について課程別に示したものである。

　大学・大学院の正規学位課程に在籍中の韓国人留学生は、2011年度から減少し続け、2017年度は1万1385人にとどまっている。なお、大学と大学院ともに最も在学生が多かった2011年度と最も少なかった2016年度を比較すると半分程度に減っている。語学研修生も似たような状況にある。これは「その他の研修」を調査対象に入れるか入れないかといった集計方法とも関係があるようだが、全体的な流れからみると減少の傾向にあるのは否めない。2016年

表3　日本における課程別韓国人留学生数（在籍者／2011～2017年度）

年度		2011	2012	2013	2014	2015	2016	2017
留学生数（人）	大学院	3,750	4,872	3,244	2,851	2,781	2,372	2,479
	大学	16,452	14,069	13,407	12,453	11,586	8,994	8,906
	大学院＋大学小計	20,202	18,898	16,651	15,304	14,367	11,366	11,385
	語学研修	5,490	845	2,268	1,979	1,848	1,882	1,886
	その他の研修	（集計なし）	251	（集計なし）	（集計なし）	159	2,031	2,168

出典：韓国の教育部

度から急増している「その他の研修」は、表2の韓国人留学生全体の状況と一致する(4)。ただし、これも表2同様、集計方法の変化によるものという点は否定できない。さらなる資料の確保および綿密な調査が課題として残る。

　これまで留学生（数）の変化や流れについて確認した。減少の要因としては、まず、少子化の影響を挙げなければならない。韓国における学齢人口の減少は留学生だけでなく、韓国国内の学習者の状況にも多大な影響を与えており、韓国の教育機関は今や根本的な改革を迫られていると言えよう。

　また日本留学者数の減少を考える上で、中国の存在も無視できない。図1から確認できるとおり、2016年度から中国は韓国人留学生の留学先の第1位となっている。金（2018）によると、韓国における日本語教育・日本留学の「競争相手（ライバル）」は中国語教育・中国留学なのである。日本に対する興味・関心が薄れ、それが中国に流れてしまったことは、日本における韓国人留学生の減少の要因の一つとして考えられる。

3. 日本の高等教育機関への送り出しの実態

　本節では、韓国における日本および海外の高等教育機関への送り出しの実態について、韓国のソウル所在の総合大学である「H大学校」およびH大学校における下部組織として日本研究・日本語教育を専門とする大学（college）である「I大学」の状況を中心に述べる(5)。

1. H大学校およびI大学における日本留学プログラム

　H大学校における日本および海外留学プログラムは、以下の4種類がある。

①学位課程：複数学位課程、学部・修士連携課程
②正規学期課程：交換学生、7+1 派遣学生、私費留学制度
③夏季・冬季休業プログラム：海外研修、休業期間集中講座、国際夏季集中講座（International Summer Session: ISS）
④その他：SAF（The Study Abroad Foundation）派遣学生制度、政府招聘奨学制度、等

　学位課程の枠組みに挙げた複数学位課程は、H 大学校と海外の派遣大学との協定により、H 大学校で 2 年、派遣大学で 2 年を修学し、両校から学士学位が授与されるダブル・ディグリーのプログラムである。学部・修士連携課程は、H 大学校で 7 学期間、海外の協定大学で 3 学期間を在籍すると、H 大学校の学士学位、協定校の修士学位が得られる。これは主に欧米の大学が対象となる。
　正規学期課程の交換学生は、H 大学校と海外の交流協定校が締結した協定により、学生を一定の期間交換し、その期間において取得した単位を、学生の所属大学において認定する制度である。選抜された学生は、渡航前、派遣校の講義開設状況（シラバスなど）および単位取得に関する事項を調べる。帰国後は、帰国報告書および単位認定申請書を提出する。単位の認定は所属学科（部）の学科（部）長が行う。日本の大学における単位認定は、100 点満点で 70 点以上の成績を獲得すれば PASS（単位認定）、69 点以下の場合は FAIL（単位不認定）とする。
　7+1 派遣学生（以降、7+1）は、H 大学校独自の制度である。7+1 は、8 学期の在学期間のうち、最低限 1 学期は海外の大学で修学することにより、学生の国際的力量の向上を図ることを意味する。毎年全学で 800 人以上の学生がこの制度を利用している。交換留学生の選抜・派遣は大学本部が行うが、7+1 は所属学科（部）が行うという点以外は、留学前と後の手続きと留学期間中の修学は交換留学生と同様である。
　H 大学校における主な日本の交換留学先の大学（2011〜2017 年度の間、学生交流の実績がある大学）は 21 校で、所在地における偏りはなく、日本全国に分布している。1 校における受入れ人数は 1 年間を基準とした場合、2 名から 4 名程度で、2 名の場合が最も多い。留学期間は 1 年間が 15 校、6 カ月間（1 学期間）が 6 校である。一方、7+1 を受け入れる日本の大学は、2018 年現在、5

校程度である。交換留学・7+1 ともに、条件として JLPT（Japanese Language Proficiency Test：日本語能力試験）の N2 以上が求められることが多い。

その他、在学中、海外の大学で修学し、単位を認定してもらう私費留学制度があるが、諸費用の負担の問題で、1 年に 3～4 名程度（I 大学の場合）にとどまっている。

夏季・冬季プログラムのうち、海外研修は、休業期間中、海外の大学で受講し、単位を取得する制度である。日本を留学先として選ぶ学生は 1 年に 3～4 名程度（I 大学の場合）だ。ISS は韓国学関連のプログラムであり、SAF 派遣学生は米国・英国・豪州等を対象にしているプログラムである。両プログラムともに日本は対象外となっている。

ここからは、I 大学における日本留学プログラムである東京夏季日本語・日本文化研修と石川県冬季日本語・日本文化研修について述べる。東京夏季日本語・日本文化研修は、夏季休業中である 7～8 月の 4～6 週間を東京に滞在しながら、午前の日本語授業と午後の日本文化体験を実施するプログラムである。毎年 30～50 人の I 大学の学生が参加した。石川県冬季日本語・日本文化研修は、冬季休業期間中の 1～2 月に石川県の協力を得て、県内で実施されるプログラムである。日本語授業だけでなく、県内のホームステイも経験できる。2011 年度まで毎年 20 名程度を派遣していた。ただし、2 つのプログラムは、大学本部における日本留学プログラムの増加・充実、教員の引率による団体行動より個人のニーズに合ったプログラムを好む学生の増加、東日本大震災の影響、日本への興味・関心の低下などが要因となり、2012 年度を境に縮小・廃止されている。

2. H 大学校の学部生の帰国報告書からみた日本留学事情

本項では、H 大学校の学部生による日本留学後の帰国報告書[7]からみた日本留学事情について述べる。2011 年度 1 学期から 2017 年度 2 学期までの期間における 330 件の帰国報告書を分析したものである。報告書は、主に交換留学と 7+1 に参加した学生によるものである。報告書は記述式で、H 大学校の教職員・在学生がアクセス可能な Web ページに公開されている。帰国報告書は、記述形式が定められておらず、報告者の個性が目立つ。

第Ⅱ部　送り出し側のホンネ　－魅力的な日本留学とは－

①出国前の準備事項
ⅰ）入学許可書等の書類
　渡航前、留学先の大学が発給する入学許可書などの手続きの書類についてはほとんどの学生が問題なく受け取っている。ただし、日本語で書かなければならない書類（志望動機など）に負担を感じる学生も多い。

ⅱ）ビザ・航空券・保険
　日本大使館におけるビザの発給とその受領については、問題なく円滑に進んだという意見がほとんどである。航空券は帰国便を考慮したオープン・チケットを選ぶ学生が多い。留学生保険は、韓国国内で予め加入する場合と、渡航後、日本国内で加入する場合があるが、差はあまりないようである。ただし、2012年度から留学生保険加入が義務となり、場合によっては、留学先の大学の指導を受け、保険に加入することもある。

ⅲ）その他の留意事項
　荷物をどのように運ぶか、ということに関する内容が多い。多くの学生が国際郵便を選ぶが、渡航前の荷物の郵送を禁ずる大学もあるようだ。また、日本滞在中にアルバイトをするための資格外活動許可申請に関する情報提供が多い。例えば、入国後の申請は手間と追加の費用がかかるため、入国の際、空港の入国管理局の事務所で済ませたほうがよいという助言が多い。

②日本の大学における留学
ⅰ）空港から大学までの交通関連
　留学先の大学の職員・チューター・ボランティア学生などによる迎えがあり、助かった、感謝しているという意見がほとんどの帰国報告書に載っている。派遣先の大学による迎えのおかげで、空港からの移動が円滑だったという報告が多い。

ⅱ）科目登録
　科目登録については、H大学校のシステム（やり方）との違いに関する内容が多い。科目登録は「早い者勝ち」ではないので、じっくり考えて科目登録ができる、定員オーバーになっても抽選があるので受講を諦めなくてもいい、科

目登録について丁寧に教えてくれて助かった、などの意見がある。Webによる科目登録ではなく、書類に科目名を記入するやり方に驚く学生もいる。日本語の講義の場合、JCAT（Japanese Computerized Adaptive Test）やプレイスメントテストを実施し、レベル分けやクラス分けを行うので、自分のレベルに合う日本語の講義が受けられると評価する学生も少なくない。

　ⅲ）プログラム・講義
　日本語教育における多様なカリキュラムや日本文化体験などを評価する学生が多い。しかし、マイナスの評価も少なくない。留学生を対象にした留学生別科や国際センターにおける日本語授業の多くが、初・中級に集中しており、日本語講義のレベルに満足できないという意見が最も目立つ。また、学部に開設された講義を受講したが、担当教員には留学生に対する配慮がないので、受講に困難を感じたという意見もある。これに関連して、日本語の授業だけでなく、学部開設の専門科目の講義を日本人学生と一緒に受講することを希望している学生が多い。受講における困難もあるが、やさしすぎる日本語講義よりは、一歩進んだ内容（専門科目）を勉強したいという学生の「複雑な認識」が確認できる部分である。ほかには、韓国の大学には（ほとんど）ない通年の講義に戸惑いを覚える学生もいる。

　ⅳ）寮・住まい
　大学の寮を住まいとする学生が多い。大学の寮には生活に必要な設備が充実していることが多く、学生の満足度も高い。留学生寮を運営しない大学は、賃貸マンション・アパートを紹介してくれることがあったが、これについても多くの学生が満足している。

　ⅴ）大学内の活動
　学生サークルに関する報告が最も多い。日本人大学生と一緒に活動できるサークルを好む。日本人大学生と一緒なので、日本語学習はもちろん、同世代の友人としても交流ができてよかったという意見が多い。なお、留学生センターが主催する日本文化体験やホームステイなどのプログラムが役立った・よかったという意見も多い。

vi）諸費用

寮費は1万円から5万5000円までと大学によってかなりの差があったが、4万円程度が平均である。寮費の支払いに関しては、留学先の大学から補助をもらい、助かったという報告もある。光熱費が寮費に含まれる場合もあれば、使った分の光熱費を支払う場合もあり、留学生寮の運営については、大学によってバリエーションがあることが確認できる。一方、食費を含む生活費についても学生のライフ・スタイルによって1万5000円から8万円までと差を見せている。

vii）その他

アルバイトに関する報告が多い。収入を得るという経済的な目的のほか、アルバイトを通じて日本語能力を伸ばすことができた、人間関係を深めることができた、日本についてさらに知ることができた、などの「付随の成果」を挙げる報告が多い。また、チューターやボランティアとして関係を結んだ日本人学生との交流を日本留学における最も大きい成果としている学生も少なくない。

③単位交換・単位認定

学生の関心が最も高い項目である。これは、派遣先の大学で取得した単位をどのように交換し、どのように認定してもらうかを指すものである。所属の学科（部）長に相談し、受講する（予定の）講義が単位交換・認定の対象になるかと確認する、というH大学校の手続きを熟知する必要があるという意見がほとんどである。派遣先の大学における講義が単位交換・認定の対象ではない場合は、留学における満足の度合いも低くなるようだ。

④後輩に一言

この項目は今後日本留学に行く後輩のために、日本留学の経験者として助言を行う部分であるが、その内容には日本留学を充実させるための示唆を多く含む。次節の第3項においてその一部を述べる。

4. 考　察

1. 韓国の日本語教育機関における日本人教師の割合と韓国人教員の質の問題

　第1節で述べているとおり、韓国の日本語教育機関における日本人教師の割合は欧米諸国などに比べ、高いとは言えない。これは韓国の日本語教育の質が低いということを意味しているのだろうか。

　日本人教師の割合が高いシンガポール、フランス、ドイツなどは日本語学習者数、日本語教師数ともに少ない。しかし、韓国は日本語学習者数が非常に多く、それに伴い、多くの日本語教師が必要となる。多くの日本人教師を韓国に呼び寄せることができればいいが、それが叶わない場合がほとんどである。その分、韓国人教師が日本語教育を担当するようになる。韓国の高等教育機関の場合、日本留学の経験を持っており、かつ高学歴の韓国人教師が多いので、学歴や専門性において韓国人教師より劣る日本人教師に無理に頼らなくても済むことがある。特に韓国の大学・大学院は、教員のほとんどが博士学位を取得している（金2018）。つまり、韓国の高等教育機関においては、高学歴で、語学教育の経験があり、学習者と母語（韓国語）と文化的な背景を共有する韓国人教師を選ばざるを得ない、むしろ好む場合さえあると言える。日本人教師の中には、日本語教育における専門性が不足している人物も少なくないので、日本人教師の数だけで一律韓国の日本語教育の質が低いとは言えない。

　ただし、韓国人教師のすべてが日本語教育における優秀な資質を有しているわけではない。韓国の高等教育機関において日本語教育に携わっている人物の中には、日本語教育の経験はあるものの、日本語教育を専門としていない場合が多い（金2018）。日本文学や言語学を専門とする人物が多く、教授法や教室運営などにおいて困難を感じる場合も少なくないようである。翻訳技術に拘るスタンス、ドリルによる暗記を習得の至上とする考え方などは、日本語教育に対する専門性が不十分な韓国人教師によく現れる問題点である。韓国人教師のこのような問題点に今後どのように対応していくかは、韓国の日本語教育を考える際、重要なポイントの一つとなるだろう。

2. 韓国の海外留学の状況と展望——日本留学を中心に

　2節をもとに状況と展望について述べる。まず、韓国人留学生の総数は、今後も減少していくと予測される。これは少子化や不況が主な要因として考えら

れる。ただし、割合として英語圏への留学はこれまでとあまり変わらないだろう。韓国における根強い人気と実用的なメリットが大きいため、急激な減少はないと考えられる。中国への留学生は、今後の韓中の政治・経済的関係に左右されると思われるが、最近は良いニュースばかりではないため、2017年度程度の水準か緩やかな減少の流れに入ると考えられる。

　日本への留学は今後も減少を続けると予測される。韓国国内の少子化と経済不況の影響もあるが、韓国国内における日本研究の量的な成長がかなり鈍化している現状に起因している部分も大きい。「成長の鈍化」は日本研究における構造改革の結果とも言えるが、1990年代のような「勢い」を失っているのも事実である。しかし、否定的な要素ばかりではない。日本研究や日本留学における今後の成長や増加が期待できる部分もある。その要因は様々だが、まず、日本経済の回復を挙げなければならない。実用的志向が強い韓国の第二外国語教育・学習の事情を考えると、日本経済の活況は今後の日本研究や日本留学におけるプラスの要素として大いに期待できるものである。次に、近年韓国における日本旅行ブームからみられる日本への興味・関心の復活・向上も良い要素として働くだろう。第三に、統計資料からわかるように交換留学や訪問留学などの学位取得を目的とした留学とはまた異なる目的・形態の日本留学が増えている。このような「留学の変化・多様化」も今後、肯定的な要素として働くだろう。しかし、2019年現在の韓日両国における政治・外交的な摩擦は懸念される事項である。教育や研究および両国の人的交流が政治・外交の問題に振り回されないことを願うばかりである。

3. 帰国報告書から見える日本留学に対する学生の認識と教員としての要望

　帰国報告書は日本留学について多くのことを示唆している。まず、もはや「日本語だけを学ぶために」日本留学に行く学生は少なくなっているという点である。日本語習得はもちろん、自分の専門分野の修学を目標とするケースが多くなっている。渡航の前にある程度の日本語能力を備えることで、日本留学の重要な目標である（日本語以外の）専門分野の修学に集中できるようになる。これは、日本における留学先の大学の多くも共通認識を持っているようである。留学先の大学の多くが、JLPTのN2以上の成績提出を義務づけていることとも関係があるのではないだろうか。次に、大学のネームバリューより留学先の大学における「留学生受入れ態勢」や「留学生への対応」のほうがより重要で

あると考えている学生が多い。空港での迎えから留学生寮、科目登録はもちろん、サークルやアルバイトに至るまで留学生活全般における「配慮」を重視する意見が多かった。なお「留学生が少ない大学のほうが、むしろ留学生に関心を持ってくれるから良い」という意見もあり、留学生活における不安と不自由に留学先の大学がどのように対応してくれるかに関心を持っていることがわかった。つまり、学生の多くは、日本語の習得だけでなく、サークル活動を通じた日本人学生との交流、アルバイトを通じた社会経験、休業期間中の日本旅行なども日本留学における成果として重要であると考えているのである。第三に、日本語教育の効果を再考したい。これについては「教室の日本語と日常生活の日本語は別物である。2つをすべて手に入れる日本留学になるといい」という学生の意見があった。様々な人による日本語や、実際に使う日本語に対する認識を覗かせる興味深い内容である。教科書や教室の中における日本語だけでなく、「多様な人・多様な場面における多様な日本語」をどのように日本語教育に盛り込むかということについて考えさせられる意見である。

注

下記のWEBサイトの最終閲覧日は、すべて2018年4月30日である。
(1) 国際交流基金の海外日本語教育機関調査報告書
2009年度の報告書：http://warp.da.ndl.go.jp/info:ndljp/pid/9222601/www.jpf.go.jp/j/japanese/survey/country/2011/korea.html
2012年度の報告書：『海外の日本語教育の現状 2012年度日本語教育機関調査より』くろしお出版
2015年度の報告書：https://www.jpf.go.jp/j/project/japanese/survey/area/country/2017/korea.html
(2) http://www.jpf.go.jp/j/project/japanese/survey/result/survey15.html
(3) 韓国の教育部：http://www.moe.go.kr/boardCnts/list.do?boardID=350&m=040103&s=moe
(4) 韓国の教育部の2018年度事業説明書：http://www.moe.go.kr/boardCnts/view.do?boardID=72703&lev=0&statusYN=W&s=moe&m=0606&opType=N&boardSeq=73294
(5) H大学校の国際交流関連情報：http://oia.hufs.ac.kr/
(6) 注5の情報とH大学校I大学のホームページの掲載内容を合わせたものである。I大学：http://hufsjapan.ac.kr/exchange_agreements
(7) H大学校の帰国報告書。H大学校のWEBシステムに掲載されており、H大学校のIDのパスワードを持っている場合のみ閲覧可能。帰国報告書の作成者における個人情報は掲

載されていない。http://wis.hufs.ac.kr:8989/src08/jsp/index.jsp

【参考文献】

金東奎（2018）「韓国の高等教育機関における日本語教育の現状と展望」『早稲田大学日本語教育学』24、35-47 頁

国際交流基金（2011）『海外の日本語教育機関調査報告書・2009 年』：http://warp.da.ndl.go.jp/info:ndljp/pid/9222601/www.jpf.go.jp/j/japanese/survey/country/2011/korea.html（2018 年 4 月 30 日閲覧）

――（2013）『海外の日本語教育の現状　2012 年度日本語教育機関調査より』くろしお出版

――（2015）『海外の日本語教育機関調査報告書・2015 年度』：https://www.jpf.go.jp/j/project/japanese/survey/area/country/2017/korea.html（2018 年 4 月 30 日閲覧）

――（2015）「海外の日本語教育機関調査報告書・2015 年度・速報」：http://www.jpf.go.jp/j/project/japanese/survey/result/survey15.html（2018 年 4 月 30 日閲覧）

韓国の教育部：http://www.moe.go.kr/boardCnts/list.do?boardID=350&m=040103&s=moe（2018 年 4 月 30 日閲覧）

http://www.moe.go.kr/boardCnts/view.do?boardID=72703&lev=0&statusYN=W&s=moe&m=0606&opType=N&boardSeq=73294（2018 年 4 月 30 日閲覧）

H 大学校国際交流関連情報：http://oia.hufs.ac.kr/（2018 年 4 月 30 日閲覧）

H 大学校 I 大学：http://hufsjapan.ac.kr/exchange_agreements（2018 年 4 月 30 日閲覧）

H 大学校の総合情報システム・帰国報告書：http://wis.hufs.ac.kr:8989/src08/jsp/index.jsp（2018 年 4 月 30 日閲覧）

第6章

台湾

少子化でもなお冷めることのない日本語学習熱を背景に

郭 碧蘭

1. 台湾における日本語教育の現状

　現在、台湾で日本語は英語に次いで学習者の多い外国語である。国際交流基金[1]によると、台湾における日本語学習者数は計22万人に上り、中等教育は7万5588人（34.4％）、高等教育は9万9035人（45.0％）を占める。2016年時点で、日本語学科を有する47の高等教育機関（うち大学院修士課程を有するのは17校、博士課程は1校）で台湾日本語学習者の半数弱を担う。一方、中等教育機関では、政府の第二外国語教育推進政策に応じ、国際的行動能力を備えた人材を育成するため、高等学校（「高級中学」）における第二外国語教育が推進され、313校が選択科目として第二外国語を開設し、うち294校が日本語を開講している[2]。近年はこの段階での日本語学習者の大幅な増加が特徴的だと言える[3]。

　2017年度日本語能力試験の受験者数は台湾全体で7万8705人と増加傾向にあり、またこの数字を人口比に着目すれば日本語学習者数上位10カ国・地域の中でも随一である。こうした高い日本語学習熱の背景には、日台間の人的交流やプラスの相互イメージが働いていることが考えられる。現に中等教育における第二外国語教育だけでなく、近年、台湾教育部（日本の文科省に相当）では海外修学旅行の奨励策も打ち出すなかで、日本台湾交流協会も台湾高校生日本留学事業を行っている[4]。加えて、日台間の航空路線の拡大や、訪日プロモーションの奏功、円安などが追い風となり、2016年には台湾の訪日者数は前年比約13％増の417万人と過去最多を更新した。またプラスの相互イメージについて例を挙げれば、2011年の東日本大震災の際に台湾から多額の義援金が寄せられたが、これに対して謝意を伝える日本側の活動が大小問わず今も行

117

われている（例えば「謝謝台湾」活動）。盛んな人的交流と良好な対日イメージを基盤とし、伝統・現代両面の日本文化に対する関心や日本観光の人気は高く、これらが日本語教育の裾野の広さを支えているのだろう。

　しかし、新生児の数が1997年の32.6万人から1998年は27.1万人に急落したことから、その18年後となる2016年の高等教育入学者数も前年度より大幅に減じた（林2016）。そして、この傾向はその後も歯止めがかからないまま2028年には高卒者が16.7万人にまで減少すると予想されている。概して台湾の日本語学習熱は依然として高いものの、少子化問題が深刻化するにつれ、これまで右肩上がりに成長してきた高等教育機関も厳しい対応が迫られており、今後いかに日本語人材を育成し、生き残るかが重要課題となる。

2. 台湾の高等教育における留学事情

1. 近年の台湾における留学先の傾向と変化

　台湾では少子化が進む一方、海外留学は増加傾向がみられる。グローバル化を背景に、国際名門校による入学説明会や奨学金制度実施などが呼び水になったのだろう。教育統計（中華民国教育部2017）によると、高校卒業後の海外大学への進学は2012年の858人から2016年の1478人に急増し、進学者総数の0.6%に及んでいる。

　台湾人留学生の主要留学先は2012〜2016年度にはそれぞれ19、18、22、23、29カ国と推移し、2017年度には33カ国に拡大した。2012年度の主要留学先はアメリカ、イギリス、オーストラリア、日本、カナダの順であり、日本は上位5カ国中、非英語圏では唯一の留学先であった。この順位は2014年にはイギリスが下降した分繰り上がり、今に至るも3位を占めている[5]。2016年度の海外の高等教育機関への留学総数は5万7956人だが、アメリカ（36.5%）、オーストラリア（23.4%）に次いで、14.6%が日本へ留学している（前掲、教育統計）。

2. 近年の日本留学事情

　まず経済面では、就職難および低賃金という台湾の就職事情から、海外に可能性を求める者が増えてきた。また日本でも人手不足により技能実習生を大量に受け入れるようになるなど、日本への実習または就職の可能性が従来に比

べて高まってきている。こうしたなか、台湾の若者の間ではとりわけ日本へのワーキング・ホリデー(6)が圧倒的な人気を得ている。2009年のワーキング・ホリデー制度開始以降、年間発給枠は5000名に達する(7)。それに伴い、日本語学習のニーズも高まっていることだろう。

　教育面では、台湾教育部により大学生の海外実習制度(8)が奨励されるなか、社会情勢の安定した先進国であり、地理的・文化的・歴史的に台湾と緊密な関係にある日本は、多くの若者が留学先として選ぶ場所の一つである。

　大学を経由した留学プログラムには、交換留学制度、ダブル・ディグリー制度、大学院推薦、そして短期語学研修などがある。このうち交流提携校間の交換留学派遣が最も活発であり、大学によって多少異なるが、その期間は半年から1年が主である。大学院推薦とは、学術交流を締結する日本側大学が台湾側からの推薦を受けて大学院に進学させるものである。さらに、日本側大学が短期間（数週間から2カ月ほど）の語学・文化プログラムを開催して台湾の大学生を受け入れるものもある。

　かつては、日本を留学先と決めても、多くは民間の留学斡旋団体が代行して入学申請などの手続きを行ってきた。つまり、留学先大学の事情を渡日前に直接知る機会はなかなか持てなかった。だが、最近では日本の大学が直接台湾で留学説明会を開いたり、面接を行ったりするようになった。こういった取り組みも、台湾の大学生の日本留学を後押ししている。

3. 日本の高等教育機関への送り出しの実態

1. 台湾高等教育機関の場合——T1大学を例にして

　現在、台湾の大学から日本へ派遣する際に、最も多く実施されるのが交換留学制度、次いで長期休暇を利用する短期語学文化研修である。まだ少数だが、少しずつ増えてきているダブル・ディグリー制度、また大学院への推薦進学もある。以下では、T1大学から日本の大学への送り出しの実態を紹介しよう。

　T1大学は、台湾国立総合大学において唯一応用日本語学科（応用日語学系）を設けている。現在、学術交流を締結した日本の大学は10校ある。うち1校がダブル・ディグリー制度を、7校が交換留学制度を有する。いずれも全学生を選抜対象とするが、応用日本語学科が大多数を占める。

　それは、まず日本留学の条件としてある程度の日本語能力が必要であり、大

抵の場合は N2、少なくとも N3 以上のレベルが要求されるためである。また、日本語専攻の学生にとっては自分の専門知識やスキルを習得できることや、派遣先校での履修単位が帰国後に基本的に卒業単位として認められ、1年間日本留学しても卒業年限への影響が少ないなど、他学科の学生よりも有利であることも応用日本語学科に集中する一因であろう。

(1) ダブル・ディグリー制度

大学院生の日本留学のため、T1大学では 2013 年より日本の J1 大学と大学院レベルのダブル・ディグリー制度の協定を締結した。留学期間は 2 年次 9 月から 3 年次 2 月までで、2014 年と 2015 年に 1 名ずつ送り出している。

大学院、大学共にダブル・ディグリー制度の派遣条件に、最低 1 年間 T1 大学で修学していることが挙げられる。その上で、派遣先において所定の修業年数学習を続け、相互に認定した取得単位の合計が卒業・修了用件を満たした場合、両校から卒業証明書が授与される。

T1 大学はダブル・ディグリー制度に対し「言語、学業及び文化交流を身につける利点があり、また本学と海外優秀な大学の学位を取得できると同時に、グローバル人材になりうる」と評価している。しかしながら、語学力や経費問題により、実際の利用はまだ少ないのが現状である。

(2) 交換留学制度

次に、交換留学について取り上げよう。東日本大震災直後は志願者も落ち込んだが、その後は回復し、2016 年以降は 15 名前後がこの制度を利用して留学している。

回復の要因には、経費負担が大幅に軽減できることが挙げられる。交換留学であれば、教育部による「学海飛颺／学海惜珠計画」[9]を通して奨学金を得る機会が近年拡大しているのだ。T1 大学国際交流担当部署も、震災後の不安が解消したことに加え、2014 年度より教育部の奨学金制度を利用し始めたことが日本留学に影響を及ぼしているのではないかと語っている。

ところで、交換留学の実績数は安定しているが、志願者数は定員を大幅に超えており、厳しい競争となっている。定員数の拡大が望まれるが、日本の協定大学の事情がそれを許さないという。まず寮の用意ができない（台湾人留学生が行きづらくなる）ことや、台湾側の受入れの相対数が少ない（日本人学生が海

外留学に行きたがらない）ため、むしろ協定校より定員を減らされたりするケースもみられる。以上から、協定校への派遣には、両校間の交流の頻度も大きく関わっていることがわかる。

　さて、競争が激化する交換留学生の選抜だが、各協定校の指定条件に応じて学内で行う。日本語能力がやはり優先順位が高いものの、派遣留学生としての自覚・意識を有するか否か、また日本での生活や勉学への理解や準備が十分か否かといった点が考慮されている。

(3) 大学間交流と留学制度

　留学先大学の内訳をみると、いくつかの大学に集中している。その理由を同部署に問うと、派遣できない所は、担当者や交流窓口との連絡が途絶えており、どのように進めていくか、またプログラムの具体的内容さえも知るすべがなく、いわゆる幽霊のような存在となってしまったためだという。こうした現象は、台湾北部にある私立大学（T2大学）でもみられた。言い換えれば、交換留学制度にせよ、ダブル・ディグリー制度にせよ、教師や交流担当の職員といった関係者の努力がなくては、双方の交流が成り立たず、留学派遣も中断せざるを得ない。また多くの場合はその関連業務の中心となる教員がいなくなれば、協定も形骸化しがちである。この問題が深刻化すれば留学先の選択肢も限られ、やがて制度利用者が皆無となる恐れさえあるだろう。

2. 交換留学を振り返って

　以下では特に交換留学制度について述べたい。大学在学中にこの制度を利用し、日本へ1年間留学した経験を持つ大学生5名に当時を振り返ってもらった。このインタビュー内容を簡潔にまとめて論じたい。協力してくれた5名はいずれもT2大学応用日本語学科の在学生および卒業生である。インタビュー時期は2017年12月下旬、彼らの詳細は表1のとおりである。

(1) 留学への自己評価

　調査時点で2名（S3、S4）は4年次に在籍し、間近に卒業を控えていたが、進路について尋ねたところ、2人とも日本企業での就職を強く希望していた。一方、すでに卒業した3人のうち、1人（S1）は日本大手企業の台湾支店で働いており、主に対日業務の担当兼社内上層部管理者の通訳を、2人（S2、S5）

表 1　元派遣交換留学生

協力者	性別	留学時の年齢	派遣先校（所属学科）	留学中在籍年次	留学期間	日本語能力レベル 留学前	日本語能力レベル 留学後	現職
S1	女	22	J2大学（経営情報学科）	4年次	2014年9月～2015年8月	N3	N1	社会人
S2	男	22	J3大学（国際人文学部）	4年次	2015年9月～2016年8月	N2	N1	大学院生
S3	女	21	J4大学（経営学科）	3年次	2016年9月～2017年8月	N2	N1	学生
S4	女	21	J4大学（経営学科）	3年次	2016年9月～2017年8月	N2	N1	学生
S5	男	21	J5大学（経済学部）	3年次	2015年9月～2016年8月	N2	N1	大学院生

出典：筆者作成

はかつて留学した日本の大学院に進学中である。いずれも日本留学と自身の進路を密接に結びつけており、留学がその後の人生設計に大きく影響を与えていたことがうかがえる

　まず、留学の評価に先立って、そもそも短期留学にどんな期待を持っていたかを聞いた。日本語能力の向上は共通して挙げた点であるが、日本文化体験や留学先に限らず日本各地を旅行すること、また日本人との交流などを5人ともに挙げている。1年間という限られた時間の中で、日本を満喫しようと考えていたことがわかる。

　ただ、出国の日が迫るにつれ、新しい環境への興奮とともに、不安を覚えるようにもなったという。外国での生活に不安はつきものであるが、多くは現地の情報不足によるものであった。例えばカリキュラムの内容や大学事情・生活環境などがある。こうした事前に必要な情報を十分に提供することで、学生たちも不安は軽減されるだろう。

　彼らの回答によれば、当初の期待がほぼ達成できたようで、日本語レベルも確実に向上したという。さらに、日本人や他の国の友人もでき、日本文化体験にも満足している。各大学によって交流活動は異なるものの、学生たちは忘れがたい体験として、日本のおもてなし文化、大学の文化祭、日本の警察との交流、正月の初詣、お花見、花火大会、演劇鑑賞、伝統工芸体験などを挙げている。日本でしか体験できないことは彼らにとって得るものが大きかったようだ。

　では、1年の留学経験は派遣した学生にどのような成長をもたらしたのであ

ろうか。日本語を話すのを怖がらず流暢に話せるようになったと全員が述べており、日本語能力の向上を強く認識している。しかし、それだけでなく、大学生としての自覚を新たにし、自立性や責任感、積極性など人間的な成長を成し遂げたことも 5 人全員に共通した評価であった。

具体的な効果として、日本語能力に関しては、在学中の 2 人は自分の会話力に自信がつき、知らない表現でも他の表現に言い換えるなどして、様々なストラテジーの応用ができるようになったという。また就職した卒業生は日本企業への就職活動時に留学経験が大いにプラスに働いたと言っており、大学院進学中の 2 人は、大学院入試の際、留学先で勉強したことが非常に役に立ったと考えるなど、いずれも今の自分があるのは留学中に学んだことの賜物だと思っているようである。このように、1 年間とはいえ留学経験は、少なからず学習者の将来を左右するきっかけになると考えられよう。

林（2017）は、日本語専攻の正規大学生の最も学習意欲が低い時期が 3 年次であると報告している。インタビューに協力してくれた 5 名は、この 3 年次またはそれ以降に日本留学を経験し、意欲的に 1 年間を過ごしていたことがわかった。学習への動機づけという点からも留学は有効であるが、派遣は高学年のほうがより高い学習効果が得られるのではないか。

(2) 留学生のニーズと要望

では、留学先の大学に対してはどのような評価を持ったか。そもそもいくつかある候補の中で、学生が重視する選択要件にはどのようものがあるか。

• 留学先の選定条件

インフォーマントの声から、都会での留学生活より、むしろ家賃等の安価な地方都市を喜ぶ傾向があることがわかった。この点は経費を負担する保護者の意向もあるようだ。そのため寮が完備されている協定校が歓迎される。無駄な出費を望まないのは当たり前だが、この点は交換留学という経済的な留学制度を選択した学生（家庭）を対象とした調査であることを思えば頷ける。

寮がキャンパスまでの交通の便の良いところにあれば、なお喜ばれる。これは交通費の節約もさることながら、1 年間という限られた留学期間、日本語の学習や日本文化体験により多くの時間を費やしたいと考えるからだという。そのため、充実したプログラムが求められるのは当然だが、大学までの往復に時

間を取られずに済むというのも魅力となる。

• 留学先への期待と不満

　派遣先への不満を知ることも、魅力的な留学プログラム確立には欠かせない。良くなかった点として、「ゼミに入れてもらえたらいいと思う。ゼミに入っていたら、日本人との交流がより増えるから」「日本語の授業は他国の留学生と一緒に受け、所属学科の授業は何百人もいる大人数のクラスであり、日本人学生と一緒に学習する機会がなかった。また日本人学生もあまり話しかけてこない。他の国の留学生と一緒に日本語の授業を受けている印象ばかりが残る」といった意見が聞かれた。つまり、日本人学生との授業での触れ合いや協働学習を欲しているが、その環境にないことが不満だったというのだ。

　一方で、「（留学先で）たくさんのイベントが開催され、日本人、また他国の留学生と交流ができる」「先生が優しかったこと。台湾の新年度が日本より半年遅く、同じ教科でも、日本では後期となっていたため、ついていくのに精一杯だったが、先生が私の状況に理解を示してくださり、いろいろ配慮してくださった」という交流面の充実や教師の助けが高く評価されている。

• 留学先大学の評価ポイント

　留学先大学の評価を求めたとき、全員が注目したのが大学の施設・設備、そして寮の提供有無や部屋を借りる際のサポートといった住環境についてだった。例えば、「大学は駅から徒歩10分と、とても便が良かった。また学校の設備・施設がとても新しく、トイレ掃除も定期的に行われ、非常に清潔だった」「先生はもちろん、田舎ということもあって地元の人たちはすごく優しくしてくれた。地元の活動やイベントにもいろいろ参加できて、学校では学べないことをたくさん体験し勉強になった。部屋を借りるときに適当なアパートが見つけられないなど、田舎だからこその苦労、不便もあったが、慣れれば田舎はそんなに悪くないと思う」といった意見があったが、特に後者は経費負担だけではない田舎の魅力を発見したものとして興味深い。

• 求められる留学サポート

　留学先大学の留学生担当スタッフの対応がどうであったかも尋ねた。「日本に着いて早々、いろいろな手続きをしなければならなかったが、スタッフの方

たちが教えてくださったり、連れて行ってくださったりで、いち早く安心して勉学に取り組めるように対応してくださった」、また「スマホについて、私は1年の滞在なのに、2年契約が基本だといわれて困惑した。留学生センターの職員さんに相談したところ、その方が携帯ショップに同行してくださった。当時私は日本語がとても下手だったから、すごく安心できた」「日本語に自信がなかった留学スタート時に、中国語のできる職員がサポートしてくれたので非常に助かった」といったように、異国の地で親身に支えてくれる職員の存在は大きいことがわかる。母語での対応も、留学生の不安払拭に果たす効果は大きい。

• 保護者からの期待

さて、住環境をめぐっては保護者の意向もインタビューからは漏れ聞こえたが、そもそも交換留学プログラムについてはどう捉えていたのであろうか。まず、5人のうち1人の保護者は最初反対していたのだという。学生本人の説得で最後は賛同してもらえたようだが、これは日本留学そのものに反対なのではなく、学生1人での海外生活が心配だから、ということであったようである。

留学を後押しした保護者だが、これはせっかく日本語を勉強したのだから目標言語国の日本に留学すべきだ、という考えによるものだという。そして期待するところとしては、学生当人が語っていたことと重複するが、日本語力を磨き、将来日本で就職あるいは進学できる、さらには留学中いろいろ体験して人間的に成長できることを口にしていたという。なお、最も経済的な留学制度である交換留学であれば、認めることができるという意見もあった。経済的な支援は、これを負担する保護者にとって蔑ろにはできない重要な検討事項である。

円滑な留学参加には、支援者である保護者の不安を解消することも肝要である。これには、事前説明会などで台湾の大学がきちんと留学事情を留学する当人はもとより、保護者に対しても説明することが有効だ。もちろんそれを可能にするには、受入れ側の日本の大学から十分な情報を提供することが欠かせない。留学成功には、日台双方の密接な連携が不可欠である。

4. 考 察

前節では留学の成功例を紹介した。もちろん留学の意義とは、学生にとって

は、国際体験を通じた国際理解・知識の拡大、語学力の向上などといった、自分自身の能力や可能性を広げ、国境を越えた幅広い人的ネットワークの形成にある。彼らの満足も、この点を留学期間中に見出せたことにある。

しかし、必ずしも日本留学が成功裏に終わるわけではない。筆者が長年、国際事務関係、特に日本留学への送り出し側として関連業務に携わってきたなかで、今まで接してきた派遣交換留学生200名近くのうち、ほとんどは今回インタビューに協力してくれた学生たちのように大学卒業後は大いに活躍しているが、残念ながら留学途中でやむを得ず帰国するケースもあった。なぜ帰国するに至ったか、その問題を分析・考察する。

1. 留学生教育・留学制度への理解不足

留学生を受け入れる日本の大学が、あるいはそこで指導する教員が、どのような学生を受け入れるのか十分に理解していないことによって生じたトラブルがある。受入れ先の留学に対する未熟さに起因する留学失敗談である。

前者はプログラムの問題を指摘できる。留学生対象の授業を設置せず、代わりに従来からの日本人学生対象授業への参加を課した事例があった。これは当該大学が交換留学制度の立ち上げ直後で不慣れであったからなのか、ともあれ受入れ先の留学生への理解不足、留学生教育への消極的姿勢は、その学生への多大な負荷となり、結局中途で留学を取りやめることとなった。

後者は指導教員の問題による。J6大学での出来事だが、非常勤講師のためか、留学制度の違いを認識せずに比較し（交換留学生以外にも、日本滞在の長い正規留学生もいる）、交換留学生の日本語能力レベルの低さが不真面目さに由来すると決め付けた。その結果、当該学生が精神的に追い込まれてクラスに出られないほどになり、台湾にいる保護者と大学の教師（筆者）に助けを求めたという事態があった。

送り出し側にしてみれば、受入れ先の条件で選抜したのにそれに見合った対応をしてもらえず、他の国や他の制度による留学生と比べられたのは不可解である。今後より多くの外国人留学生を受け入れようとするのであれば、日本側ももっと送り出し側の大学事情・制度・対象者について理解を示す必要があろう。そうすることで、双方の信頼関係はより深まり、留学生への対応や交流協定校間の国際交流もより充実したものになるに違いない。

2. 機能しない支援制度

　受入れ校は留学生の生活面・勉学面において、様々な工夫をしているようではあるが、どんなに良い支援制度であっても、熱心に取り組んでいこうという意識を持った教職員・学生・関係者がいなければ、往々にして留学生と日本人大学生の双方にとって形式的なものに留まり、予期する効果を得ないままに終わる。一つの例として、J4大学のSA制度（Student Assistant: SA）がある。これは日本人大学生1人が留学生1人の会話相手となる制度だが、初回から約束の時間になっても日本人大学生が現れない、会ったとしても話が弾まないまま終わってしまう場合が多い、という元留学生からの訴えがあった。もちろん、うまく会話を交わし、その後友達になったりして、さらに互いの国の文化理解までできた学生もいた。だが当該留学生のように相手に恵まれず、我慢してその時間を過ごすようなケースもあった。このように、日本の大学側がせっかく留学生の会話力向上のため企画したSA制度も機能せず、かえってその意図と裏腹になってしまった場合もある。

3. アーティキュレーションへの課題

　また、学生は留学中よりも、留学前の準備段階での不安が最も大きいように思われる。これに関連して、留学前後の日本語習得に関して留学生を送り出す側と受け入れる側双方の連携が重要だと考える。當作（2013）が、「留学生は日本に行ったとき、日本から本国に戻ったときの2回アーティキュレーションの問題に直面するが、日本に行ったときにどのような日本語プログラムに入るかもよくわからないまま日本語の学習を続けることになったり、留学を終えて帰国後自分のレベルにあったプログラムがないため、留学中に身につけた日本語能力をさらに向上させることが出来なかったりする」と述べ、日本留学の効果を高めるために、送り出しと受入れの双方の連携が重要であると指摘している。そのため、まず、台湾から日本に交換留学する学生たちの日本語学習歴・レベル、既有の専門知識などを双方の教育機関の関係者が把握しておく必要があり、また留学中の適切な指導が望まれる一方、留学期間中の定期的な報告（学生が書いたものはもちろん、大学関係者が作成したもの）があれば、台湾側も早期の問題発見・解決に取り組むことができるのではないだろうか。彼らが帰国後、母校の教育システムに戻り、さらに卒業後の就職・進学につなげていけることが、これらの取り組みによって期待できよう。1年という短期間の留学でも、1人

の将来を生涯左右することを重くみるべきだ。

　以上述べたように、魅力的な留学制度の阻害要因には、留学内容に対する事前説明の不足（教職員側・留学生側を含め）と、留学中のケア・サポートの不完全さ、そして双方の担当責任者の連絡の不十分さなどが挙げられよう。これらの改善を前提として、語学力の向上、国際理解、人間的成長を留学の成果として学生にいかに与えられるか、日本と台湾双方の大学が改めて考える必要があるのではないだろうか。とりわけ、現在、日台両国ともに少子化の危機に直面していることから学生獲得の転換期を迎える今日、留学の質的向上を一層考えなければならない。

注

(1) 国際交流基金「2015 年度日本語教育機関調査結果」による。http://www.jpf.go.jp/j/project/japanese/survey/area/country/2017/taiwan.html#JISSHI（最終閲覧 2018 年 2 月 10 日）

(2) 詳細は第二外語教育学科中心を参照されたい。http://www.2ndflcenter.tw/about.asp（最終閲覧 2018 年 2 月 10 日）

(3) 高級中等學校第二外語学科中心「2013～2016 學年高級中等學校開設第二外語校數、班數、人數、語種統計表」より、第二外国語開講数 13 語種のうち、日本語履修者数がどの年度においても、2 位の仏語に大差をつけ、1 位を占めていることがわかった。詳細は同機関ホームページを参照されたい。http://www.2ndflcenter.tw/class_detail.asp?classid=61（最終閲覧 2018 年 2 月 10 日）

(4) 日本と台湾の架け橋となる知日派人材を育てるため、若いうちから日本に対する理解を深める機会を提供するものとして、日本の生徒と同じ環境で高校生活を送り、日本の社会・文化・歴史等を学ぶための事業。https://www.koryu.or.jp/business/young/invitation/（最終閲覧 2018 年 3 月 1 日）

(5) 台湾国際及両岸教育司「2006-2016 各年度我國學生赴主要留學國家留學簽證人數統計表」による。https://depart.moe.edu.tw/ed2500/News_Content.aspx?n=2D25F01E87D6EE17&sms=4061A6357922F45A&s=E1380654AAF5F936（最終閲覧 2018 年 3 月 1 日）

(6) 外務省ホームページによる。http://www.mofa.go.jp/mofaj/toko/visa/working_h.html（最終閲覧 2018 年 4 月 10 日）

(7) 詳細は公益財団法人日本台湾交流協会ホームページを参照されたい。https://www.koryu.or.jp/visa/taipei/working/detail1/（最終閲覧 2018 年 3 月 1 日）

(8) 詳細は台湾教育部『鼓勵國內大專校院選送學生出國研修或國外專業實習補助（學海計畫）

要點』を参照されたい。http://www.studyabroad.moe.gov.tw/new/index/news.detail/sn/1（最終閲覧 2018 年 2 月 5 日）
(9) 2007 年度より台湾教育部が大学生の海外研修または実習のために提供する奨学金であり、その一連の計画を「学海系列計画」と呼び、学海飛颺、学海惜珠、学海築夢に細分される。詳しくは下記サイトを参照されたい。https://www.studyabroad.moe.gov.tw/（最終閲覧 2018 年 2 月 5 日）

【参考文献】

中華民国教育部（2017）「各級教育現況與變化趨勢分析」『教育統計』61、中華民国教育部
當作靖彦（2013）「日本語教育は生き残れるか――『なぜ』教えるのかを考える」『日本語教育学会・国際交流基金公開シンポジウム：日本語教育におけるアーティキュレーション（連続性）――国際的な取り組みと日本における課題』発表資料、1-4 頁
林長河（2016）「台湾の大学における日本語教育の現況と人材育成の課題――大学の日本語学科を中心として」『第 18 回専門日本語教育学会研究討論会誌』専門日本語教育学会、8-9 頁
林明煌（2017）「応用日本語学科生の動機付け、ビリーフと日本語能力に関する相関的研究」『2017 年應用日語教學國際學術研討會大會手冊』吳鳳科技大學應用日語學系、社團法人台灣應用日語學會、31-41 頁

第Ⅱ部　送り出し側のホンネ　－魅力的な日本留学とは－

第7章 香港

短期大学を特色とする当地において見出せる日本留学の展望

郭 穎俠

1. 香港における日本語教育の現状

1. 背　景

　香港は地理的に日本に近く、歴史上日本占領下におかれた時期もある。日本総領事館が設置され、日本人在住者が多く（2017年現在2万5004人）、日本人学校（小学部、中学部と国際学級）もある。日本人観光客が大勢訪れるなど（2017年に123万10人）、日常的に日本人と接する機会が多い場所である[1]。

　香港では、日本製品、日本料理、アニメなど日本文化の影響が絶大で、多くの香港人が幼少期から日本のものや文化に慣れ親しんでいる。また、旅行先に日本を選ぶ香港人も多い。2004年から日本への90日間の短期観光ビザの免除が始まり、土日を利用して買い物に日本に行く人もいるほど気軽に行けるようになった。2017年度の訪日者数は223万1500人に達している[2]。

　また、香港では日本語能力試験（Japanese-Language Proficiency Test: JLPT）の海外受験が導入された1984年当初から実施され、日本留学試験（Examination for Japanese University Admission for International Students: EJU）も2010年から受けられるようになっている。その他、BJTビジネス日本語能力テストと日本大学連合学力試験（Japan University Examination: JPUE）も香港に導入され、多くの日本語学習者と日本留学希望者が受験している。香港には、香港日本文化協会や香港日本語教育研究会、香港留日学友会などの組織があり、日本国際交流基金海外派遣日本語教育専門家が駐在し、日本語・日本文化関連の活動や日本語教師研修など多様な活動が行われている。さらに、2010年1月からワーキング・ホリデー制度が開始され、2016年から年間の査証発給枠が250名から1500

名に大幅に拡大されている。これらのことは日本語ブームにつながり、香港の日本語教育の背景を考える上で重要である。

2. 日本語学習者

　香港の日本語学習者は国際交流基金の日本語教育機関調査によれば、1974年では5410人だったが、その後増え続け、2006年に3万2959人とピークに達したものの、以降は減少傾向にあり、2015年の調査では2万2613人となっている。[3]

　香港の日本語学習者の特徴として、上記のデータに含まれない学習者の存在が挙げられる。香港には、学校に通わずテレビや教科書を使って独学で日本語を学習する人が数多くいる。筆者がよく知る高等教育機関（以下、H大学）の入学面接でよく日本語を自学している学生に出会うが、中には、アニメやドラマを見て勉強するだけで、JLPTのN2にまで合格したという学生もいる。また、プライベートで日本語を教わる人も数多くいる。これらの学習者数は上記の国際交流基金の日本語教育機関調査には反映されていないため、香港の日本語学習者の数を把握するには、毎年2回行われるJLPTの受験者数が一つの重要な指数となる。劉（2017）は2016年のJLPT香港会場受験者のうち、4割以上が現在教育機関で日本語を学んでいないと報告している。この年は合計で1万3419人が受験しており、教育機関に通っていない日本語学習者が5000人以上いると推定できる（劉 2017）。

　香港のJLPT受験者は2009年に最多の2万人に達し、その後一時1万2000人台まで減少したものの、2016年から再度増え始めた。また、日本語が生涯学習の1つに考えられている香港では、各年代層の学習者がおり、最年少受験者は8歳（2016年）、最高齢は80歳（2010年）との報告がある。

　香港の日本語学習者が多い要因に、香港政府の学費補助があると考えられる。香港政府は18歳の住民（永久住民と非永久住民を含む）に対してContinuing Education Found（CEF）という制度を設け、1人あたり最高1万香港ドル（14万円相当）までの教育費用を支給している。CEFの対象として認められたコースやプログラムであれば申請できる。さらに2018〜2019年度の香港政府の財政予算案では、支給額の限度を2万香港ドル（28万円相当）に引き上げると発表した。また、2009年から実施されている「多元学習津貼」という補助制度があり、現在中学生が1人あたり年間3900香港ドル（3年間で1万1700香港ド

ル）の語学学習補助費が外国語教育を導入した学校に支給されている。これらの政府による教育補助費用は日本語学習に使用できることから、多くの教育機関ではそれに対応する日本語コースやプログラムを提供し、多くの人がこの制度を利用して日本語の授業を受けている。

3. 日本語教育機関

　香港では日本語が人気のある言語の一つで、中等・高等教育機関をはじめ、多くの語学学校、大学の公開講座、生涯学習機関で日本語プログラムが開講されている。高等教育では香港中文大学が先鞭をつけ、同大学は現在、博士、修士、学士、副学士課程の日本語プログラムが揃っている。小学校、中学校と高校では、選択科目や課外活動として日本語教育が行われている。2009年から新後期中等教育カリキュラム（New Senior Secondary Curriculum）の導入により、日本語プログラムが大学受験科目として実施されるようになった。筆者の調査によれば、27の高校で日本語が受験科目とされていることがわかった。

　前掲の国際交流基金の調査は、機関数と教員数についても取り上げている。この調査は1974年から2015年まで行われたが、香港の日本語機関数と教師数は2006年から2009年前後が最多となっているが、これは学習者数が最多となった時期と重なっている。2009年以降は、韓国語学習の人気が高まったことなどに影響され、日本語学習者が減り始めた。市場変化に敏感な香港の教育機関は日本語コースの代わりに韓国語コースを開講したため、一部の非常勤日本語教師が転職した。2015年には、香港の日本語教育機関数は70校あり、教師数は523人である。

　高等教育においては、現在香港で開講されている短期大学レベル以上の日本語関連プログラムは22あり、12機関がそれを運営している。多種多様な日本語プログラムが開講されているなか、副学士（Associate Degree: AD）と高級文憑（Higher Diploma: HD）といった日本の短期大学に相当する私費プログラムが特徴的である。機関も在籍する学生数も多く、卒業後学位を取るために日本に留学する需要も高い。大学（学士レベル）の日本語専攻プログラムは政府の補助を受けるものの、定員が少ないため、多くの学生が高校卒業後、AD、HDの日本語専攻を選択している。筆者がよく知るH大学では、学部生の定員が毎年25～30名であるのに対し、HDの定員は80～100名で、応募状況に応じて定員と開講クラスを増やすこともできる。

表1　香港の資格（学位を含む）を授与する外国語関連プログラム数

専攻とする言語	英語	日本語	韓国語	フランス語	ドイツ語
高等教育機関数	26	12	4	1	1
プログラム数	95	22	6	1	1

出典：筆者作成

　香港では、大学入学の統一試験（Hong Kong Diploma of Secondary Education Examination: DSE）の選択科目として、6つの言語が選ばれているが、2018年度日本語受験者は313人（6つの言語の受験した人数合計の72.12%）で2位のフランス語（62人）を大きく引き離している[(4)]。高等教育で専攻できるのは、日本語、フランス語、ドイツ語、韓国語、そして英語であるが、他の外国語に比べ、日本語の比重は英語に次いで大きい（表1）[(5)]。

　H大学では日本語専攻のHDプログラムが一番最初に開講され、その後韓国語専攻と英語専攻ができたが、学生数でも、日本語専攻は1学年90人程度と圧倒的に多く、韓国語専攻は40人程度、英語専攻は20人程度にとどまっている。香港における日本語の人気の高さがここからもうかがえる。

　教師については、日本語母語教師が高い比重を占めるのが特徴的である。これは日本人に教わったほうが発音がきれいになると考えている学生が多いことと関係すると思われる。国際交流基金の2012年の調査では、日本語母語教師の割合は42.4%で、同時期のアジアの他の地域（韓国［15.5%］、中国・大陸［15.9%］、台湾［19.5%］）と比較しても顕著である。さらに大学では60%以上が母語話者で、H大学のHD日本語プログラムに至っては（専任と非常勤を合わせて）70%に達する。加えて、プログラムのコーディネータを日本人が担当する例も数多い。

2. 香港の高等教育における留学事情

1. 全体の状況

　香港はイギリスに統治されていた経緯から、英語が中国語と共に公用語となっている。英語で受ける授業がある小・中学校が多く、すべての科目を英語で行う大学もある。欧米の教育制度を採用しているインターナショナルスクールや私立の小・中学校で学び、卒業後あるいは在学中に直接欧米諸国に留学す

る者もいる。また、香港は海外移住が盛んで、親戚や親の移住先や自分が移住したい国に留学する人も数多い。しかし、中学生や高校生が所属校の提携ルートを介して日本へ留学する例はあまり聞かない。最近になって日本の大学も香港の高校を訪問し、高校生を対象に、在学中あるいは卒業後の直接留学を促し始めているようである。また、DSEの成績を評価の指標とし、直接留学を歓迎する日本の大学もある。

　一方、香港の大学では近年、学習体験のさらなる多様化の一環として、海外留学を推進するなか、交流協定を結ぶ日本の大学を増やしてきた。H大学では日本語専攻の学生を全員1年間日本の各協定大学に留学させ、副専攻や選択科目で日本語を勉強する学生には、夏季短期留学のプログラムを提供している。別の大学では、非日本語専攻の学生を英語で授業する大学に留学させるプログラムもある。その結果、日本の高等教育機関に留学する香港人が2011年から年々増え続け、2016年には、1000人台に至った。[6]

　香港の日本語学習者は日本語や日本文化が好きで勉強し始めた人が多いが、日本留学を目的とする人も多くいる。木山ほか(2011)によれば、2010年の調査で香港の学習者の日本語学習目的は、「日本語でコミュニケーションができるようになりたい」(98.0%)と「日本語そのものに興味がある」(96.6%)が1位と2位を占める一方、「留学のため」は37.3%であった。一方、山下ほか(2016)による2015年の調査では、「日本語でコミュニケーションができるようになりたい」(90.9%)と「日本に旅行に行くため」(83.0%)が1位と2位を占め、「留学のため」が19.3%であった。19.3%となると4000人近くとなる。留学を目指して日本語を学びながらも、4人に3人は留学できずにおり、多くの留学予備軍が香港にはいることがわかる。

2. 日本の高等教育機関への送り出しの実態（機関の場合）

　ここでは前掲のH大学に注目し、日本の高等教育機関への送り出しの実態を紹介する。H大学では、2006年から2年制日本語専攻HDプログラムを開始したが、2013年にプログラム内容を大幅に変更し、「応用日本語高級文憑課程」(以下、HDAJL)と改名した。毎年2〜4クラス開講し、1学年70〜100名ほど学生が在籍している。現在常勤の講師が3人で、数人の非常勤講師とともに日本語関連の授業を担当している。履修科目として、基礎日本語(読解・作文)、基礎日本語(聴解・会話)、中級日本語、上級日本語、日本語コ

ミュニケーション、日本語学入門、日中翻訳、日本文化と歴史、日本社会のほか、日本語学習の旅やインターンシップといった選択科目がある。教材として、『J.Bridge』(凡人社)などの市販教材のほか、一部の科目では独自開発した教材が使用されている。

HDAJL の学生を対象とする留学プログラムには以下の3つがある((1)～(3))。

(1) 夏季短期留学

夏休みに日本の大学に2～4週間短期留学するプログラムである。HDAJL は2年制で、9～12月を前期、1～5月を後期とする。6～8月が夏休みになる。この休みを利用し、東京、京都、福岡、長崎などの大学と日本語学校で夏季短期留学プログラムを実施してきた。現在年に30～40人ほど夏季短期留学プログラムに参加しているが、HDAJL の学生だけが参加するオーダーメイドのものもあれば、他の国からの参加者と合同のものもある。後者については定員を設ける学校もあるが、H 大学としては希望学生の受入れ先確保のため、定員の少ない学校には送らなくなり、2017年から提携のある東京と長崎の私立大学2校に定着している。この2校ともプログラム終了後に履修(修了)証明を発行している。

この夏季短期留学プログラムは日本語の授業と文化体験を含む。授業以外に、日本の大学生や地域住民との交流活動、工場や文化施設の見学、ホームビジット、お祭りなど地域行事への参加なども織り込まれている。H 大学ではプログラムを修了すると、選択科目として単位を申請できるようになっている。評価は、帰国後にレポートと発表、試験、そして出席率や留学先での成績も考慮される。

表2は2011年から2017年までの夏季短期留学への参加状況をまとめたものである。なお、これらの学生の中にはHDAJLを卒業後に再びその大学に留学するケースが多くみられる。

(2) 1学期の短期留学

提携大学に1学期短期留学するプログラムもある。HDAJL は2年制で4学期あるが、そのうちの第2あるいは第3学期に日本の大学に半年留学するものである。2012年から京都のある私立大学に毎年2名ほど留学しているが、奨学金として授業料が全額免除となっている。また単位の読み替え制度も設け

表2　HDAJLの夏季短期留学参加状況

年　度	2011	2012	2015	2016	2017	2018
参加人数	15	20	26	32	31	45
留学場所	長崎	京都・福岡・長崎	東京・長崎	東京・長崎	東京・長崎	東京・長崎

出典：筆者作成

られ、H大学で要求された単位数を日本の大学で獲得すれば、履修期間を延長せずに2年間で卒業できる。

在学中に日本留学できるので、学生にとって非常に魅力的なプログラムである。これを目的にH大学に入学してくる学生もいる。申請者が多いため、日本語の作文と日本語による面接を行って選抜している。

短期研修同様、このプログラムに参加した学生にはHDAJL卒業後に再びその大学に留学するケースが多くみられる。また、H大学では現在、同プログラムの受入れ校の拡大を検討しており、長崎の私立大学と折衝している。

(3) 提携大学への編入

HDAJLの学生が卒業した後、その年の9月あるいは翌年の4月に提携大学へ留学する長期プログラムもある。3年次編入の場合H大学での2年間を入れて、合計4年で大卒の学位が取得できる。留学時期に関しては、H大学を6月に卒業するので、9月入学が一番適切で時間のロスがないが、半年働いて留学資金を貯めてから翌年の4月に留学する学生のほうが多い。日本語能力が不足している学生であれば2年次編入もできるが、まだその例はない。

H大学はこれまで東京、京都、九州の私立大学5校と提携を結び、HDAJLの卒業生を3年次編入の形で送り出している。編入先では日本語、日本文学・文化や日本語コミュニケーションなどを専攻している。

3年次編入に際しては、H大学で取得した単位を一括で認められている。日本の大学を卒業するために必要な単位からその分を引いたものを取れれば卒業できる。学校によって認められる単位数に違いがあり、少ない場合は学生が編入後苦労しているとの声も聞かれることから、先輩の経験を鑑みて、より多く単位数を認めてくれる提携校を選ぶ学生もいる。ただし、現在のところ、単位不足が原因で卒業を遅らせたケースは報告されていない。表3は2010年から2017年まで提携大学の3年次に編入した学生の数をまとめたものであるが、

表3　日本の提携大学に3年次編入したHDAJLの学生数

年度	2010	2013	2014	2015	2016	2017	合計
編入した学生数	2	3	5	10	12	14	46

出典：筆者作成

この表から留学人数が年々増えているのがわかる。

3. 日本留学に関する意識調査

　H大学では、HDAJLの学生に上記の3つの留学プログラムを提供しているが、学生が各自で希望大学を絞り、教師の助言を受けつつ申し込む例も多数ある。大半は香港でも知名度の高い日本の私立大学へ進学するが、地方の国立大学や専門学校に入った学生もいる。この場合、文学や国際コミュニケーション、声優科など学生が興味を持つ科目があるかどうかで大学を選択している。また、学生が所在地で学校を選んでいるのも一つの特徴と言える。歴史的な建物が多いから京都の大学がよい、オリンピックがあるから東京の大学がよい、香港と違って寒い所だから北海道がよい、というような理由が挙げられる。

　HDAJLの学生の中に、日本留学を意識して留学準備をするために入学してきた人が多くいる。新入生を対象に行ったアンケート調査では、2012年に48.19％、2015年に44.16％、2016年に36.58％、2017年に13.5％の学生が「日本留学を目的としている」と答えた。また、2018年5月に2年生（2016年入学の学生）を対象に行ったアンケート調査では、卒業後の進路について、28.9％の学生が「日本留学に行く予定」と答えた。留学志望の学生が減少傾向にある背景には、香港での進学が以前より容易になったことが一因として考えられる。

　留学経験者のうち、連絡が取れる5人のHDAJL卒業生にメールで日本留学の評価を尋ねたところ、全員「留学してよかった」と答えた。また、「日本留学で得たものは何か」という質問に対して、「資格勉強ができて、就職情報を得られた」と「香港と違う生活習慣を知り、アルバイトで働き方が体験できた」との回答を得た。現在は、「大阪の専門学校（日本語教師）」「東京の化粧品販売店」「広島のリゾートホテル」「香港の日系企業」「香港の日本語学校（日本語教師）」に、それぞれ就職したという。

　また、H大学のHDプログラムの教職員3名（日本語教師2名と国際交流担当

スタッフ1名）に日本留学について、留学先で身につけてもらいたい能力、留学先への要望について尋ねた。日本語教師Aは、「日本語のブラッシュアップ」や「日本文化に関する研究」を期待し、「関連する科目が多い」ことや「日本人の大学生と交流するチャンスが多い」こと、「教授が指導に時間をかけてくれる」ことを留学先への要望として挙げている。また日本語教師Bは「学生が勉強したいもの」を留学先で学んでくれればと願い、留学先を選定するにあたっては「偏差値だけで決めない」よう学生に呼びかける一方で、「ネームバリューのある学校」であることを望む。また「奨学金や学費免除制度がある」学校を勧めたいと考えている。一方、国際交流スタッフは、「日本語の知識だけでなく、教育関係の事務や管理の関連知識など、就職につながる勉強ができるとよいだろう」と考えている。また日本語教師B同様、奨学金があることを留学先の選定条件として重視している。

3. 考　察

本節では、前節を踏まえて現状を分析し、対象機関において留学がどのような意味を持つのか、その特徴と問題点を検討する。

1. 日本留学の意味

香港において、日本留学は日本語専攻のHD、ADプログラムの学生にとって重要な進路の一つである。進学を希望しても香港の大学は定員が少なく、競争が激しいため、入学できるのはほんの一部のみである。日本の大学への留学はその学位の供給と需要のアンバランスを解消する役割を果たしている。

H大学の日本語専攻HDプログラムでは、近年、台湾の大学が香港での募集を拡大していることを受け、台湾の大学に進学する学生もいる。2018年5月に2年生（2018年度卒業生）を対象に行った卒業後の進路についてのアンケート調査では、就職希望が34.8%で、進学希望が56.5%であった。進学予定の学生の中で、香港の大学に進学する予定の学生が41%で、台湾留学予定が7.7%であるが、日本留学予定が51.3%と半数以上で、卒業生全体の28.9%を占めている。

日本留学は学校にとっても重要な意味を持つ。留学を含む大学進学率は学校の評判を高めるため、学校側も留学に対して積極的で、提携校を増やす努力を

し続けている。H大学のHDプログラムでは毎年日本留学説明会を開催し、日本の大学の教職員による学校紹介も不定期に行っている。また、学生に11月に日本留学試験、12月にJLPTのN2を受けるように促し、試験準備ワークショップなどを行い、学生の留学準備を手伝っている。

　実際の留学効果をみると、まず、学士の学位取得を達成し、何より学生が留学してよかったと思っているし、実際日本で就職できたり、日本語での資格勉強が香港での就職につながったりしているので、目標達成できていると言えよう。

2. 香港での留学生獲得への提言

　まず、香港においては、専上学院、専業進修学院、職業技術学院といったHD、ADプログラムのある学校と進学提携し、香港から直接留学生を募集する方法が効果的である。第2節でみたHDAJLの例以外にも、某ADプログラムでは毎年20名ほどの卒業生を日本の提携大学1校に送り出している。

　提携大学の短期留学プログラムに参加した学生が卒業後に再び同じ大学に留学するケースも多くみられた、知らないために怖いという心理が働く香港の学生にとって、短期留学プログラムがその学校や留学生活を体験するよいチャンスだからである。日本の大学では短期留学プログラムを充実させ、一度そこで勉強する楽しさを味わうきっかけをつくれば、留学生の増加につながると考えられる。

　また、香港の学生は留学先を選ぶ際に、興味のある科目があるか、就職につながる資格の勉強ができるか、知名度が高いかなどを考えるが、実際留学しているのは提携校のような申請方法が簡単な学校である。H大学で今まで学生が留学した日本の大学の中で、Skypeによる面接だけで入学できる学校もあるし、教職員が香港に出向いて筆記試験と面接を行う学校もある。さらに編入の実績がある協定校では、推薦と書類審査のみで編入を認める所もある。学生が日本に行かずに香港で入学試験を受けられるのは、精神的にも経済的にも助かる。また、日本語能力試験と日本留学試験のいずれかの成績を参考にすることで、学生が申請しやすくなるケースもある。特に、香港では日本留学試験が受験できるうえ、成績優秀者には文部科学省外国人留学生学習奨励費給付が受けられるので、日本留学試験を利用している学校しか申請しない学生もいる。ゆえに、申請方法や入試のやり方で香港の学生の便宜を図った工夫も効果的だと

言えよう。

　ほかには、香港の HD、AD プログラムの単位を認める 3 年次編入や、香港の卒業時期に合わせた 9 月入学などが香港の留学ニーズの特徴で、それに対応できるのが魅力的な留学プログラムと言えよう。

3. 留学プログラムを継続・発展させるための課題

　これまでみてきたように、香港では日本語学習者が多く、日本留学のニーズもあり、留学したい人も少なくないが、最終的に留学しなかった人も多くいる。留学の妨げになるものを解明するのが今後の課題である。

　まず、経済面の心配を軽減する工夫が課題である。香港の学生に限ったことではないが、日本の高い物価が留学を躊躇させる原因の一つである。大学の学費だけでなく、生活費や交通費なども香港より高い。2018 年 5 月に HDAJL の 2 年生（2018 年度卒業生）を対象に行ったアンケート調査では、日本留学に行かない理由として、「経済面の理由」を挙げた学生が 77.6% で 1 番多く、2 番の安全面の心配（26.5%）を大きく上回っている。留学説明会で一番よく聞く質問は「奨学金がもらえるか」「授業料免除があるか」などである。前節の教職員へのインタビュー調査でも奨学金や授業料免除の制度が留学先を選定するときの基準となっているのがわかる。

　香港で大学に進学する場合、新入生入学奨学金、政府や学校の短期留学補助、成績優秀者や障碍者、特技がある人への奨学金、公的な貸与奨学金などいろいろな支援制度があるが、日本の大学に進学する場合、どのような制度があり、実際の申請状況はどのようなものかまったくわからず、学生は非常に不安である。そのため、HDAJL の学生が先生や先輩から状況を聞ける大学を選ぶ人が多い。学校紹介では大学院に進学した事例より、奨学金や就職の実例が聞きたいものである。

　次に、対応性のある情報発信が課題である。香港では、大規模なイギリス留学説明会や台湾留学説明会などが時期になるとコンベンションセンターやホテルで連日行われるのに対して、日本の大学留学説明会は日本語教育機関で行われる小規模なものがほとんどである。

　留学情報の発信は地域性を考える必要がある。香港の学生が興味を持つ学科や香港での就職に役立つ資格などをリサーチした上で、在学中の留学生の事例とともに留学生説明会などで直接発信するのが一番効果的だ。また、募集が始

まる時期に、学校案内や応募書類などを教員に送付するなど情報発信を怠ってはならない。こういった情報発信がない場合、学生も教師もインターネットに頼るのみで、調べたいものを入手するのに苦労し、最終的に欲しい情報が見つからず諦めることが多々ある。学生の興味は多岐にわたるが、教師がすべての大学の情報を把握はできない。よって、日本の大学から学校や教員向けの情報発信が必要である。さらに、留学事例の紹介があれば学生がイメージしやく、留学意欲も高くなる。

最後に、少子化時代において、成人のための留学プログラムの検討も課題の一つと考えられる。香港では生涯学習が盛んで、退職した年代層や学歴が欲しいという成人（特に30〜40代）の日本留学ニーズもある。H大学のHDプログラムには毎年のように高い年代層の学生が入学してきているが、今まで留学準備した数人の中で最終的に留学できたのは提携校に入った30代の学生1人にとどまっている。

4. まとめ

全体的にみると、香港においては、日本語学習者が多く、日本留学を希望する学習者も多くいる。高等教育機関において、日本留学は日本語を専攻する学生にとって重要な進路の一つであり、学校側も学生側も重視している。日本の一部の私立大学が留学する需要の高い香港の日本語専攻のHD、ADプログラムのある学校と提携を結び、留学生の受入れに成功している。留学希望者は増えるであろう。今後、香港からさらに多くの留学生に来てもらうためには、経済面の心配で留学を断念する人を減らす工夫や、対応性のある効果的な香港向けの情報発信、成人学習者が留学できるプログラムの構築などが課題である。

注

(1) 日本人在住者数は、「在香港日本国総領事館管轄内在籍法人数」による。http://www.hk.emb-japan.go.jp（最終閲覧2018年5月17日）
　日本人観光者数は、香港政府観光局「2017年12月訪港旅客統計」による。https://partnernet.hktb.com/en/home/index.html（最終閲覧2018年5月17日）
(2) 日本政府観光局「2017年12月訪日外客数」による。https://www.jnto.go.jp/jpn/statistics/data_info_listing/pdf/180116_monthly.pdf（最終閲覧2018年5月17日）

(3) 国際交流基金の「日本語教育機関調査結果」による。https://www.jpf.go.jp/j/project/japanese/survey/area/country（最終閲覧 2018 年 4 月 27 日）
(4) 香港考試及評核局のウェブサイトの資料による。http://www.hkeaa.edu.hk/DocLibrary/HKDSE/Exam_Report/Examination_Statistics/dseexamstat17_1.pdf（最終閲覧 2018 年 7 月 9 日）
(5) 香港教育局の Qualifications Register の検索エンジンで、それぞれ「English」「Japanese」「Korean」「French」「German」をキーワードに外国語関連プログラム数を検索した結果である。http://www.hkqr.gov.hk/HKQRPRD/web/hkqr-tc/search/qr-search/（最終閲覧 2018 年 4 月 27 日）
(6) 在香港日本国総領事館の鯉田領事が提供してくださった日本学生支援機構（JASSO）の資料に基づく。
(7) 新入生入学奨学金（Entrance Scholarship）は、成績優秀者を対象に提供される給付型奨学金で、授業料と相殺できる。

【参考文献】

木山登志子・中野貴子・周宏陽・上田早苗・望月貴子・蘇凱達・青山鈴二郎（2011）「2010 年香港日本語学習者背景調査報告」『日本学刊』14、176-195 頁、香港日本語教育研究会

国際交流基金（2013）『海外の日本語教育の現状──2012 年度日本語教育機関調査より』くろしお出版

山下直子・梁安玉・劉礪志・李澤森・李夢娟（2016）「2015 年香港日本語学習者背景調査報告」『日本学刊』19、185-197 頁、香港日本語教育研究会

劉礪志（2017）「2016 年度香港・マカオ日本語能力試験実施報告」『日本学刊』20、103-116 頁、香港日本語教育研究会

第8章 タイ
高校と大学の両面からみた日本留学の現状と課題、そして新しい留学制度設計へ

中山英治／アサダーユット・チューシー／鶴石 達

1. タイにおける日本語教育の現状
中山英治

　タイの日本語教育の隆盛は、世界の日本語学習者数の上位5位を独占する国々や地域（『海外の日本語教育の現状　2015年度日本語教育機関調査より』では中国・インドネシア・韓国・オーストラリア・台湾）に続き、2012年調査で6位だった米国を抜いてタイが6位となっており増減率からみれば、上位6位のうちトップの数値を誇っている。東南アジアに限れば、学習者数も機関・教師数も突出してインドネシアが最も日本語教育の盛んな国だが、タイはそれに次いで東南アジアの中でも非常に日本語教育の盛んな国の一つだと言えるだろう。国際交流基金「日本語教育国・地域別情報タイ（2017年度）」によると、タイの日本語学習者数は教育段階別に初等教育3601人（2.1%）、中等教育11万5355人（66.4%）、高等教育2万4789人（14.3%）であり、世界の学習者数の増加と類似の傾向となっている。タイでは高校の第二外国語に正式に日本語が加わったことや2010年から中等教育機関を対象に「WORLD-CLASS STANDARD SCHOOL」という新しい教育方針が導入されて、文系・理系を問わず履修が可能となり学習者数の増加につながった。従来からタイは親日国であり、両国の間には王室と皇室の親密な関係を基礎として、経済関係の構築や文化交流も盛んであり、タイ人の日本文化やサブカルチャーに対する個人的な動機づけや関心の高さなどもあり、学習者数が増えてきている。

　日本語教育の隆盛の中で課題もある。原田（2009）によると、タイ全土に広がった日本語教育の中で、日本語教師の不足や学習者数の伸びに伴うクラス規模の大きさの問題など、量的にも質的にも日本語教育を取り巻く外的な課題

が指摘されている。タイ教育省は中等教育機関の教師数不足の解消のために、2013年から2018年までに600名の教員を養成する計画を出し、そのうち200名が日本語教師の枠とされている。教師数不足という量的な課題が解決されたとしても、日本語教育の現場にはさらに教師間協働の質的な課題（中山編2017など）もある。また、増加した学習者がすべて前向きに日本語学習をしているわけではなく、日本語学習に対する動機づけの弱い学習者への支援や取り組みも必要とされている。日本語教員養成の観点や留学に関する言語政策的な観点も視野に入れた総合的な課題解決のための方策が練られなければならない状況があると言えよう。

2. タイの高等教育における留学事情

アサダーユット・チューシー／中山英治

1. タイにおける日本留学に対する価値観

　タイの留学は、近代化時代の貴族の留学イメージを受けて、昔から英国留学だけは高く評価されてきた。1916年にタイ国内の大学が設立され、高等教育機関で学習者が増え、国内の大学への進学が高く評価されるようになった。そのため、当時は私費での海外留学は、何らかの理由で国内大学へ進学できないのではないか、専門学校へ進学するのではないかと思われ、高く評価されないことが多かった。時代が変わり、現在では海外留学は、国内大学より有名な世界レベルの大学への進学、国内大学で教えられない最先端の知識・技術の習得、世界観を広げるなどの利点が認識されるようになり評価が高くなりつつある。また、海外留学には外国語能力が伸びるというメリットもある。国を問わず、海外で自立した生活をおくることにより、自己管理能力や責任感の向上といった効果も期待できる。

　タイでは、家族愛を大切にするため、子どもを海外に長期留学させる家庭は少ない。家族一緒に生活することが一般的であるため、大学在学中の交換留学の場合でも、留学を断念する人は少なくない。また、同学年の友達と一緒に卒業したいといった人間関係上の理由もある。そのため、学期休み中の短期プログラム、大学卒業後の場合は大学院進学か専門学校・語学学校への入学が主流となっている。

　上述したように海外留学のメリットの一つは外国語学習である。外国語主専

攻では、従来読解・作文が教育の中心であり、英語学習の場合、タイでも英字新聞を読めば練習することができるが、会話力が伸びないという問題がある。日本語学習の場合でも同様に、日本語能力試験には合格したものの聴解力の点数が非常に低いという問題がみられた。外国語学習においてよく指摘されているようにタイでも、聴解力・会話力をあまり伸ばせないという問題があったため、日本語が毎日聞ける環境である日本留学をすれば会話力を高めることができると期待された。一方、インターネットが普及した現代では、会話力を高める学習は様々なメディアによって可能になったため、海外留学まではしなくてもよいという意見もある。

　こうした状況の中でタイに多くある日系企業に就職する際には、「日本語」ではなく「日本人語」が求められてくる。この「日本人語」とは日本式の対応や日本人の常識からなる日本語のことである。日本留学はこの日本人語だけではなく、文化、日常生活、価値観を知ることができるため、日本留学の経験があると就職に有利となり、より高い給料を得られる。一方で、日本は物価が高く、学生の経済状況に鑑みてその「投資（＝留学）」が妥当かどうかが人によって異なる。留学中にはアルバイトができるが、経済的な支援をする家族は学生を海外の労働者にしたくはない。そのため、経済的余裕がなければ、日本留学を避けるという選択肢も残るわけである。

2. 日本留学を果たしているタイ人の状況

　2017年では、日本語主専攻の講座はタイ国内全大学143カ所中、36カ所開講されている。日本語コースを開講している大学はそれ以上に多い。日本語コースはないが、日本の大学との協定がある大学はさらに多いと考えられる。日本学生支援機構（JASSO）による「外国人留学生在籍状況調査結果」を用いて、タイ人留学生の留学状況を確認しておきたい（表1）。タイ人留学生の在籍者数の推移においては、それまでの過去最高を記録した2010年度までは順調に伸びていたが、東日本大震災の影響で2011、2012年度にはタイ人留学生数も減少した。ただ、その後はすぐに回復をしている。これは、震災以降、近隣諸国との経済関係の変動やビザ免除国を増やすなどの国内の緩和施策による外国人訪日数の激増もあり、安心で安全な日本のイメージを少なからず取り戻せた結果も影響していると言えよう。

　短期プログラムの実施期間については、2週間未満から2週間以上1カ月未

第Ⅱ部　送り出し側のホンネ　－魅力的な日本留学とは－

表1　タイ人留学生在籍状況と短期教育プログラム受入れの状況（人）

年度	2010	2011	2012	2013	2014	2015	2016
全体	2,429	2,396	2,167	2,383	3,250	3,526	3,842
短期	410	490	780	908	1,186	1,410	1,568

出典：日本学生支援機構（JASSO）「外国人留学生在籍状況調査結果」

表2　ジェイ・エデュケーションにおけるタイ人留学生数の推移（人）

年度	2010	2011	2012	2013	2014	2015	2016
長期／短期	224／162	169／96	155／134	220／224	293／264	333／239	304／199
合計	386	265	289	444	557	572	503

出典：（株）ジェイ・エデュケーションへのインタビュー調査と補足資料より筆者作成

満の短い期間の割合が多かったが、年度が上がるにつれて1カ月以上3カ月未満（この期間の伸びが顕著）や3カ月以上6カ月未満の長い期間の割合も増えてきている。

3. 他機関の送り出しの状況

　タイにおける最大級の留学イベントといえば、「バンコク日本博」であろう。このイベントは株式会社ジェイ・エデュケーション（代表取締役：長谷川卓生氏）が主催し、国際交流基金などの公的機関も協力しており、留学支援の大きな機会となっている。このイベントは日本の文化・観光・食やモノ・就職に関する多様な内容を含む日本展示会であるが、留学への意識が高い学生の参加が目立つ。特に20代では、21～22歳、大学生の参加が多い。イベント参加者の関心分野は、第1位：トラベル、第2位：日本留学、第3位：アニメ・マンガとなっている。

　表2は、当機関における平成22年度（2010年）から平成28年度（2016年）にかけての留学者数の推移である。タイから日本の日本語学校（一部は高校）へ留学する総数の半分ほどのシェアがあるという。興味深い点は、当機関を経由する留学が大卒の学生で、留学先が日本語学校という事実である。また、タイで中学校を終えた生徒が日本の高校へ留学するケースも少しずつ増えているという。特に後者の場合は、ビザの緩和に伴う親世代のタイ人の日本への関心や観光経験などが背景にあるという。高いステータスを持つタイの富裕層なら従来欧米諸国への留学を押したであろうが、富裕層とまではいかずとも子ども

への教育に金銭的な余裕が出てきた層では、親近感が持て、安心・安全で教育レベルも高い日本への留学に期待することも増えて不思議ではない。こうした側面をより深く考察するためにも、「留学における高大接続の可能性」に光を当てることが必要である。高校生が日本留学の意義と目的を明確にして、その意義や目的を持続可能な形で大学（自国進学含む）における留学を実現し、学びを質的に保証する留学支援が可能になれば、これからのタイの日本留学が新しいものになる契機となるだろう。

3. 日本の高等教育機関への送り出しの実態

アサダーユット・チューシー／鶴石 達

1. チュラーロンコーン大学の事例

チュラーロンコーン大学は国立独立法人である。初級から始まる4年間コースを持つタイの他の大学と異なり、中級から始まる4年間の主専攻・副専攻コースを運営している唯一の大学である。日本語学習者は、日本語主専攻、副専攻、インターナショナルコースの副専攻、一般大学生の4種ある。大学の交換留学に該当する学習者は全種であるが、本章では、日本語主専攻を中心に記述する。

日本語主専攻の学習者は各学年に40人程度いる。1年次終了の際、日本語能力試験N3以上に合格している。主専攻を選ぶ際は、日本文化に興味があり、日本語が好きだという理由で選ぶことが多いが、次第に日本で就職したいという目的に変わっていく。日系企業が多いタイでは、就職の際には日本留学経験が有利となる。留学に適切な時期は3つの要因によって決められる。第一は、カリキュラムである。1、2年次は文学部の総合科目を中心に学ぶため、この時期に留学すると、単位編入が難しい。第二は、学生の年齢である。1、2年次は20歳未満で未成年となり留学には不便なことがある。また、保護者も留学は早すぎると判断することがある。第三は、学生の日本語力のレベルである。1、2年次は日本語専攻の授業を十分に受けていないため、日本に留学するには留学生センターの日本語コースしか受入れ先がない。一方、3年次以後の留学は十分に基礎知識があり、学部の専門科目に参加可能となる。また1年後に卒業するため、留学中に就職か進学かを吟味でき、3年次の終了後が留学に最も適切な時期なのではないかと考えられる。

第Ⅱ部　送り出し側のホンネ　－魅力的な日本留学とは－

表3　日本語主専攻の学生が選んだ留学先

	2014年	2015年	2016年	2017年	合計
文部科学省奨学金の留学生（日本文化）（1年留学）					
国立大学／私立大学	7／1	8／1	4／0	6／2	25／4
大学の交換留学プログラムの留学生（大学推薦文部科学省奨学金を含む）					
1年留学					
国立大学／私立大学	10(5)／11	4(3)／3	9(5)／3	12(4)／9	25(17)／36
1学期留学（AIMSプログラム）					
国立大学	0	3	3	4	10
合計（人）	29	24	24	33	110

出典：チュラーロンコーン大学資料（筆者作成）

　学生の経済状況は留学に非常に大切であり、留学の重要な決定条件になる。経済状況が苦しい学生は、日本大使館が設ける文科省の奨学金が得られる選抜試験を受ける。経済状況に問題がない学生は、選抜試験を受ける一方、大学の交換留学プログラムにも参加する。以前は、交換留学プログラムはすべて日本学生支援機構（JASSO）（旧：AIEJ）の奨学金を受けられたが、近年は、受けられるかどうかわからないため、参加する場合は、生活の補助金が出ない可能性があることを留意する必要がある。

　1997年度は学習者34人中12人が留学したのに対して、近年は、学習者約40人中、毎年約25人（62.5％）が日本に留学しており、留学者数が増えている。2014年までは、1年間留学した学生の単位編入は認められていなかったが、2015年に始まった1学期留学のAIMSプログラムは日本語の科目の単位編入が可能になった。そのため、1年間留学した学生が卒業に5年を要するのに対し1学期留学の学生は通常どおり卒業できるというメリットがある。

　タイでは国立大学は私立大学よりレベルが高いと思われているが、表3に示したように、学生の留学先は選択条件によって様々である。大学の知名度は条件の一つであるが、情報が少ない学生は先輩や教師から情報を得ようとする。成績が優秀な学生は優先的に留学先を選択でき、成績が低い学生はあまり知られていない大学を選ぶことになる。日本の協定校はいろいろあるが、日本語学習であればあまり差がないのではないかと考え、知名度よりも生活面を考える学生が多い。都会に興味がある学生も、地方に興味がある学生もいる。古典的な日本に触れたい学生は、京都または近畿地方を選び、ポップカルチャーに興

味がある学生は、関東地方を選ぶことが多い。北海道を選んで雪国の生活を体験したいと思う学生もいた。つまり、生活を楽しめるかという面を重視し大学を選んでいるのである。また、家族が訪問する際に行きやすいところを選ぶというアクセスの面を考える学生もいた。

自分の経済状況に合わせる選択も多い。地方は物価が安いがアルバイト先が少なく、都会は物価が高いがアルバイト先が多い。アルバイトをして社会勉強したい学生は都会にある大学を選んでいる。いずれにしても、東京都周辺は物価が高く、バンコクより大都会で、生活しにくいと考え、避けたいと考える者が多かった。

留学を契機に自分を成長させたいと思う学生はあまり協定校の受入れ学生数を条件にしないが、途中で寂しくなる恐れがある。親しい友達と様々な活動をしたい学生は2～3人の学生を受け入れている大学を選び、友達と一緒に留学している。

(1) 学生の留学に対する心配と期待

統計結果からみれば在学中の日本留学は近年増えているように見えるが、実際には学生が戸惑っているケースも少なくない。一般的に、経済問題、タイの社会やコネクションから離れることについての心配などが挙げられる。それに加えて、日本の場合、いくら観光によい国であろうとも、日本社会はタイ社会に比べて厳しいということを心配して1年間生活する自信がない学生もいる。

昔は、日本に留学で長期滞在してから就職を希望する人がいたが、現在では、日本の少子化問題により、日本で就職することが容易になったため、わざわざ就職のために留学する必要がなくなった。そのため、在学中の交換留学プログラムに参加せず、4年で早めに卒業して心の準備が出来次第、日本で就職したいという学生が増えている。留学が必要だと考えている学生は、1学期のみ留学のAIMSプログラムに参加し、単位編入して4年で卒業することを選ぶ。しかし、留学生センターや日本語学校に留学すると、日本人とたくさんコミュニケーションをして同年代の友達ができると期待するが、同年代の日本人と話せる機会が少ない現実もある。友達が外国人同士になってしまうのは期待外れだろうが、様々な国の人が集まる場で交流できる機会は、学生には国際人としての貴重な勉強の場になる。人間関係については、日本語クラスや学校の日本人とのコミュニケーションは大丈夫であるが、アルバイト先では、職場の上下

関係が強くなり、上司、顧客、同僚への対応に悩んでしまう学生もいる。もちろん帰国後はそれを体験の一つとして受け止める。

多くの留学生は大学在学中、初めて長期留学をする。異文化接触の初期と同様に、初めの1年間は様々なことが初体験となるため、またやり直したい、友達に会いたいという要望もあった。それに比べて、2～3年滞在する学生（大学院生）は興奮するほどのことがなくなり、楽しみが少なくなる。学生の多くは日本留学に満足していたが、アルバイト先や日本の苦しい生活で満足度が下がる者もいた。

(2) 保護者の留学に対する心配と期待

災害については、日本で地震や津波があったと情報を受けると、直ちに安否の確認をするが、留学を止める理由にはならない。それは、日本の建築技術を信頼しているためである。また、日本は治安もよいため、盗難の問題はめったにない。留学した女性の先輩の体験談では、痴漢、ストーカーに気を付けるようにと頻繁に注意はあるが、保護者はあまりその情報を聞いてはおらず、心配していないようである。

日本留学に対する保護者の期待は様々、ただ若い頃の人生を楽しく過ごしてほしいという期待もあれば、真剣に勉強して自分がやりたいことを見つけてほしいという期待もある。学生の経済的な背景もその期待に関連している。大学院進学の際の留学の場合は、もちろん早く無事に修了できるようにしてほしいという期待が最も多い。在学中の留学の場合はあまり期待していない傾向がある。しかし、留学を体験した後、留学した学生が自分で問題解決できるように成長し、世界観が広がるというメリットがあると評価している。

(3) 現地の教員の期待

大学では在学中の留学の必要性を理解しており、2年生のために毎年帰国後の体験談会を行っている。同会では、留学した学生に留学成果を発表してもらっている。この活動は、様々な側面で留学期間を効率よく過ごせるような情報を与える。在学中の留学の場合は、成績の縛りがあり、全員留学できるとは限らない。しかし、留学が外国語学習の段階の一つとすれば成績とは関係なく、多くの学生のために1カ月の留学プログラムでもつくる必要があるのではないかと思う。特に、異文化理解はただ情報を多く読み取るのではなく、体験し

なければわからないであろう。

2. スアングラーブウィッタヤーライランシット学校（SKR）の事例

　SKRは、1993年創立の中高一貫の国立校で、生徒はほぼ100%大学に進学する。学力が全国トップ10に入る進学校で、1997年に開設された日本語教科も全国トップレベルである。しかし、開校してから2011年まで、本校卒業後すぐに日本へ進学する生徒はほとんどいなかった。その後2012年と2013年に英語だけで入学できる立命館アジア太平洋大学による入学ガイダンスが当校であり、英語特別クラスの生徒が3名入学した。しかし、その後も2015年まで日本語力を求められる大学への入学には、多くの壁が立ちはだかっていた。
　まずは、日本語力N2の壁であった。タイの多くの学校と同様に、生徒のほとんどが高校に入ってから日本語を勉強する当校の生徒にとって、他の教科も勉強し、かつ日本の高校では想像もつかないほど多くの学校行事をこなしつつ、2年半でN2に合格するのは不可能である。次にEJU（日本留学試験）の壁である。理数特進クラスの生徒によると、EJUは出題範囲も広く、また難易度も理科や数学教科のオリンピックに匹敵する難易度であるらしい。また、出題傾向や解答方法がタイの大学入試と異なり、困難を極める。さらに、学費や生活費の壁、大学選びの難しさ、複雑な手続き、寮の問題等の多くの壁があった。そのため当時は、卒業後すぐの日本進学は不可能で、まずタイの大学に入ってから交換留学等で1年間留学するほかないと感じていた。しかしながら、タイ国内の大学ではたとえ日本語を主専攻として勉強しても、日本人と一緒に日本語の授業を受け、日本の大学を卒業した学生に比べると、両者の日本語力に歴然とした差が出ることは想像に難くない。
　生徒の日本進学を実現させるには、これらの問題を解決する必要があり、それには高大接続による送り出す側と受け入れる側の両者の連携が不可欠であった。そこで当校は、2015年2月に信州大学と、2016年2月には日本語学校を経由して大学進学をサポートするタイ日人材育成協会と、同年7月には亜細亜大学との連携を構築し、日本語力不足や重い経済的負担といった上記の壁を取り払い、高校卒業後正規の学部生として進学できる道を拓いた。これらの連携に際しては、日本の大学とタイの高校の双方で日本留学を積極的、かつ協働的に構築しようという意向があったと言える。現在、総合・国立大の信州大学、私立文系の亜細亜大学、タイ日人材育成協会を介した日本語学校経由の大学進

学と3つの進学ルートができ、生徒の希望学部や学力、家庭の経済状況にあった進学先を選べる状態が整った。

その結果、2015年から2018年の4年間で24名もの生徒を高校卒業後すぐに日本へ進学させることができた。そのほとんどは日本語で授業を受ける必要のある大学である。ちなみに、日本進学状況の聞き取り調査の結果によると、タイで最も多くの日本進学者を出している高校は、バンコクにあるトリアムウドム高校で、この高校はタイ国内で最も学力が高く、毎年文科省の国費外国人留学生試験に多くの合格者を出している。毎年10数名から、多い年には20数名が国費などの様々な奨学金で日本へ進学していることがわかった。その中でもとりわけ、日本語力を求められない文科省の国費留学生や立命館アジア太平洋大学への進学者が多かった。このことからも、日本の大学が求めるN2以上の日本語力を選抜試験が行われる高校3年の前期までに身につけるのは、通常では無理と判断すべきであろう。

(1) 学習者と保護者の希望する進学先と条件

本章をまとめるにあたり、アンケート調査を実施した。学習者は日本進学による日本での生活経験（知識が増える：15名、国外経験：13名）や日本語力の向上（日本語の上達：24名）を理由に日本進学を考え、それらによって好待遇での就職につながる（仕事ができる：19名、高度な技術が身につく：2名）と期待していることがわかる。交通が便利、都会、観光地がある、自然が豊かなどの立地条件や熱心な教育、生活サポートの充実といった学内環境のよさが留学先を選ぶ上で重要視されている。どんなところに留学したいかを尋ねた質問には「立地環境がいい、学内環境がいい、日本語以外の専門分野も学べる」などの声も多かった。保護者の声としては「日本が好き、安全な国」との評価が進学の理由としてあり、「卒業後にすぐ働けるところ」を進学先として希望し、「日本人と話せる」「海外経験が積める」といった実利的な考えを持つこともうかがえた。

(2) 日本留学の障害と要望

留学の障害になっている問題として、学習者、保護者とも日本語を含む学力の問題と学費、寮費などの費用の問題を挙げている。留学先への要望として、奨学金の採用枠を増やすこと（13名）や費用面でのサポート強化（2名）を希望

している。
　このほかにも「自信がない」「新しい環境への適応」といった学習者の声もあった。
　留学の障害について当校の課題を整理すると、一つには生徒が将来の進学先を考える時期からみて日本進学に必要な準備期間が非常に短いことがある。日本同様ほとんどの生徒は高校2年に入ってから、大学を意識し始める。しかし、そこから日本語やEJUの準備を始めても、日本進学に求められるレベルに到底達しない。現在も当校には、理系科目の学力は十分であるが、日本語学習が間に合わず日本進学を断念する生徒が多くいる。理系の優秀な生徒にいかに早くから日本語学習を始めさせるかが重要なポイントであるが、中学生に大学進学の話をしても、手ごたえがないのは致し方ない部分もある。
　費用については、他の経済的格差がある国と同様、学費や寮費・生活費など物価の高い日本での経済的な負担はタイ人にも非常に大きい。奨学金による補助なしには普通のタイ人家庭ではなかなか踏み切れないであろう。さらに、日本留学に関する情報や手続きの問題もある。大学や学部選びに関する情報や、日本人でも困難な煩雑な手続き（出願書類、在留許可申請、ビザ申請、入学書類、寮の手配等）は、それをよく知る日本人のサポートがなければ不可能に思える。

4. 考　察　　　　　　　　　　アサダーユット・チューシー／鶴石 達／中山英治

1. タイにおける日本留学の問題点の整理

　第3節の大学と高校の留学に関する実態や実績をみてきたが、タイにおける日本留学の問題点としては、以下のようにまとめることができる。

- 【大学】カリキュラム、保護者の意向、日本語能力からみて下位学年の留学は難しく、3年次終了時点の留学が望ましい。1年間の留学編入に問題がある。留学による自国社会からの離脱に対する心理的不安が残る。日本の物価が高い、地震が多いなどの経済的危惧や災害への不安がある。
- 【高校】生徒にも保護者にも日本語能力の不足という認識がある。生徒にも保護者にも留学先の学費や生活費に関する経済的な危惧がある。

第Ⅱ部　送り出し側のホンネ　−魅力的な日本留学とは−

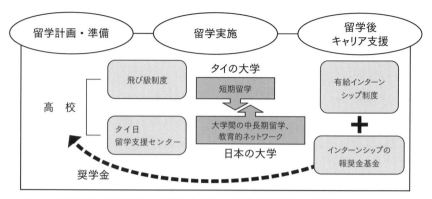

図1　高大接続の可能性を意識した新しい日本留学制度の設計図
出典：筆者作成

2. 高大接続の可能性を意識したタイにおける新しい日本留学制度の提案（図1）

　はじめに留学の形態（期間・連続性）について考察したい。タイ人の一部は留学期間を短くして自国のコミュニティとの接点をなるべく切らないようにしたいと考えている。高等教育機関は短期留学の形態を充実させ、タイ人に魅力的な留学とその後の帰国支援を検討する必要がある。留学期間を短くするとともに、「飛び級留学制度（仮称）」を構築することも一案だろう。これは、ある条件の下で高校3年生が卒業前に大学1年生への飛び級ができ、1年間の学習猶予を得て日本に留学する制度である。タイでは、以前にインターナショナルスクールの飛び級制度を利用してこれを実現した例はあったそうだが、現在は認められておらず、現実化には機関相互の努力や検討が必要となる。

　一方、従来どおりの日本進学を目指す高校生に関しては、日本語能力以外の基礎学力について英語で日本留学試験を受験させ、受入れ側の大学に合否判定をしてもらうことで、日本語能力の不十分さへの緩和措置としたい。渡日後に「留学基礎日本語カリキュラム（仮称）」を受講させ、大学入学後に必要な日本語の集中的な学習を可能にする段階的な制度設計が必要である。この場合、タイの高校と日本の大学とが個別に教育提携を結べるが、できれば複数の機関が既存の留学支援部署を活用して教育的ネットワークをつくり、日本の大学で上記のカリキュラムを実現できるような「タイ日留学支援センター（仮称）」を設置し、そのセンターが中心となりネットワークを構築している大学間での日

本留学後の授業の互換制度を充実させられれば、高校生たちに魅力的な日本留学を実現させられると思われる。

　次に、留学の質保証の問題についてである。秋田ほか（2013）によると、タイ人留学生は留学後に自国の厳しい学習環境から日本の緩い学習環境を経験して学習への動機づけが下がる事実を報告している。これを防ぐにはタイの高校教員と日本の大学教員とが密接な連携を構築して、カリキュラム上でのよい接続を検討しなければならない。そのためにも「留学ルーブリック（仮称）」をタイの高校と大学間、タイの大学と日本の大学間において、教師間協働で開発することが求められる。それも留学者数の少ない機関ごとに検討するのではなく、タイ人の日本留学者に汎用的に利用できるルーブリックを開発することが重要である。

　最後に、留学後のキャリア形成についてである。「平成27年度私費外国人留学生生活実態調査概要」（日本学生支援機構）によると、留学目的は「学位を取得する（53.2%）」と「就職に必要な技能や知識を身に付ける（47.3%）」とあり、留学生が日本での就職を目指す動向が確認できる。タイ人の日本留学でも、高等教育機関が留学後のキャリア形成をどのように支援するのかを検討しなければならない。その際にはタイ人の留学人材が柔軟にキャリアビルディングを続けられるような環境づくりが欠かせない。具体的には留学中あるいは留学後に貴重な職場体験ができるような「留学経験者のための有給インターンシップ制度」をつくることで留学経験者が自分の留学経験をキャリアビルディングに活かすことができる。同時に、留学経験者たちが得た給料の一部を基金化し、留学を目指す高校生や短期留学への志向が強い大学生たちに奨学金として与える制度も並行して設計することも必要である。タイでは日本留学の経験は大きく評価されるところであるので、留学中の生活・資金面での支援や協力も今後もっと考えていかなければならない。訪日外国人の増加とともに観光立国化する日本が民泊等を通じた地域創生や経済発展を考える昨今、タイと親密な関係を築いている企業や団体などが留学生のための宿泊施設を提供したり、生活面での様々な支援に参画できる環境づくりを留学施策の一環として考え続けることには重要な意味がある。

　このようにタイ日間の留学施策の改善を行うためには、現実的な問題も多いが、タイ日間の教師間協働によってそれらの課題を乗り越え、他国にない持続可能な留学施策に対するチャレンジ精神こそが求められているのではないだろ

うか。

【参考文献】

秋田美帆・安田励子・内田陽子・牛窪隆太（2013）「日本留学は日本語学習を保証するか――学習環境の連続性と分断に関する事例研究」『国際交流基金バンコク日本文化センター日本語教育紀要』10、47-56 頁

アサダーユット・チューシー（2018）「タイの大学およびその他の教育機関における日本語教育の状況」『早稲田日本語教育学』24、23-33 頁

中山英治編（2017）『タイの教師間協働の実証的検証と協働実践を促進するネットワーク構築に関する基礎研究』平成 26 年度～平成 29 年度科学研究費補助金基盤研究 C 研究成果報告書（門脇薫・髙橋雅子との共著）

原田明子（2009）「言語政策から見たタイの日本語教育」『留学生教育』9、199-205 頁

【参考資料】

国際交流基金「2015 年海外日本語教育機関調査結果」
国際交流基金ウェブサイト「日本語教育 国・地域別情報タイ（2017 年度）」
日本学生支援機構（JASSO）「外国人留学生在籍状況調査」（平成 22 年度～平成 28 年度）

第9章 マレーシア
留学生送り出し大国から受入れ国への転換を目指す

木村かおり／ウー・ワイシェン

はじめに

　マレーシアの教育制度は複雑である。その複雑さとは、公教育制度が民族によって異なり、国内進学の機会にも異なりがあるというものである。国内進学の機会の異なりは、教育のため国外に進学先を求める動きを生み出している。ただし、海外留学のための奨学金制度もブミプトラ優遇政策の存在により民族によって異なる。ブミプトラとは、マレー系と土着の少数民族の総称である。以上から日本語教育や日本留学に対する意味づけやニーズは、個人の持つ背景に大きく影響されると推察される。そのため、本章ではできるだけマレーシアの特徴や多様な学習者の背景が把握できるように努めたい。

1. マレーシアの日本語教育の現状
木村かおり

1. マレーシアにおける日本語学習者

　マレーシアの日本語教育実施機関数、日本語学習者数は安定して増加傾向にあり、2015年の日本語学習者数は3万3224人（国際交流基金2017）であった（図1）。この数はASEAN諸国で4番目の数字であり、人口比で考えると高い数字と言えよう。さらに特徴的なのは、東南アジア諸国連合（ASEAN）諸国の日本語学習者の多くが中等教育機関で学ぶ学習者であるが、マレーシアにおいては、高等教育機関で学ぶ学習者の総学習者に対する割合が比較的高く（37.4%）、ASEAN諸国で一番高い。

　マレーシアの日本語教育は1960年代後半の日本政府の寄贈日本研究講座に

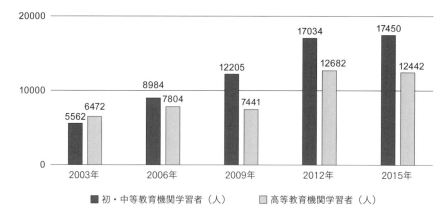

図1　マレーシアの初・中等、高等機関における日本語学習者の推移
出典：国際交流基金（2005, 2011, 2013, 2018）から筆者作成

　よって、戦後マラヤ大学で再開された。現在のように中等教育、高等教育機関等、一般的な日本語学習者層が生み出されたのは、1981年にマハティール（当時）首相が東方政策——Look East Policy、日本や韓国への留学政策を中心とする政策——を提唱したことによる。このため、マレーシアの日本語教育と日本留学政策は密接に関わっている。留学政策については主に2節で述べるが、本節でも言及していきたい。

　東方政策下の高等教育における日本語教育プログラムには、まず人事院が統括する学部留学や高専留学のための合計3つの日本語予備教育プログラムがあり、1982年から実施されている。このプログラムだけで年間平均213人（2003～2017年までの15年間で3203人）の生徒がほぼ2年間日本語教育と理数教科を日本語で履修し、日本の高等教育機関への進学準備をしている。これに対し、教育省傘下で行われる中等教育では、1984年からブミプトラの理系エリートを養成するためのレジデンシャル・スクール6校において日本語教育が開始された。その後、日本語教育実施校は増え、現在は中学校でも順次日本語授業が実施され、現在135校の中等教育課程で実施されている。

2. 国際言語としての日本語の位置づけ

　マレーシアにおいては、国語であるマレー語以外に英語が植民地時代以来、公用語のように広く使用されている。そのため英語教育の位置づけは高い。そ

の中で日本語は、外国語としての扱いであるが、英語、フランス語、北京語などとならび国際言語の一つとされてきた (Malaysian Ministry of Education 2006)。また、高等教育機関においてマレー語、英語とそれ以外の複数の言語を学ぶことが推奨されており (Blueprint 2015-2025 Higher Education)、現在20の国立大学のうち19の国立大学および16の私立大学等の日本語コース、日本研究コースや選択科目において、日本語教育が実施されている。

　大学等で日本語を履修した日本語スピーカーに対する社会の需要も十分ある。例えば、2016年度製造業を含めたマレーシアの日系企業の数は1383社である。また、マレーシアは観光業が盛んで日本からの観光客も多い。ここ2、3年マレーシアには日系の小売販売業、レストラン等の進出が急増しており、JAC Recruitment Malaysiaのホームページには、日系企業が日本語スピーカーの従業員を確保するのに苦労しているという報告がなされている[1]。つまり、マレーシアは日本語使用において孤立的な環境ということはない。

　しかし、企業における日本語スピーカーの需要の高さがマレーシアの高等教育における日本語教育の位置づけの高さを示しているわけではない。私立大学でも日本語教育実施校は増加しているが、大学学部における日本語教師養成コースや大学院レベルの日本語教育課程の設置はない。学部における日本語主専攻コース、副専攻コースは、マラヤ大学、マレーシア科学大学にそれぞれ1コースずつあるだけで、専門的な日本語教育が盛んに行われているとは言えない。中等教育においても日本語教育実施校は増加しているが、日本語は高等教育機関入学への試験科目になっておらず、日本語教育実施校とされていても日本語は授業ではなく、クラブのような存在で実施されている場合が少なくない。

2. マレーシアの高等教育事情と留学

木村かおり

1. 留学ニーズ

　マレーシアは長らく「海外への留学生の送り出し大国」と称されてきた。それは1980年代のマレーシアに学位を授与できる私立の高等教育機関がほとんどなく、国立大学は7校のみで、多くの学生が学位を求め海外に留学したことにはじまる。マレーシアでは、高等教育の機会を学生の自助努力による留学と政府奨学金の支給による政府派遣留学によって補ってきた。一時期、海外で学ぶマレーシア人学生数が国内で学ぶマレーシア人学生数と同数ないし、それ

第Ⅱ部　送り出し側のホンネ　－魅力的な日本留学とは－

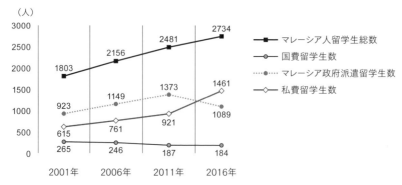

図2　マレーシア出身滞日留学生数の推移
出典：日本学生支援機構（JASSO）により筆者に提供されたデータをもとに作成

以上というほどであった。現在マレーシアでは、政策的には留学生の受入れに力を入れるようになっているが、教育の質を求めるマレーシア人個人の留学志向は依然強い。次項では、留学志向を支える日本への送り出し政策を紹介する。

2. 東方政策と日本留学

　1982年に開始されたマレーシア政府の日本派遣プログラムは、2018年までに留学生、研修生、研究者を1万6000人以上（このうち留学生は約7900人）（Embassy of Japan in Malaysia 2017）日本に送り出している。この政府派遣プログラムは、主に工学系の機関への留学を支援している。また、2016年度の日本国内の高等教育機関に在籍するマレーシア人学生2734人（図2）の在籍専門区分を見てみると、人文・社会科学系の学生の総計が699人となっているが、工学系の学生だけで1563人である。さらに理学系、農学系の学生がいることから公費学生、私費学生ともに、理系機関への留学がマレーシアでは主流であることがわかる。

　マレーシア人の日本留学生数は、一定数の派遣を想定している政府派遣プログラムがあり、2011年頃に激減するということはなかった。また、私費留学生にとって日本留学は、欧米諸国と比較して日本国内での奨学金の充実、アルバイトという就労の機会が魅力になっており、マレーシア人日本在籍留学生数は常に増加傾向にあると言える。だが、その伸び率は鈍化していると言える。

　伸び率を鈍化していると呼ぶ所以は、2004～2006年の調査で、中国、韓国、

台湾に次ぐ第4位であったマレーシアの留学生数が現在は第9位にまで落ち込んでいるからである。

　伸び率の鈍化の原因に「送り出し」の東方政策から「第2ウェブ」の東方政策——ツイニング・プログラム等の形態——への移行、「送り出し」から「受入れ」留学政策への舵取り、新高等教育政策といった3点が関係していると考えられている。この新高等教育政策について次項で述べる。

3. マレーシアにおける留学生政策の転換と日本留学の最近の動向
(1) 留学生の受入れ送り出しの二兎を追うツイニング・プログラム

　先述したように1990年代までのマレーシア国内の高等教育機関不足は深刻であった。そのため多くのマレーシア人学生が海外で学び、その結果、海外に多額の資金と頭脳が流失していた。危機感を感じた当時のマハティール政権は、2020年までに先進国入りを目指すとする「ビジョン2020」やアジア地域の教育センターとなることを目標とした政策を打ち立て、1996年にはPrivate Higher Education Institutions Actなどを公布、私立高等教育機関の増設や学位授与の認可、海外の大学との提携によって学位を授与するツイニング・プログラムの実施、オーストラリアのモナシュ大学、イギリスのノッティンガム大学など海外の大学の分校設立などを進めていった。現在ツイニング・プログラムは、私立のカレッジに多く取り入れられている。このプログラムでは国内で1～2年学んだのち海外の提携大学に留学するものが主流である。しかし、まったく留学せずに学位がとれる課程も存在する。ツイニング・プログラムや海外の大学の分校に進学することは、一般の留学より費用が抑えられる上に、教育の質が提携大学より保証され、欧米先進国の大学の学位が取れることから留学を余儀なくされてきたマレーシアの非ブミプトラに歓迎されている。

　そして、このツイニング・プログラムが海外の留学生獲得に大きく貢献している。安価な生活費ですむマレーシアで欧米の大学の学位が取れることを売り物にするだけでなく、ムスリムが生活しやすい環境を提供できることをアピールし、9.11以降特にバングラデシュや中東・アフリカ系のムスリムの留学生を取り込んでいる。

　これに対して、日本の大学の学位が授与されるツイニング・プログラムも準備されている。先述の東方政策の4つ目のプログラムとされるマラ教育財団によるものである。このプログラムの学生は、マラ財団からの奨学金が受給で

きる。ただし、これはマレーシア人対象のプログラムであり（注：非ブミプトラは参加できない）、マレーシア国内で1年間の予備教育と2年間の専門教育を受け、3年次日本の22の大学連合でつくるコンソーシアムの理工系学部のいずれかに編入留学し、日本で学位を取得する。先述した3つの日本語予備教育のプログラムの派遣者は、2003〜2010年は、年間平均約228人が派遣されてきたが、2011〜2017年は、年間平均約197人の派遣となっている。これに対して、1995年に50人規模で派遣開始されたこのツイニング・プログラムでは、2016年には派遣学生数が年間100人を超えており、この数字の変化に日本への送り出し形態が変化していることがうかがえる。これについて、次項で述べたい。

(2) 私費学位留学および大学間協定による交換留学の増加

マレーシアの留学の特徴は学位留学であると述べた。その特徴の中でも、日本留学においては、マレーシア政府派遣等公費留学生が私費留学生より多いことが特筆すべき点であった。しかし、現在のマレーシアの国民一人あたりのGDPは、ほぼ1万米ドルであり、ASEAN諸国の中でも高い水準に達していること、個人が教育の質を求めていることなどが要因で、2015年頃から私費の学位留学生、交換留学や短期教育プログラムの留学数が増加している。2015年に初めて私費留学生数がマレーシア政府派遣留学生数を上回った(3)（図2参照）。今後もこの傾向が続くと考えられる。

以上から、マレーシアは政策として留学が選択されていた時代をすでに終え、日本文化や社会、日本語への個人の関心で日本留学を選択する時代に入っていると言える。また、それだけでなく、良質な学習環境が日本への留学を後押ししていることが次節で紹介する調査結果にもうかがえる。次節では、具体的にマラヤ大学の交換留学、短期教育プログラムの実態を紹介する。

3. 高等教育における日本留学の実態──マラヤ大学の事例から

ウー・ワイシェン

1. マラヤ大学での日本語教育

マラヤ大学はマレーシアにある総合国立大学の一校である。日本語教育を実施している機関は言語学部、人文社会学部、予備教育部日本留学特別コースの

表1　アンケート回答者の属性と人数（交換留学未経験者）

文系					理系			
学部	専攻	日本語の履修形態	人数	学部	専攻	日本語の履修形態	人数
言語	日本語	専攻科目	9	理	応用化学	大学一般選択科目	4
人文社会科学	日本研究	必修選択科目	4		生物情報		1
	メディア研究	大学一般選択科目	1		バイオヘルス		1
経済	経済		2		数学		1
経営	会計		7	工	電気工学		3
	金融		1		化学工学		1
					材料工学		1
				建築	建築		1
				スポーツ	スポーツ管理科学		1
	文系合計		27		理系合計		14

文理合計41人

出典：筆者作成

計3カ所ある。言語学部では日本語が専攻語と大学一般選択科目として開講されている。その受講生は日本語を専攻する学生と人文社会学部日本研究専攻以外の他学部からの大学一般選択科目の履修生である。一方、人文社会学部では東アジア学科日本研究専攻の必修選択科目として日本語が開講されている。本節では両学部を対象に、2018年4月に日本への交換留学に対する期待と評価に関するアンケートを実施した。交換留学未経験者・経験者・教職員の順に述べていく。

2. 日本への交換留学未経験者の持つ日本留学への期待

アンケート調査に協力してくれた交換留学未経験者を表1にまとめた。

まず、交換留学希望者数、希望留学期間、留学希望する・しない理由から見ていく。41人のうち、約66％（27人）が交換留学を希望している。そのうちの日本語・日本研究の学生のほとんどは1年間を希望しているのに対し、それ以外の専攻の学生は文理問わず1学期を希望している者が大多数を占めている。しかし、交換留学を希望しない約34％（14人）の学生のうち、奨学金があれば留学を希望する学生は1学期は6人、2～3週間は5人、1年間は2人いる。まったく行きたくない学生は1人しかいない。それと関連して、交換留

学を希望しない理由のほとんどが日本での物価・生活費が高いためということであった。それに加え、1学期・1年間の交換留学に行ったら標準修業年限内で大学を卒業できないから留学したくないという点も理由として挙げられている。一方、交換留学希望の理由は「日本語・日本文化（日本語・日本研究）」と「日本文化・日本社会（それ以外の専攻）」の2つに大まかに分類できる。

次に、希望する交換留学先の大学とその選択基準、期待する留学成果について述べる。希望する交換留学先の大学は文理にかかわらず旧帝大（例：東京大学8人、京都大学4人、九州大学2人）と首都圏・関西圏の有名私立大（例：早稲田大学4人、法政大学2人）が挙がった。大学の選択基準は大きく「認知度」「立地・設備のよさ」「プログラム」の3つにまとめられる。少数意見としては「大都市圏ではない所の大学」と「ハラールフードの提供」がみられた。一方、期待の交換留学成果は交換留学理由とほぼ一致している。つまり、日本語・日本研究の専攻学生は日本語の上達と日本文化への理解を深めることが中心であるのに対し、それ以外の専攻の学生は日本文化を体験し、現代社会のライフスタイル（科学技術など）を知ることを期待している。

また大学院への進路希望の有無も尋ねた。その希望者数は交換留学と正反対の結果となった。つまり、大学院進学の希望者は約1／3であるのに対し、希望しない者は約2／3である。希望しない理由の多くは「就職・経済的な理由・進学に興味なし」にほぼ集約できるが、「言語障壁」を挙げる学生もいた（理学部2人、法学部1人）。

最後に、日本を含む人気の交換留学先の国（3つまで挙げてもらう）の結果を紹介する。文理問わず、日本は行きたい交換留学先として最多の29人に選ばれている。次いでイギリスを16人（日本語専攻以外の文理問わず）が希望先として挙げている。3位は韓国の13人（日本語専攻を含むほとんど文系学生）で、その次はアメリカの8人（文理問わず）である。中国は7人（日本語専攻を含む文系学生）で5位に位置する。

3. 日本への交換留学経験者による日本留学への評価

まず、交換留学した回数、交換留学先の大学、大学の選択基準、日本を選んだ理由をみる。表2はアンケートに回答してくれた経験者（卒業生2人を含む）をまとめたものだが、このうち約35%（8人）は2回交換留学に参加している。

この2回とは、2～3週間の短期（大学のプログラムに限らず）と1学期・1年

表2　アンケート回答者の属性と人数（交換留学経験者）

文系のみ			
学 部	専 攻	日本語の履修形態	人 数
言語	日本語	専攻科目	20
人文社会科学	日本研究	必修選択科目	2
経営	会計	大学一般選択科目	1
			合計 23 人

出典：筆者作成

間を組み合わせたケースである。交換留学先の大学に関しては旧帝大・地方国立大・有名私大・中堅私大など、多岐にわたる。一方、大学の選択基準は「奨学金の提供・経済的援助」と大学にかかわらず共通するものがある。換言すれば、留学補助金がもらえるからその大学に決めた学生も少なからずいる。もちろん、大学の立地、プログラム内容、先輩から聞いた評判、日本人学生・地域社会との交流機会・世界各国の留学生との交流なども交換留学先の重要な決め手である。日本を選んだ理由は回答者の属性上、「日本語専攻だから」と「日本文化が好き」がほとんどであった。

　次に、交換留学成果、満足度、日本への印象の変化について述べる。交換留学成果に関していうと、「日本語の上達」「日本文化・社会への理解が深まった」「友達がたくさんできた」が最も多く挙げられた。23人全員満足と回答したが、100％満足の裏に、「大都会の一部の人間が無知。外国人に心を開かない。本音を言わない」（交換留学2回の者）というような不満の声も垣間見えた。一方、日本への印象の変化については、約70％（16人）が「変わった」と答えている。「変わらない」と答えた学生（7人）は好印象のままだと評価している。「変わった」との回答の多くは、「メディアにフィルターされた日本ではなく、地域で生活する者として、また日本各地への旅行者として、現実の日本を様々な角度からみることができたことによって印象が『変わった』」ということを意味している。「客へのおもてなしが想像よりはるかにすごかった」や「ムスリムが嫌われていると思っていたがそんなことはなかった」など、日本への印象がポジティブに変わった学生もいれば、「日本にいればいるほど、日本に住みたくない人の気持ちがわかる」や「『日本人が親切』というのは虚像、中国人だと思われたら店主に嫌な顔をされる」など、ネガティブなほうへと変わった例もある。

第Ⅱ部　送り出し側のホンネ　－魅力的な日本留学とは－

　最後に、交換留学未経験者と同様に、学位留学の大学院への進学希望についても尋ねた。進学希望者は約44％（10人）で希望していない学生は約56％（13人）である。希望しない理由の最大のものは、就職（6人、うち4人が日本で就職希望）である。「既に働いている」者も2人いた。一方、進学希望者の割合は交換留学未経験者の進学希望の割合と比べるとおよそ1割多い。これは総合的に交換留学に対する満足感が高いことによるものと考えられる。学生からの具体的な意見としては「マレーシアでの教育は全然足りないことが日本に来てわかった。他国の留学生と話す時に痛感する。年下の交換留学生が私より知っていることが多く、劣等感を感じてもっと勉強しなければ」「日本の大学における社会的マイノリティーへの認識と受入れがマレーシアより高い」というようなものが挙げられる。

4. 教職員による日本留学への期待と評価

　交換留学に関わる教員4名と職員1名にアンケート調査に協力してもらった。教員4名はそれぞれの担当科目の受講生が日本語専攻生・必修選択科目生・大学一般選択科目生と様々だ。一方、職員は大学の留学生センターでマラヤ大学生の送り出しと留学生の受入れの両方の業務を担当している。

　まず、教員の意見を先にみることにする。教員のほとんどは学生の交換留学には積極的であり、その学生も積極的である。共通する理由としては「異文化環境での自己成長」が挙げられる。それは大学の立地と提供されるプログラムとも関連している。都会すぎない所で、日本人学生・地域社会との交流の機会が多くあるプログラムが最も望ましいという意見が多かった。交換留学に行く学生自身の意識と努力にもよるが、日本人学生とあまり交流せず、英語や中国語を話す交換留学生同士で固まったせいで日本語が上達しないまま帰ってくる学生がいた事実から教員の持つこのような意見に賛同せざるを得ない。一方、奨学金のほかに、交換留学を促進できる方法として、文化イベントや茶話会などの様々な形での学生間の意見交流を推奨すべきだとの意見が挙がった。

　教員に続き、マラヤ大学留学生センター職員へのアンケート調査の結果を述べる。日本は人気の交換留学先の一つであり、なかでも1学期の交換留学プログラムが最も人気が高いことがわかった。交換留学経験者からのフィードバックとして、ポジティブなものに「設備がいい、寮がきれい、新しい文化体験ができた、新しい友人ができた」、ネガティブなものに「物価が高く、単位交換

も簡単ではない」があったという。交換留学促進に関しては、教員と同じような見解が示された。

4. 提言

木村かおり

　まず、学位留学からその提言を述べていく。マレーシア人にとって英語を教授言語とする国への留学が敷居が低いと考えられそうであるが、実は、マレーシア人は、日本留学を選択することに対して高い可能性を秘めている。だから、日本には積極的に日本留学の魅力をアピールしてもらいたい。日本留学選択の高い可能性を秘めていると述べる所以は、マレーシアの教育制度では、どの国に留学するにしても、予備教育機関（進学準備課程）に進まなければならないからである。つまり、マレーシア人にとって日本語予備教育機関（進学準備課程）の2年を回り道だと考えないですむ。

　また、日本留学試験はマレーシアで実施されているが、多くの大学は2次試験や個別の試験を別途実施する。学生の中には、日本に受験のためだけに来日し、複数の大学を受験する者がいる。そのために数週間かけて日本に滞在し移動する必要があり、その費用負担が重くのしかかっている。マレーシア国内で2次試験を実施する大学が増えることが期待される。

　さらに、日本留学の魅力を高めるものの一つとして渡日から卒業後までのケアの充実が挙げられる。日本においては留学生を日本で活躍する高度人材、将来の産業人として捉え、渡日から就職活動支援まで取り組むようになってきており、卒業後も日本国内に残る留学生のケアは準備され始めていると言える。しかし、卒業後、帰国する留学生への取り組みはどうであろうか。帰国組の中には母国で専門家や教育者になる留学生もいる。特に母国で専門職に就く留学生へのケアは日本留学の一つの魅力になるはずである。例えば、在籍中のみならず帰国後も研究や出版においてサポートができる体制をつくる。これにより、まず研究室同士、大学同士の関係性が深まり、その結果、帰国した専門家や研究者の下で学んだ学生が将来同じ日本の大学へ交換留学、もしくは大学院への進学という形で留学する可能性が高まる。逆に、交換留学や短期教育プログラムへの参加がその後の大学院留学を促しているという声もアンケートの回答にあった。長期留学への誘発剤も兼ねて、日本文化、日本社会を体験し、日本人と共にプロジェクト体験ができる短期教育プログラムを産学官の三者連携で継

続的に実施することが望まれる。

おわりに

　今後、各大学の入学資格や奨学金受給条件の明確化、対応の単純化、渡日前試験の実施の拡大など、大学のミクロレベルの対応が必要であることは言うまでもないが、それを支える国と大学が連携したメゾレベルでの施策、制度改善などの国のマクロレベルの対応が求められるだろう。このようなあり方は、マレーシアの留学生獲得に対してだけに必要なものではない。日本は、マレーシアの新高等教育政策で実施されているプログラムやそれとは異なる魅力を持つ留学を準備することによって、マレーシア人留学生を確保できるだけでなく、他の国の留学生をも確保する魅力ある留学生の受入れ国になるはずである。

【謝辞】
アンケート調査実施にあたり、アズニ・ハジ・アハマド氏とスザナ・イスマイル氏にご協力を仰いだ。稿末にて両氏に感謝の意を表したい。また、アンケート調査・聞き取り調査に協力してくださった方々、様々な資料と情報を快くご提供くださった方々にも厚く御礼を申し上げたい。

注

(1) JAC Recruitment Malaysia (2016).「採用における課題」：http://www.jac-recruitment.my/japanese/archive.php（最終閲覧 2017 年 12 月 7 日）
(2) 国立大学：愛媛大学、香川大学、九州工業大学、熊本大学、埼玉大学、豊橋技術科学大学、長岡技術科学大学、兵庫大学、福井大学、室蘭工科大学、山口大学【11】
　私立大学：岡山理科大学、近畿大学、上智大学、明治大学、芝浦工科大学、拓殖大学、中京大学、東海大学、東京電機大学、東京工科大学、東京理科大学、東洋大学、立命館大学【13】（下線の大学は 2018 年 4 月から）
(3) 2015 年初めて私費留学生数が政府派遣留学生数を上回った。私費留学生には、政府企業の民間奨学金による学生もカウントされており、マラ財団のツイニング・プログラムの学生が私費留学生の数に含まれている。
(4) 東方政策 30 周年記念式典での式典主催大学の副学長の発言にもあった。
(5) マラヤ大学人文社会学部東アジア研究学科韓国コースのデータより（紙幅および転載許可の関係でデータは載せない）。
(6) 2018 年 2 月 7 日 JASSO Malaysia での聞き取り調査により。

【参考文献】

国際交流基金（2005）（2011）（2013）（2018）『海外の日本語教育の現状——日本語教育機関調査』国際交流基金

日本学生支援機構（JASSO）『外国人留学生在籍状況調査（マレーシア）』JASSO 提供資料

Embassy of Japan in Malaysia (2017). The Malaysian Look East Policy.: http://www.my.emb-japan.go.jp/English/JIS/education/LEP.htm（最終閲覧 2017 年 12 月 7 日）

Ministry of Education Malaysia (2015). *Malaysia Education of Blueprint 2015-2025 (Higher Education)*. Ministry of Education Malaysia.

Malaysian Ministry of Higher Education (2006). *Report: Report by the Committee to Study Review and Make Recommendations Concerning the Development and Direction of Higher Education in Malaysia*. University Publication Center, Universiti Teknologi Mara.

Study Malaysia.com (2010). *Education Guide Malaysia 12th*. Challenger Concept.

——. (2018). Career Guide.: https://studymalaysia.com/career-guide/（最終閲覧 2017 年 12 月 7 日）

第Ⅱ部　送り出し側のホンネ　−魅力的な日本留学とは−

第10章 シンガポール
卓越した教育政策により成長し続ける都市国家

ウォーカー 泉

はじめに

　シンガポールは国土が約東京23区と同程度、人口は約560万人（2018年現在）という水資源すら輸入に頼らざるを得ない小国であるが、建国50年足らずで急成長を遂げ、世界屈指の裕福な都市国家となった。その成功要因には、政治のリーダーシップ、優秀な官僚主義、外国企業を積極的に誘致した経済政策に加え、卓越した教育政策などがあると言われている。資源に乏しい小国が発展するためには人材の育成が不可欠であるとし、植民地化の影響でイギリスの教育制度を導入した後、経済発展に貢献するエリートを効率よく養成するための教育に全力を注いできたのである。マレー語、中国語、タミール語など多様な言語状況を克服し、英語を公用語とする言語政策[1]と、早期段階から学生の能力に基づいて学習内容の質・量を変える教育制度を実施した（矢頭2014）。また、第二次世界大戦での日本軍による生傷が癒えない時期から、それを「許そう、だが忘れてはならない」と国民に呼びかけ、日本への留学を積極的に奨励し、経済学、造船、医療および工学など実用的な分野を学んだ（郭2009）。日本の大学への留学に備え、日本語教育にも力を入れてきた。例えば、1961年には、教育省語学センターを設立し、成績トップ10％の優秀な中高生を対象に日本語教育を開始した。1981年には日本語を大学進学に必要なOレベルの試験科目に指定するなどして、日本留学に必要な日本語教育の向上に一層力を注いだ。さらに、1980年代の日本の経済急成長時代には「日本に学べ」キャンペーンを展開し、日本企業を模範とした企業人の教育にも力を入れた。しかし、近年はそのような日本への留学熱は冷め、東大へ合格しても辞退する若者

が出るような状況となっている（共同通信 2015）。なぜ、そのような状況に転じてしまったのであろうか。

本章は、留学に関わる教職員と学生の双方の視点から、シンガポールの留学事情と課題を明らかにすることにより、より魅力的な日本留学を実現するための提言をしたい。

1. シンガポールの高等教育

シンガポールには大学が6校あるが、その中で日本との留学制度が最も確立している総合大学は、シンガポール国立大学（National University of Singapore: NUS）と南洋理工大学（Nanyang Technological University: NTU）である。NUSは1905年に創立され、サイエンスやエンジニアリング、法律、医学、社会人文系の分野を備える総合大学として発展してきた。2018年現在、13学部、4大学院を有し、2万9000人の学部生、1万人の大学院生が在籍。教員2500人、研究者3900人が所属する研究重視の大学である。教師教育にも熱心で、1984年には全学に教育テクノロジーを普及させるためのCentre for Teaching and Learning、2009年には学長へのシンクタンクであるTeaching Academy、2017年にはSoTL（Scholarship of Teaching and Learning）の研究組織を立ち上げている。一方、NTUは華僑教育機関として1955年に設立され、主な学部は理工学系だが、経営学、自然科学、芸術、人文科学、社会科学なども有し、医学部はインペリアル・カレッジと提携するなど、世界トップクラスの教育機関や独立機関と提携する研究重視の大学として高い評価を得ている。本章では、主にNUSで行った調査をもとに論を進めていくが、NTUも視野に入れることにより、シンガポールの日本留学に関する現状と課題について論じる。

2. 留学の現状と課題

1. 留学生数の推移

NUSは、世界40カ国、300校以上の大学と提携し、約3分の1を留学生が占めるなど国際色豊かな教育環境にある。図1が示しているとおり、2015/16年度には1861人の学部生が海外に留学し、1934人を海外から受け入れており、交換留学生数は年々伸びている。これに加え、132の夏季・冬季プログラムや

第Ⅱ部　送り出し側のホンネ　－魅力的な日本留学とは－

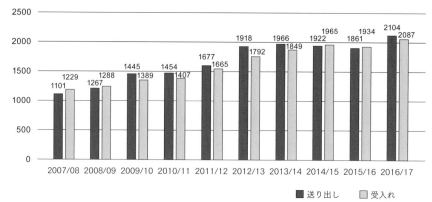

図1　大学全体の交換留学生数の推移
出典：IRO YEAR BOOK (2016)

35 カ国へのインターンシップ・プログラムもある。

その中で、日本の大学との大学レベルの提携校は以下の9校となっている。

大阪大学・京都大学・九州大学・慶應義塾大学・東京大学・東京工業大学・東北大学・名古屋大学・早稲田大学。

一方、NTU も世界各国の大学と提携し、2 週間から 22 週間に及ぶ交換留学や、主に東南アジア諸国の大学での 2 週間のテーマ別留学、インターンシップ、夏季プログラム、ランゲージ・イマージョン・プログラムなど国際交流が活発に行われている。日本の大学との主な提携先は、早稲田大学、立命館大学、秋田国際大学、日本大学、上智大学などである。大学レベルの交換留学は 30～40 人ぐらいで、夏季や冬季の短期留学が合わせて 100 人前後となっている。

以上、いずれの大学でも、冒頭に述べたとおり、大学設立当初から日本への留学が積極的に推進されてきたが、他国に比べ、提携校も交換留学生数もここ数十年ほとんど増えていない。そこで、その理由や現状について NUS で大学全体の留学を統括している Global Affairs Office と、日本の大学へ最も多くの学生を送り出している日本研究学科の関係者に尋ねた。

2. 大学レベルの日本留学の現状と課題

大学レベルでの交換留学が低迷している理由として、以下の回答があった。まず、全学的な見地から、すでに大学が掲げている留学目標数に達しており、

大学の寮が不足していたり、授業の履修登録も競争が激化していることから、これ以上増やすことができないという回答を得た。しかしながら、他国の大学への留学者数は増え続けているため、その理由には納得できなかった。そこで、さらなる理由を尋ねると、日本の大学とは年間総勢60名ほどの交換が可能であり、シンガポールから日本の大学へはほぼこの枠どおりに留学していくのであるが、日本の大学からシンガポールへの留学生数は45名ほどしかいないため、これ以上増やすことはできないということである。シンガポールに送る留学生数に達していない日本の大学からは、その理由として日本では海外留学すると就職に不利になるため希望者が少ないとの説明を受けているとのことである。日本の大学との交換留学が伸び悩んでいるもう一つの理由として、日本の大学への留学希望者が少ないという理由が挙げられた。その実態は、NUSでの3週間程度の夏季プログラム参加者数からも明らかである。日本の大学へは毎年100名ほどしか行っていないが、韓国へは1000人以上参加しているそうである。韓国政府の支援で、韓国の大学は学費を40%割引などにして積極的に学生を勧誘したり、欧米諸国から優秀な教授陣を集め、英語での授業を行っているため、人気が高いとのことである。ちなみに、2016/17年度の人気留学先トップ10は、カナダ、アメリカ、イギリス、スウェーデン、韓国、オランダ、ドイツ、香港、オーストラリア、デンマークの順だった。さらなる理由として、アカデミックレベルの差が大きいのではないかという点が挙げられた。Global Relations Officeは、留学から帰ってきた学生からのフィードバックをホームページに公開しているが、日本の大学については、以下のような意見が並んでいる。

- 英語の授業では、先生の英語力が乏しく理解が難しい。
- 日本人学生も英語力が弱く、英語の授業を取る学生が少ない上、途中で辞める学生も多い。
- 授業時間も課題も少なく、授業がゆるい。
- 学期が短すぎて、十分に学ぶことができない。
- 日本語での授業は難しすぎる。
- 日本語を学ぶ授業は充実している。

特に日本の大学の英語での授業に関しては辛辣な意見が目立つが、それは

TOEFL の結果からも明らかなとおり、シンガポール人は英語力が高いため、日本の大学での英語の授業では満足できないのではないかと考えられる。そのため、英語での授業を受けるのであれば、欧米の大学へ留学したほうが質の高い教育を受けられると考える学生も増えてきている。世界の大学ランキングからも教育レベルの差が顕著となってきている。NUS、NTU ともにアジアでトップに位置づけられ、世界ランキングでもじりじりと上位に上がってきており、NUS は 2016 年には 12 位となり、その後もその前後を維持している。一方、日本の大学は、2016 年には 39 位、2019 年には 23 位に躍進したものの、30 位台が続いてきた(「QS 世界大学ランキング」より)。世界大学ランキングは引用論文数などが評価項目に入っているため、英語圏に有利であるという部分も否めないが、この結果も、シンガポールの若者の留学先を選ぶ指標の一部となっていることも事実であろう。せっかく時間とお金をかけて留学するのであれば、より評判の高い大学で勉強したいと考えるのは自然のことだからである。

次に、学部/学科レベルでの日本留学の現状と課題についてみていきたい。

3. 学部/学科レベルの日本留学の現状と課題

NUS から学部/学科レベルで留学しているのは、概ね日本研究学科の学生と、語学教育研究センターで日本語を履修している学生である。日本研究学科は、1981 年に設立され、日本に関する経済、政治、文化、歴史、社会などの教育を学部・大学院生に提供している。幅広い日本の大学や地方団体と協定しており、日本研究専攻の学生は、多様な留学機会を得ている。しかし、日本研究を専攻する学生は年々減少し、ここ数年 60 名前後となっているため、募集枠の定員に至らなかった場合には、他学科であっても日本語を学んでいる学生にその機会を提供することがあり、近年はその傾向が強くなっている。このように豊富な留学機会を有する日本研究学科に最近の留学事情について話を聞いた。その結果、次のような問題が指摘された。

第一に、留学成果の問題である。日本留学から戻ってきた学生に顕著な特徴は、学習に対する態度の変化であるという。単刀直入に言えば、勉強に対していい加減になったり、やる気がなくなったりしてしまい、その結果、帰国生は成績が下がってしまうということである。それがなぜなのかは明確ではないが、日本の大学留学がそのような状況を生み出してしまうということは深刻な問題である。シンガポール人のある教授によると、日本の大学で客員教授として講

義をしたときに、うつ伏せになって寝ている日本人学生がいて驚いたそうである。日本ではあまり活発な議論が行われないということは知っていたが、授業中に堂々と寝ているのには驚愕したそうである。確かに日本語のクラスでも、留学から戻ってきた学生は日本語のクラスについていけなくなったり、成績が他の学生より悪くなってしまうことが少なくない。それどころか、留学中に得た単位交換の結果、留学前より2段階上の日本語コースに入らなければならなくなるが、プレースメントテストの結果、そこには入れず、かといって単位交換をしたコースにも登録できないため、日本語学習が継続できなくなってしまったりする事態も起きている。結局、日本語を継続するためには、交換した単位を返還して継続するという対処方法となる。こういった様々な問題が日本語だけでなく、他の科目にも及んでいるとすれば、大学側も日本留学を勧めることを躊躇せざるを得なくなるであろう。

　第二の問題として、留学制度の問題が指摘された。まずは、双方の学期のカレンダーにずれがあるため、こちらの授業を中途で留学に行き、その学期が無駄になったり、逆に戻ってきた時期がこちらの学期の途中となり、戻ってきた学期も無駄になる。このような制度上の問題で日本の大学は融通が利かないということである。例えば、ドイツの大学の場合などは、担当教授が留学生だけに試験を早めてくれたり、課題を早く提出させてくれたりするなどして臨機応変に対応してくれるそうである。日本の大学でもこのような対応が可能であれば、留学を決意する学生も増えるかもしれないということである。しかし、だからといって日本の大学が留学生を増やすために学期を短縮するといった大変革をしてしまっては、本末転倒である。「日本の大学では学期が短すぎて十分に学べない」といった理由も日本の大学の問題として挙げられており、留学離れにつながる可能性があるからである。

　最後に、筆者の所属する語学教育研究センター日本語プログラムが留学に対して抱えている課題を挙げておきたい。本センターでは、過去5年間に早稲田大学のSENDプログラム、同志社大学、東京農工大学の夏季・冬季プログラムなどに学生を送り出し、学生からも非常に好評であった。しかしながら、受入れ大学の予算や日本学生支援機構（JASSO）奨学金が下りなくなったという理由から、現在は他二校だけになっている。年間1400名もの日本語学習者がいるのに対して、留学先が2校だけというのはあまりに乏しい。ところが、この2校にも応募数が減少する傾向がある。その理由として、インター

表1　調査対象者

学　年	1年生2名　2年生5名　3年生4名　4年生14名
性　別	男性12名　女性13名
日本語学習歴	3年
留学経験者	15名（長期6名、短期9名）

出典：筆者作成

ンシップに参加する学生が増えてきたり、日本へ気軽に旅行できるようになったという背景があるようである。しかしながら、留学した学生からは留学できてよかったというフィードバックが多いことや、日本への興味や日本語学習への動機が高まり、卒業まで長期的に日本語を継続する傾向が高いことから、留学のメリットは極めて大きい。

3. 留学に対する学生の意識

1. 調査の背景

　これまで、教職員からみた留学の現状と課題について述べてきたが、ここでは、学生の日本への留学に関する意識について探った調査結果を報告する。本調査の対象者は、NUSの10の日本語コースのうちの1つであるビジネス日本語コースを履修している学生である。このコースは3年目の後期、すなわち、6学期目に開講されているもので、学習者の日本語能力は中級で、半数強が留学経験を持っていた。卒業間近の学生も多く、低学年の学生以上に大学院への留学も視野に入れて回答している学生が多いことが推測される。このような限定した少数への調査であったため、この結果を大学全般の傾向として捉えることはできない。しかし、留学経験者が多いだけに自らの経験も踏まえた留学に対する率直、かつ、現実的な意見が反映されていると考えられる。調査は質問用紙を用いて学期末に実施し、履修者26名のうち、25名から回答が得られた。属性は表1のとおりである。

2. 調査結果

　まず、希望する留学形態について尋ねたところ図2の結果となった。
　学生が最も希望する留学期間は、1学期間、つまり、半年の交換留学で、次に、3週間程度の夏季・冬季プログラム、続いて大学院、最後に1年以上の長

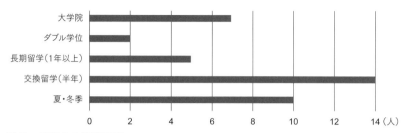

図2　希望する留学形態
出典：筆者作成

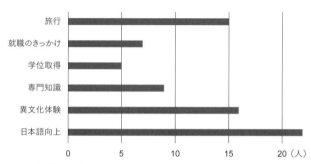

図3　留学の目的
出典：筆者作成

期留学であることがわかった。すなわち、短期留学を好む傾向があると言える。その主な理由として、大学の卒業時期を延ばしたくないということと、留学中は休学扱いされなくなったことによる経済的な理由であると考えられる。数年前までは、留学中は休学が認められ、学費も免除されていたため、日本へ何度も留学して卒業を1、2年延期していた学生もいたが、最近はそのような学生がみられなくなった。

　次に、希望する留学の目的について尋ねたところ、図3の結果となった。

　留学をする第一の目的は、日本語能力の向上である。日本に行けば、日本語環境に身を置くことができるため、それが留学の最大のメリットであると考える学習者が多いのは当然のことであろう。第二の目的は、異文化体験である。これは、日本語学習の動機が日本の文化であると答える学習者が大半を占めている結果であると考えられる。第三の目的として、旅行があがった。これは、シンガポール人の最近の日本語の学習動機として旅行と答える学生が増え

第Ⅱ部　送り出し側のホンネ　－魅力的な日本留学とは－

図4　留学先選びのポイント（授業関係）
出典：筆者作成

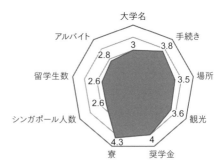

図5　留学先選びのポイント（授業外）
出典：筆者作成

てきたためであると言えるかもしれない。経済的に豊かになったシンガポールは、子どものころから両親と日本へ旅行している若者が増えるなかで、日本語を学べば、もっと自由自在に旅をしたり、グルメ番組で見た地方料理に食べに行くことができるなどと期待している学生が増えている（李・ウォーカー 2013）。よって留学すればその間、そのような旅行も実現できるだろうという期待を持ち、それが留学の一つの目的になっていると考えられる。

　しかし、第四番目には「専門知識」の習得となっている点も注視すべきである。これは、図4の「留学先選びのポイント」で最高点が出ていたことからも明らかなとおり、留学の重要な目的となっているからである。

　図4は、留学先選びのポイントの結果の中の授業に関する項目についてまとめたものである。先述したとおり、第一に重視している点は、専門科目、第二に日本語の習得ができることであった。これに比べて、英語による授業や英語で授業の支援が行われるということはあまり重視していないことがわかった。このように日本への留学目的が日本語の習得であることは、日本の大学が英語での授業に転換しようとしている方向とは逆行している。英語での授業であるならば、英語圏の欧米の大学へ留学したほうがよいと考える学生が多いからである。日本への留学はあくまでも日本語の習得にあり、さらには日本語を使って専門科目を学びたいという希望が強い。そのような日本語での学びを前提としているからこそ、それを補助するチューター制度も留学先選びのポイントの4番目にあがっていると考えられる。

　図5は、留学先選びのポイントとして、授業以外の項目についてまとめた

ものである。

　図5から、寮、奨学金、手続きなど、金銭的にも環境的にも安心して生活ができることを重視していることがわかる。また、観光と場所がそれに続いている結果は、留学の目的の一つである「旅行」と重なるものである。これらに対して、大学の知名度やアルバイトの有無、留学生数、シンガポール人数はあまり重視されていない。これは、図3と図4にも示されているとおり、留学の第一の目的は日本語や専門科目の習得であるため、留学生やシンガポール人が多ければ、逆に日本人との交流の妨げとなるという考えも働いているのかもしれない。

4. 日本留学をより魅力あるものにするための提言

　本調査の結果を踏まえ、日本への留学をより魅力的なものにするための提言として、以下の3点が挙げられる。

　第一に、日本語を習得できる充実した教育環境を確保することである。グローバル化が急進し、少子化が本格化している現在、将来の日本の経済活動を支えていくためには、留学生の拡大やグローバル人材の育成が必要（経済産業庁2009）であり、日本の大学はそれを目指して多大な努力をしていることが、近年の当学への訪問校や訪問者数の急増からも明らかである。しかしながら、最近の国際化への推進のあり方には危惧を感じざるを得ない。日本の思惑とは逆に、日本の大学よりも欧米の大学を好む傾向が強くなってきているからである。その理由は、日本の大学が英語で授業を行うことに重きを置くあまり、日本語が学習できる環境がなくなってきた、とか、英語で授業を行うと言いながらもディスカッションのできるような十分な英語力を備えた教授陣や学生が少ないのなら、欧米の大学へ行ったほうが充実した学習ができるという見方が強まってきたからである。日本へ英語学習をも目的として留学したい学生であればまだしも、英語を母国語とするか、母語に近い英語力を備えた学生で日本語能力を高めたいと考えている学生にとっては、日本に行く甲斐がなくなってしまうということだ。もし、英語のできる留学生を増やすことによって日本人学生の英語力も高めることも期待しているのであれば、その実現は難しいだろう。日本の大学のレベルアップに役立つ優秀な留学生を惹きつけるためには、何が本当に必要であるかを今一度考える必要があるだろう。

第Ⅱ部　送り出し側のホンネ　－魅力的な日本留学とは－

　第二に、地域交流や文化経験を豊富にすることである。留学形態にかかわらず、留学からシンガポールに戻ってきた学生が残念がる点の一つは、日本人との交流や文化的体験が期待していたようにできなかったことである。留学先によっては、留学生と現地日本人学生とのバディ・システムなどが確立され、日本人学生と留学生との交流がかなり密に行われているところがある。しかしながら、その点が不足している大学が多いことも否めない。ちなみに、これまで短期プログラム参加者を対象に行ったアンケート調査によると、以下のような回答が目立つ。

- 「十分な文化活動の機会がなかった」「より多くの文化活動に参加したい」
- 「期待していたほど日本人との交流機会がなかった」「他国／大学からの学生との交流機会は十分にあったが、日本人学生や日本人との交流機会は少なかった」「バディ・システムなどがあれば、もう少し日本人と友達になる機会があったのではないか」

　以上から、留学には、日本の大学生／日本人との交流が期待されているということが明らかになっている（浜崎ほか 2016）。ちなみに、NUS では、次のような方法で、日本人との交流機会をできるかぎり豊富につくっている。例えば、日本人学校や日本の大学からの学生グループ、日系企業などと連携して、現実的なタスクをカリキュラムに組み込み、双方の学生が日本語でプレゼンテーションや意見交換をしたり、一緒に日系企業訪問をするなど、プロジェクト型の学習を行っている。また、英語学習を目的として訪問してくる日本人学生は英語で、日本語学習者は日本語で発表する機会をつくり、お互いにその準備を支援しあうなどという活動を通して、双方の目的に合った協働学習を行っている。日本にはこのような人的、環境的リソースが海外より恵まれているはずなので、このような活動をカリキュラムに組み入れると、留学生にとってより有意義な大学生活になるであろう。特に外国人留学生が多い大学では、留学生だけが固まってしまう可能性も高いので、現地日本人や学生との活発な交流と深い相互理解を実現するのには、そのような活動を評価も含めてカリキュラムに統合すると効果的であろう。

　第三に、各大学の地域性や特色を盛り込んだ授業や課外活動を行うことで

ある。本章ではこれまで、シンガポールの優位な点を並べてきたが、日本にも他国に負けない強みがたくさんある。例えば、東京は毎年、「世界の留学生に人気の都市ランキング」のベスト10に入っており、2019年には2位にランキングされている（表2）。最大の理由はロンドン、ニューヨークとともに経済活動が盛んであることから、就職やインターンシップの機会に恵まれていることで

表2　留学生に人気の都市ランキング

1位	ロンドン
2位	東京
3位	メルボルン
4位	ミュンヘン
5位	ベルリン
6位	モントリオール
7位	パリ
8位	チューリッヒ
9位	シドニー
10位	ソウル／香港

出典：QS Top University Ranking (2019)

あるが、そのほかにも、生活の質が高く、暮らしやすい、日本独特の文化を体験できる、留学生の割合が少ないため、地域の人たちとの交流が深まる、などが魅力となっている。これらは、東京以外のどんな地方にも共通する強みであろう。日本の四季、豊かな自然、文化や伝統、風土、日本人の優しさや配慮などなど、外国人を惹きつける要素は多々ある。このような特色を最大限に生かすことが、留学をより魅力的なものにすることにほかならない。

　最後に、日本の大学へ送り出す海外の大学の課題についても述べたい。本調査の質問の一つに、「お金が十分にあれば、留学を選ぶか、旅行を選ぶか」と尋ねた。その結果、25名中15名が留学、10名が旅行を選んだ。この結果から、留学よりも旅行を希望する学生が少なくないことがわかった。これはまた、留学の価値が理解されていないとも理解できる。留学には、旅行だけでは味わうことのできないメリットが多々あるはずである。日本文化や言語、社会、価値観を学ぶことはもちろんのこと、自国のこと、自分の属する文化を再認識し、アイデンティティを模索する機会にもなる。特に、経済的にも恵まれていて安全なシンガポールのような環境で生まれ育った学生たちは、結婚するまで、あるいは、結婚してからも親と同居する制度の中に生きている。そのような生活から海外に一度足を踏み出し、留学生活を送ることは、自らの生き方やキャリアを考える機会にもなるであろう。海外の大学では、そのような留学のメリットを授業などを通して学生に伝えていくことで、留学生を増やしていく努力をしていく必要がある。

　以上、本節では、シンガポールの大学の留学に関わる教職員に行った調査と、

学生に行った調査結果を報告し、日本留学が抱えている課題を検討した。そして、より魅力的な留学を実現するための提言を行った。その結果、批判的な論考となったことは否めない。しかし、本書の執筆者を含め、日本の大学の卒業生が世界の教育、ビジネスの第一線で活躍しているという事実もあることから、今後も日本の大学が優秀な人材を輩出し続けることを期待してやまない。拙稿がそのために多少なりとも寄与できれば幸いである。

注

(1) シンガポールは世界で最も統制された民主主義国家であり、言語政策も強硬に推進してきた。1965年の独立時に英語を他の三つの民族語とともに公用語に制定し、英語を共通語とする社会として目覚ましい発展を遂げてきた。また、1979年に始まったSpeak Mandarin Campaignにより、驚異的な速さで中華系の家庭内使用言語が中国語諸方言からマンダリンに言語シフトした。家庭や友人間で話されるのはいわゆる「シングリッシュ」であることが多いが、2000年以降のSGEMの展開により、インフォーマルな場でも「文法的に正しい良い英語 (good English)」を話すことが奨励されている。
(2) 2016年のTOEFLの結果、シンガポール人の英語力はアジアで1位であるのに対し、日本人はアジア最下位、とりわけスピーキング能力は、世界172カ国中でも最下位となっている。

【参考文献】

郭俊海 (2009)「日本語教育から見た日本──シンガポール」柴田幹夫・郭俊海編『シンガポール都市論』勉誠出版、87-99頁

共同通信 (2015)「東大合格者7割、入学辞退 日本最難関「滑り止め」に」：https://www.47news.jp/761921.html (最終閲覧2018年6月20日)

世界大学ランキング：https://otasuke-singa.com/blog1/post-2348/ (最終閲覧2018年6月20日)

浜崎譲・ウォーカー泉・大塚陽子・北井小枝子 (2016)「シンガポール国立大学におけるSENDプログラムの実践──語学教育研究センター日本語プログラム」『早稲田日本語教育学』21、187-192頁

矢頭典枝 (2014)「シンガポールの言語状況と言語教育について──現地調査から」『アジア諸語を主たる対象にした言語教育法と通言語的学習達成度評価法の総合的研究──成果報告書 (2014)』：http://www.tufs.ac.jp/common/fs/ilr/ASIA_kaken/_userdata/59-75_Yazu.pdf (最終閲覧2018年6月20日)

李翠勲・ウォーカー泉 (2013)「広がる日本語教師の活動とネットワーク」『文部科学教育通信』311、30-31頁

IRO Year Book（2016）: http://www.nus.edu.sg/iro/doc/pub/ay 1516.pdf（最終閲覧 2018 年 6 月 20 日閲覧）
QS Top University Ranking (2019): https://www.topuniversities.com/university-rankings/world-university-rankings/2019（最終閲覧 2019 年 5 月 20 日）
NUS Global Relations Office: http://www.nus.edu.sg/iro/prog/sep/returning-SEP-re（最終閲覧 2018 年 6 月 20 日、原文は英語）

第Ⅱ部　送り出し側のホンネ　−魅力的な日本留学とは−

ベトナム

第11章　日本語教育の質向上に向けた対応に苦慮する一大留学生派遣国

チャン・ティ・ミン・フォン／ウォン・ティ・ビック・リエン／宮崎里司

1. ベトナムにおける日本語教育の現状

宮崎里司／ウォン・ティ・ビック・リエン

　近年のベトナムの経済発展を背景に、2008年に「2008〜2020年期国家教育システムにおける外国語教育・学習プロジェクト（通称2020プロジェクト）」が開始された。プロジェクトの方針としては、2020年までに、大学および職業訓練学校を卒業予定者全員の外国語運用能力を向上させる狙いである。その中でも、日本語教育に力を入れているが、ここでは、ベトナムの日本語教育の歴史について概観する。

1. ベトナムにおける日本語教育の歴史の概観

　ベトナムでの日本語教育が本格的に導入されたのは75年前に遡るが、他の外国語教育の歴史と比べ、その歴史は浅い。高等教育機関による日本語教育は、1957年のサイゴン大学で始まり、1961年に、日越貿易の進展のため、ハノイ貿易大学でも開始されたが、1978年末のカンボジア侵攻および抗米戦争による荒廃が原因で一時期中断されたものの、1986年12月のベトナム共産党第6回大会ドイモイ（刷新）事業開始に伴う日越の経済・貿易関係が大きく進展したため、ハノイ貿易大学で1987年に、ハノイ外国語大学で1989年に日本語教育が再開された。そして、2006年に、グェン・タン・ズン首相による訪日がきっかけとなり、ハノイ市を中心に、既存の多くの民間外国語センターで日本語塾が開講された。初級日本語教育の場合、在ホーチミン日本総領事館および国際交流基金ベトナム日本文化交流センターが、日本の文部科学省に相当す

表1　ベトナムの日本語教育機関の内訳

教育段階	学習者数 内訳 学習者数	割合
初等教育	0	0.0%
中等教育*	10,995	17.0%
高等教育	19,602	30.2%
その他 教育機関	34,266	52.8%
合計	64,863	100.0%

*2003年両国の合意に基づいて「中等教育における日本語教育試行プロジェクト」が立ち上げられ、ハノイのチュ・ヴァン・アン中学校で日本語教育のモデルコースが導入された。その後、ハノイ・ホーチミン・ダナンの3大都市の中学校において、2005年からは、第一外国語科目として日本語教育が開始された（2016年「2020年国家外国語プロジェクト」）。
出典：国際交流基金「2015年海外日本語教育機関調査」

る教育訓練省と協力し、2016年からは一般の小学校の3年生から第一外国語として日本語教育を導入している。2015年の国際交流基金の統計調査によると、ベトナムには日本語教育を実施する学校と外国語センターが219カ所確認され、2015年時点で約6万4863人となっていた。内訳は表1のとおりである。

2. ベトナムにおける日本語教育の課題

近年、日本語学習者の増加とともに、教育訓練省は日本語教育の導入事業に力を注いでいるものの、教員配置や専門性において多くの問題を抱えている。その中で、1クラスに多くの在籍者を抱え、学習者管理や学習リソースの不備から、教師に多くの負担がかかっていることも現状である。また、量的拡大を遂げている一方、教育の質の課題は、一向に解決の兆しを見せていない。本項ではこの教育の質に関して、特に教員と教材に注目して課題点を示す。

(1) 教員の不足

優秀な教員が限られることに尽きる。特に上級段階を教えられる教員の不足に悩む日本語教育機関が多い。ベトナム国内にも日本語教員を養成する大学もあるが、大学院レベルでの人材育成という点ではまだ不十分であり、また優秀な人材をそれに見合う待遇で雇用する体制づくりも進んでいないのが現状であ

る。
　こうした状況の下、ハノイ国家大学日越大学では、日本語教育プログラム総括を中心に、2020年付属日本語教育センターを立ち上げ、ベトナム人日本語教師の教授力向上のための現職者コースを設立する予定である。日本語教育の専門家を育てるとともに、専門家の必要性を国内諸機関に向けて発信することが期待される。

(2) 教材の不足
　用いられる教材の特徴だが、ベトナム人教師の手になるものが多く、これらは総じて試験的な段階であり、改善の余地を多く残している。現場からは、初級段階に「適当な教材がない」という声が多い。また中上級レベルの場合は、文章の背景がわかりにくい反面、解説が長いため、使いにくいとの指摘もある。そして、「ベトナムや日本の現実の生活を反映している」「コミュニケーションの場面が多い」「実践的な日本語が盛り込まれている」教材が欲しいという声も多く聞かれる。
　今後、上記の課題を解決するには教育訓練省ばかりでなく、各日本語教育機関においても様々な対策を打ち出すことが必要だろう。その中でも、ベトナムの日本語学習者のニーズを熟知し、教材を作成できる専門家が必要であることから、前節の教師の質的向上は課題解決に連動するものと思われる。

(3) 速報値から見える現状課題
　2019年10月8日に、国際交流基金が、「2018年海外日本語教育機関調査結果（速報値）」を発表した。詳細は終章で記述するが、ベトナムは統計上海外で最も増加傾向を示しているが、同時に様々な課題解決に迫られている国の一つである。とりわけ質の担保は重くのしかかっている。

2. ベトナム（ハノイ）の高等教育における留学事情

チャン・ティ・ミン・フォン／ウォン・ティ・ビック・リエン

1. 日本留学の概要
　1906年から8年にかけ、愛国者であるファン・ボイ・チャウにより、200名近い若者が日本に送り出されたのをベトナムにおける日本留学の嚆矢とす

第 11 章　ベトナム：日本語教育の質向上に向けた対応に苦慮する一大留学生派遣国

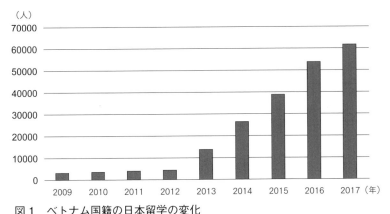

図1　ベトナム国籍の日本留学の変化
出典：日本学生支援機構（JASSO）をもとに筆者作成

る。現代の留学事情に目を向けると、2016 年 10 月 18 日に国家会議に提出された教育訓練省の報告によると、日本に留学しているベトナム人の数は 3 万 8000 人に上り、ベトナム人留学生全体の 29.2% を占める。続いて、オーストラリア（3 万 1000 人 [23.8%]）、アメリカ（2 万 8000 人 [21.5%]）、中国（1 万 3000 人 [10.0%]）、イギリス（1 万 1000 [8.4%]）の順となっている。また、そのうち 5519 人（約 4.3%）が奨学金の支援を受けている。奨学金は、教育訓練省の「911」や「559」と呼ばれる外国滞在人材教育企画や 20 カ国との協力協定書、農業農村発展省のバイオロジー水産工学発展企画や産業省の化学薬品発展投資企画などによるものであるが、95.7% は私費で留学している。これは、近年、ベトナム人の所得や生活水準が向上してきたことによると分析できる。

2. 日本への留学事情
(1) 留学生数の増加
日本学生支援機構（JASSO）の留学生数（2010～2017 年）についての情報を図 1 にまとめる。

図 1 は、各年 5 月 1 日時点でのベトナム国籍の留学生数を示している。この統計から、2013 年から留学生が急増し、2017 年には 6 万人を超えるに至ったことがわかる。2012 年が 3000 人程度であったことを考えれば、わずか 5 年で 20 倍まで拡大したことになる。しかしながら、2019 年の改正出入国管理及

び難民認定法（改正入管法）の施行に伴い、入国管理局が、出入国在留管理庁に格上げされ、日本語学校で学ぶ留学生の在留資格審査も厳格化されたため、継続して、ベトナムからの留学生数が拡大するかは不透明であると言える。

(2) 留学の背景・動機

なぜベトナム人留学生がここまで拡大するようになったのかの理由として次の3点を挙げたい。

第一に日越交流の全面的な発展を背景にした、加速度的な日本企業のベトナム進出がある。これは日本語日本研究のニーズ開拓につながる。日本留学によって、帰国後に待遇の良い日本企業に就職することが期待される。また日越交流イベントやメディアを通して、日本での生活や文化体験に興味を持つ若者も少なくない。加えて、2018年後半から始まった、米中貿易摩擦や保護主義の増加によって、生産拠点がベトナムに移管されたことも大きい。ベトナム統計総局（General Statistics Office Of Vitnam）が、2019年9月に発表した、7～9月期の実質国内総生産（GDP）は、前年同期比7.31%増となり、高い成長率を維持している。

第二に、ベトナムと比較し、日本での教育の質が高いことが挙げられる。アジア圏に属していることも、留学先の選定に大きく関係し、かつ、ヨーロッパ諸国と比べ、ベトナム人の文化や考え方に比較的近いため、共感するところが大きいと分析できる。

そして、第三に、少子高齢化のため、労働力不足に陥っている日本では、アルバイトの機会が多く、ベトナム人にとっては高い物価であっても、留学生自らが学費等の一部を賄える点も魅力的に映るだろう。ただし、既述のとおり、入管法の改正に伴い、留学に拠らず労働力として渡日の可能性が拡大するとなれば、留学ビザの取得が後退する可能性もあり、今後の推移に注目する必要がある。

(3) 希望者の特徴および留学ルート

では、どのような学生が日本留学を希望しているのであろうか。またどのようなルートを経て、実際に日本留学を実現させているのか。

まず、ベトナムの国立大学については、こうした大学を管轄する教育訓練省の奨学金プログラムを受けて留学するケースが考えられる。また、大学間の交

流協定に基づき、受入れ先の奨学金を得て留学するケースもある。
　一方私立大学で学ぶ学生にも、日本留学の機会が与えられるようになってきた。これは 2015 年以降の変化であり、かつては私立大学には国際交流の機会は限定的であった。その背景にはベトナムと日本との友好関係が高まったことが挙げられるだろう。また私立大学にみられる特徴として、派遣先が大学ではなく、日本語学校の場合もある。関係者が、直接ベトナムでリクルートするケースや、留学を斡旋するエージェントが介在するケースもある。日本語学校への留学は、対象を大学生に限らず高校卒業生も含まれる。
　このように、ベトナムの留学事情は量だけでなく、質も大きく変化している。多様化する留学制度を前に、留学への意識が高まり、かつ経済的な発展を背景に経費支弁能力も上昇してきた。依然として日本側のビザ発給への懸念は残るものの、ベトナム側としては日本留学への熱意の高まりは当面続くものと思われる。

3. 日本の高等教育機関への送り出しの実態
　　──V 大学を例に　　　　　　　　　　　　　　　　チャン・ティ・ミン・フォン

　本節ではベトナムの代表的な国家大学（V 大学）の事例から日本留学の送り出し実態を学部概略、外国語教育と国際協力事業、留学プログラムの観点から概観する。それぞれの大学の日本語教育と留学プログラムの特徴を以下にまとめた。

1. 学部概略
　V 大学日本言語文化学部は 1990 年代初頭に発足し、当時こそ日本語部門は教員 2 名と非常に小規模であったが、現在は非常勤を合わせると、教員数 40 名、正規学生約 600 名が在籍する、ベトナムで最も規模が大きい日本語教育機関の一つとなっている。
　学習者の言語能力を伸ばすと同時に異文化理解能力を向上させるために、多くの日本の大学と協定を結び、学生の交換留学、短期研修などのプログラムを展開している。交流促進に向けては、在ベトナム日本国大使館、国際交流基金（ベトナム日本文化交流センター）、国際協力機構（JICA）ベトナム事務所、現地日本法人など外部の多くの機関・企業からの協力を得ている。

日本言語文化学部には、日本言語課程および日本語教師養成課程がある。日本言語文化課程は、日本語翻訳通訳専修・日本学専修・ビジネス日本語専修・観光日本語専修の4つの専修で構成されている。現在、大学の使命である外国語教育、さらに学術研究、社会貢献活動の3つの分野に力を入れている。優秀なグローバル人材を養成するために、実業界のニーズを調査し、その結果に沿って、必要な科目を組み入れ、教育カリキュラムを充実させている。また、日本の大学との交流活動やプログラムを通して、学生は日本のことをより理解すると同時に、自国の文化も様々な角度から見ることができるようになる。これにより、学生の価値観の形成にもつなげようとしている。一方、教育水準を向上させるために、教員の研究活動を活性化させ、大学の研究水準の向上に努めている。今後、さらに日本の大学との共同研究を強化していく方針が打ち出されている。

2. 外国語教育と国際協力事業

V大学の外国語教育と国際協力事業についても併せて紹介したい。V大学は、それぞれの充実を重視しており、このことが留学の送り出しを後押しする背景になっていると考えられる。V大学では、学生のニーズに応えるべく、柔軟な外国語教育のカリキュラムとコースを設けている。まず英語は全学必修科目に位置づけられている。また語学を専攻する場合は、81単位2180時間、第一外国語であれば18単位700時間のコースを、第二外国語については4単位108時間のコースを併設している。語学専攻の対象となるのは、英語、日本語、中国語の3言語である。日本語教育については、1988年に第二外国語として授業がスタートし、2000年から2003年にかけて第一外国語にも昇格した。そして2004年に専攻課程にまで引き上げられて現在に至っている。

さらに、国際協力事業についても当該大学は注力している。これは海外8カ国（フランス、イギリス、オーストラリア、日本、韓国、タイ、中国、シンガポール）の交流協定機関への留学や、学術交流、編入、インターンシップ、教育技術移転など、多様な形での連携を通して、学生がグローバル社会に適応するための専門知識を獲得し、また外国語能力を向上させることを目的としている。特筆すべきは、留学先で得た単位を柔軟に認定する制度を取り入れていることであり、これにより留学を検討する学生を積極的に後押ししている。

第 11 章　ベトナム：日本語教育の質向上に向けた対応に苦慮する一大留学生派遣国

表 2　2017～2018 学年度留学状況

長期留学プログラム		
奨学金の種類	留学期間	留学生数
日本語のプログラム		
協定校	6 カ月～1 年間	21 名
文部科学省（MEXT）	1 年間	4 名
英語のプログラム		
協定校	1 年間	1 名
短期留学プログラム		
協定校	10 日～1 カ月	4 名
合計		29 名

出典：V 大学日本言語文化学部の統計データより筆者作成

3. 留学プログラム

(1) 留学の状況

　近年、日本に留学する学生の数が多くなっているなか、V 大学の日本へのプログラムにおいても、長期留学プログラム（半年～1 年）や短期留学プログラム（最長 1 カ月程度）が導入されている。2017～2018 年度の V 大学日本言語文化学部の統計データによると、日本への留学状況の内訳は表 2 のとおりである。

　これによると、日本に留学する学生のほとんどが奨学金を得ていることがわかる。奨学金については、日本の文部科学省のものもあれば協定校からの奨学金もある。

　当該学部では、日本へ留学する学生の選抜基準は学生の学習成績に基づいており、一般的に成績優秀であれば、日本へ行くチャンスが高いと言える。多くが 3 年次に留学しているが、単位互換制度があるため、留学が卒業を遅らせることがない配慮を講じられているのが利点と言える。

　V 大学は多くの日本の大学と交流協定を結んでいるが、その中で、多くの大学から奨学金が受給されている。特に奨学金を与えて留学の機会を提供した交流協定大学は、2017～2018 年度は 11 校に上っている。

　一方、渡日するもう一つのパターンがある。それは技能実習生として日本へ行くことである。V 大学では、学生が大学を卒業する前に、6 週間にわたって日系企業・日本語センター・日本研究所など学外機関での実習（インターンシップ）が組まれている。これまでのインターンシップ先は、国内の施設・組織・

企業が多かったが、最近は、日本での実習に人気がある。実習期間については、6カ月と1年間の実習プログラムがあるが、1年間のプログラムを選択する学生が多い。

(2) 留学に対する学生の評価および課題

　日本から帰国した元留学生に、当時を振り返ってもらったところ、ほとんどの学生は日本への留学プログラムを高く評価していた。8割の学生は「非常に良かった」と答え、「言語や文化を自分で体験でき、生の日本語が身に付いて非常に役立った」「日本での大学で学位が取れて良かった」「日本での生活を体験できて良かった」「各国の友人が出来てよかった」などという声が多く寄せられている。半面、「奨学金が十分ではない」「物価が高い」「留学機関の寮や宿舎を増やしてほしい」といった不満や要望も寄せられていた。

　ただ、1年間の留学の後、学生の多くが聴解能力はもちろん、口頭表現能力も優れて成長していることも確かである。そのため、学生だけでなく、ベトナム企業（日系企業を含む）の採用担当者からも、日本への留学は大いに評価されており、人材として活躍を期待されていることも事実である。

4. 提　言——留学生派遣・受入れポリシー

　　　　　宮崎里司／ウォン・ティ・ビック・リエン／チャン・ティ・ミン・フォン

　現在、留学先として、最も人気の高い日本ではあるが、中には労働を目的として留学を隠れ蓑にするようなケースも確認されている[1]。ビザ発給の厳格化が進むなか[2]、エージェントやブローカーを介した日本留学のルートには安定を欠くようになるかもしれない。そこで、本節ではV大学の事例を基に、大学間交流による留学プログラムに注目しながら、長く教育機関相互の交流を持続させ、留学プログラムを継続・発展させるための提言を試みたい。

1. 私立大学との大学間交流協定の推進

　日本側の大学が、新たな交流協定先を検討する場合、私立大学を積極的に対象にすることを勧めたい。ベトナムでは国際協力の分野で、国家大学を中心とした国立大学が先行しており、私立大学には依然開拓の余地がある。

2. 奨学金（学費免除制度を含む）の充実・発信

経済発展が著しいベトナムではあるが、留学経費は一般家庭にとって容易ではない。日本については物価の高さへの不満の声もあり、奨学金制度の充実は留学先を選択する上で、重要な判断材料となる。またせっかくの奨学金制度の情報が、留学を希望する学生に伝わっていないケースもある。奨学金についての情報発信を充実させることも、交流協定締結の際の重要なポイントである。

3. 能動的な生活支援

日本の大学の留学生支援の担当部署は留学生の生活面に関して、現状に留まらず一層積極的に支援活動を行うとよい。例えば、住宅斡旋、交通安全のルールや交通機関の利用方法などの社会文化情報の提供、在留カードが交付されることにより、住民票に登録され、転出届が義務化されるようになったこと、2019年からは、入国管理局が出入国在留管理庁に格上げされ、入管法が厳格化されること、健康保険の制度を案内することや、資格外活動である副業（アルバイト）を紹介することが挙げられる。

4. 留学プログラムの充実

日本留学のもう一つの潮流として、企業等へのインターンシップを挙げたい。もし、日本の大学が地元企業と連携して、インターンシップも盛り込んだ留学プログラムを提供することができたら、多くの留学希望者にとって、理想的な留学先となるだろう。

5. 高等教育機関のレベルの向上

これまで、日本の大学に依存する提言を盛り込んできたが、ベトナムの日本語教育のレベル向上や、高等教育機関のさらなるレベルの向上が強く望まれる。大学間交流は学生の留学受入れだけではなく、教員間の学術交流も含まれる。本章では、ベトナムの大学教員や教材の質的な課題を指摘してきたが、高等教育機関を世界レベルに押し上げていかないと、対等な大学間交流は、非常に難しいと言える。そうした意味でも、まずは、教育の質を保証し、さらに向上させるための組織的取り組みである、大学教員のためのファカルティ・ディベロップメント（FD）プログラムを構築することが喫緊の課題であると言える。

以上のような点が改善できれば、日本とベトナムを結ぶ留学事業は発展していくであろう。ベトナムにおいて留学とは、質の高い教育を海外に求めるという考え方に根差す。もちろん日本留学において提供される留学プログラムの質は、最大の関心事となるが、グローバル化が進展する現代社会においては、ただ留学のプログラムに参加していることに満足するだけではなく、日本社会に健全に役割参加することが欠かせない。それによって、両国の友好関係の発展に寄与・貢献できる人材の育成につながる。大局的な視点に立って積極的に検討すべきである。

注

(1) Wedge Infinity「ベトナム人が夢見る『1カ月で年収が稼げる国』」：http://wedge.ismedia.jp/articles/-/14169（最終閲覧 2019 年 2 月 10 日）
(2) AERA.dot「『もう日本には行けない』海外の若者離れ進む？新在留資格に課題」https://dot.asahi.com/aera/2019031900096.html（2018 年 12 月 10 日閲覧）

【参考文献】

外務省（2018）「最近のベトナム情勢と日ベトナム関係」：https://www.mofa.go.jp/mofaj/area/vietnam/kankei.html（最終閲覧 2018 年 11 月 7 日）
カオ・レ・ユン・チー（2017）「ベトナムの外国語教育政策と日本語教育の展望」大阪大学言語文化研究科　日本語・日本文化専攻博士論文
グエン・タイン・タム、グィエン・チ・ツオン・バン、マイ・ゲエン・ゴック（2015）「ベトナムにおける日本語教育と日本研究の動き」劉建輝編『日越交流における歴史、社会、文化の諸課題』国際日本文化研究センター、249-258 頁
国際交流基金（2016）「2015 年度日本語教育機関調査」：https://www.jpf.go.jp/j/about/press/2016/057.html（最終閲覧 2018 年 11 月 12 日）
──（2017）「日本語教育国・地域別情報 2017 年度ベトナム」：https://www.jpf.go.jp/j/project/japanese/survey/area/country/2017/vietnam.html（最終閲覧 2018 年 10 月 20 日）
国際交流基金日本語国際センター（2015）『21 世紀の人材育成をめざす東南アジア 5 か国の中等教育における日本語教育──各国教育文書から見える教育のパラダイムシフト』国際交流基金日本語国際センター
ベトナムの教育法（2005 年改正版）2005 年 6 月 4 日に認定された 38/2005/QH11 号のベトナムの教育法を実施 することについて決定書
ベトナム教育訓練省（2014 年）の通知 01/2014/TT-BGDĐT『ベトナムの外国語能力基準 1 ～ 6 レベル枠組み』（2014 年 01 月）

第12章 ウズベキスタン

日本語の「孤立環境」から変化を遂げつつも、社会要因に悩む特徴を持つ国

イヴァノヴァ・マリーナ

はじめに

　1991年にソビエト連邦の崩壊とともに独立を果たしたウズベキスタン共和国では、独立以降は多くの分野で様々な変化がみられた。1989年にウズベク語を国家言語として位置づける国家言語法が成立し、1995年のその改正版によってそれまでに「民族間共通語」だったロシア語が、法律上、「外国語」となった(1)。また、新時代に応じた人材の育成が求められ、それまでに扱われていなかった外国語の学習も可能になった。日本語もその中の一つである。高等教育事情や留学事情も大きく変わりつつある。本章では、ウズベキスタン出身の留学生・留学生候補者像を明らかにし、受入れのあり方について提言を行いたい。

1. ウズベキスタンにおける日本語教育の現状

　ウズベキスタンの日本語教育は1990年に高等教育レベルでの日本語教育として始まった。高等教育に次ぎ、90年代後半より中等教育機関、一般教育機関においても日本語教育が実施されるようになった。だが、初等教育に関しては、2000年代初頭は行っていた機関もあったが、現在はまったく実施されていない。
　2015年現在、ウズベキスタンにおける日本語教育機関数は14機関、学習者数は1505名である（国際交流基金2017）。これは旧ソ連諸国の中でロシア、ウクライナに次ぐ規模であり、中央アジア地域では最大規模である。

第Ⅱ部　送り出し側のホンネ　－魅力的な日本留学とは－

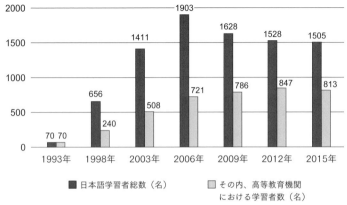

図1　ウズベキスタンにおける日本語学習者数の推移
出典：国際交流基金（2017）

　図1は1993年から2015年までのウズベキスタンの日本語学習者総数およびその内の高等教育機関における日本語学習者数の推移を表したものである。図から明らかなように、日本語学習者総数は2006年をピーク（1903名）に、高等教育レベルにおける日本語学習者数は2012年をピークに、やや減少傾向にある。90年代後半より様々な大学で日本語コースが開設され始め、2000年代の後半にはその数が11校となり、2010年代は大学レベルでの日本語学習者数は850名に迫った。しかし、その後、主に教員確保が困難であったために、多くの日本語コースが閉鎖となった。2018年現在高等教育レベルの日本語教育は6機関で実施されており、その内日本語を主専攻として学べるのは3機関である。この6機関に在籍中の学習者数は771名（専攻：225名、非専攻：499名、課外活動：47名）である[2]。その内5機関においては日本語母語話者の教師が教えている。6機関とも日本の大学と協定を締結し、留学生交換等を行っている。
　ウズベキスタンは、日本から地理的に離れており、在留邦人数が大変少なく[3]、また日本企業の進出状況も、ロシア、中国、韓国などに比べて大幅に遅れている（加藤2017）ため、国内において日本のプレゼンスが弱く、日本語教育・学習環境としては「孤立環境」（福島・イヴァノヴァ2006）と捉えられてきた。しかし、現在では、ウズベキスタンにおけるインターネット普及や日本との間で入国条件を相互に緩和したことにより、ウズベキスタン人にとって「日本」に

第 12 章　ウズベキスタン：日本語の「孤立環境」から変化を遂げつつも、社会要因に悩む特徴を持つ国

表 1　DAC 諸国の ODA 実績（過去 5 年）（支出総額ベース、単位：百万ドル）

暦年	1位	2位	3位	4位	5位	合計
2011 年	日本　31.26	韓国　24.67	ドイツ 21.24	米国　8.20	フランス 2.21	95.34
2012 年	ドイツ 43.90	日本　26.25	韓国　21.72	米国 10.83	スイス　2.62	112.31
2013 年	日本　56.49	ドイツ 37.21	米国　27.95	韓国 13.42	スイス　3.38	144.88
2014 年	日本　61.03	ドイツ 25.08	米国　23.32	韓国 17.28	スイス　4.22	136.37
2015 年	日本　154.14	韓国　18.23	ドイツ 14.43	米国 10.36	フランス 6.98	212.84

出典：日本国外務省

触れるチャンスが増えつつあるのではないかと考えられる。

　ウズベキスタンにおける日本語教育の実施は、開始当初より政策的側面が強いと言えよう。日本がウズベキスタンの独立当初よりウズベキスタンの国造り、民主化・市場経済への移転およびその推進、インフラ開発等を支援する重要なドナーとなっており、表 1 が示しているとおり、過去 5 年の間はほぼ毎年ウズベキスタンに対する ODA の実績規模では 1 位を占めている。

　ウズベキスタンは、豊富な天然資源も誇る。今後も経済発展が見込まれており、日本にとっては重要なパートナーであると言える。

　では、日本語以外の外国語教育の規模はどうなっているだろうか。法律上は「外国語」、事実上は「第二言語」であるロシア語は、ウズベキスタンで一番学習者数が多い公用語以外のことばである。それに次ぐのは、英語である。英語は、2013 年から初等教育レベルの 1 年目より学習されるようになった。学校によっては、ドイツ語、フランス語、韓国語、中国語等も学ばれているが、小学生の 9 割以上が外国語として勉強しているのは英語であるというのが現状である。

　ウズベキスタンの他の重要なドナーの公用語である韓国語の教育は、2018 年現在 13 の大学（学習者数：約 2100 名）、34 校の初・中等教育機関（学習者数：約 9300 名）において行われている（*The Korea Times*）。ウズベキスタン国内には朝鮮系の高麗人が多く暮らしており、韓国語は大変親しみのある言語と捉えられている。

　ウズベキスタンにおける中国語教育は現在、タシケントで 3 機関、そしてサマルカンドで 1 機関の大学で実施されている。2005 年にタシケントの大学、2014 年にサマルカンドの大学で孔子学院が開設された。中国企業によるウズ

ベキスタンへの進出も規模が大きく、中国語学習に対して年々関心が高まっていると言えよう。

このように、他の言語と比べてウズベキスタンにおける日本語教育の規模は決して大きくないが、両国にとって重要な意義を持っていると言えよう。次節では、ウズベキスタンにおける高等教育事情および留学事情について述べる。

2. ウズベキスタンの高等教育における留学事情

ソビエト時代には、一般市民が旅行や勉強で海外に渡航するのはハードルが高く、海外に渡航できたとしても、人々の移動は主に社会主義圏の国に限定されていた。ウズベキスタンにおいて、ソビエト時代および独立初期には留学が一部のエリートの特権であったと言えよう。独立国家となったウズベキスタンは社会主義体制から離れ、民主化・市場経済化を推進してきた。世界各国と外交関係が成立されたことによって、海外旅行や留学の可能性が広がり、海外旅行・留学が少しずつ大衆化しつつあると言えよう。

独立後、ウズベキスタンでは他の社会分野と同じく、教育分野においても民主主義・市場経済を目的とした改革が進められている。その中でも高等教育が重視されており、その国際化に向けた改革が実施されている。2018年12月現在、国内の高等教育機関の総数は（国内大学地方分校15校および海外大学国内分校10校も含めて）84機関となっている[4]。海外大学の分校を除いて、すべての大学が国立大学であり、各省庁の管轄にある。また高等教育は、人口ファクターからも改革の必要に迫られている。ウズベキスタンの人口は、2018年1月現在3265万人[5]で、生産年齢人口の割合が上昇傾向にあり、人口ボーナス期に入っている。人口の60％は30歳以下の若者である[6]。

1997年に策定された教育法および「人材育成国家プログラム」にて教育における国際化の重要性も主張された。2017年には大統領決定「高等教育システムの更なる発展に関する措置について」によって、2021年までの高等教育のさらなる改善を目的としたプログラムが採択された。このプログラムでは国内各高等教育機関による海外のトップクラスの高等教育機関との発展的なパートナー関係の確立、海外高度教員人材の誘致、海外高等教育機関との協力（留学プログラム、academic mobilityプログラムの促進、ダブル・ディグリーの導入）などが重要な課題として挙げられた。

第12章　ウズベキスタン：日本語の「孤立環境」から変化を遂げつつも、社会要因に悩む特徴を持つ国

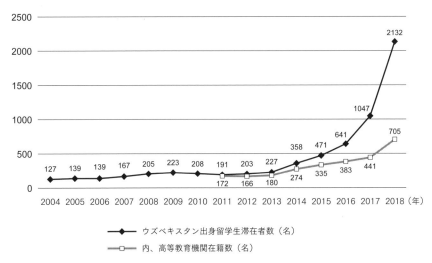

図2　ウズベキスタン出身滞日留学生数（名）の推移
出典：日本学生支援機構（JASSO）

　現在、ウズベキスタンの学生移動は、Erasmus+（欧州連合）、Fulbright（米国）、Chevening（英国）等の奨学金プログラムや、British Council（英国）、Goethe-Institut（ドイツ）、DAAD（ドイツ）、Campus France（フランス）、JICA（日本）、KOICA（韓国）、またロシア、中国、スペイン、チェコ、ラトビア等の国際協力・開発機関によるプログラムによって支えられている。

　2014年現在、最も人気のある留学先はロシア（1万211名）であり、次いでカザフスタン（5588名）、ウクライナ（2072名）、キルギス（1219名）、ドイツ（789名）、米国（426名）、韓国（411名）、マレーシア（379名）である（Chankseliani & Hessel 2014）。2017年におけるウズベキスタン出身の留学生総数は3万2240名となっている（UIS）。

　日本留学者数については、長らく微増、横ばい傾向であったが、2014年で前年比150%と急増し、特に2016年から18年にかけては倍増を続けた結果、2000人を超えるに至った（図2）。高等教育機関に絞っても、同様に右肩上がりを続けている。ただ全体に占める比率は半数に満たない（2017・18年）。それというのも、2012年以降の留学生数拡大は主に私費で学ぶ日本語教育機関、専門学校在籍者の増加によるからだ。例えば、2018年は1427名と約7割が日本語教育機関に在籍している（日本学生支援機構）。ウズベキスタン出身留学生

199

数の増加がみられたのは、2010年代に入りウズベキスタン国内で日本留学エージェントの活動が始まったことで、格段に日本留学情報へのアクセスがしやすくなったためだろう。

一方、日本語教育が実施されている6校では各大学が提携大学との留学プログラムを組んでいる。年々協定校も増えており、留学の可能性が広がっている。

また、1996年からウズベキスタンでも採用されている日本文部科学省による国費プログラムも長年希望者が多い。現在ウズベキスタンに対しては5つのプログラムが採用されており、その中の「研究留学生」「日本語・日本文化研修生」「学部留学生」プログラムには高等教育機関在籍生や卒業見込みの者が応募できる。

そのほかにも、1999年より人材育成奨学計画（JDS）事業により今までに多くのウズベキスタンの行政官が日本の大学院に在籍し、学位を取得している。

このように、ウズベキスタン人は日本留学に関して様々な可能性があると言えよう。次節では、調査結果をもとにタシケント市にあるT大学における日本留学実態について述べ、ウズベキスタン出身の日本留学生像を明らかにする。

3. 日本の高等教育機関への送り出しの実態（機関の場合）

1. T大学における日本語教育・日本留学事情

T大学では大学設立当時の1991年より日本語教育が実施されている。日本語講座が開設以来2500名以上の卒業生を世界に送り出している。

2018年には、当大学において240名の日本語学習者が在籍中である。その内96名が日本語を主専攻として勉強している学部生・大学院修士課程の院生で、144名が日本語を第二東洋言語として勉強している学部生である。主専攻の学生は日本語クラスを週5〜6コマ（1コマ90分）履修している。日本語講座では2018年現在9名の日本語教師が教えており、その内2名が日本語母語話者である。学部卒業生のレベルに関しては、平均として日本語能力試験のN2レベル程度で、N1レベルのスキルを持つ者もいる。卒業論文は日本語および母語（ウズベク語・ロシア語）で執筆することになっている。

T大学の日本語講座では、様々な留学プログラムが利用可能である。日本の大学6校との協定締結により、毎年これらの大学に短期留学プログラムで留学

表2　オンラインアンケート調査協力者のプロフィール

性別		学年別					母語別			教育言語別		形態別	
男性	女性	1年	2年	3年	4年	大学院	ウズベク語	ロシア語	タジク語	ウズベク語	ロシア語	主専攻	副専攻
22名	46名	19名	15名	21名	12名	1名	48名	19名	1名	24名	44名	59名	9名

出典：筆者作成

表3　オンラインインタビュー協力者のプロフィール

学生	性別	以前の留学経験	現在の状況
学生A	女性	1年、私費、関東地方の国立大学	再び留学中（国費、関東地方の私立大学）
学生B	女性	1年、国費、関東地方の国立大学	再び留学中（国費、関東地方の国立大学）
学生C	男性	1年、国費、関東地方の国立大学	再び留学中（国費、関東地方の国立大学）
学生D	女性	1年、国費、関東地方の国立大学	T大学4年生

出典：筆者作成

生（私費留学生）を送り出している。選考試験は毎年日本語講座によって実施されており、合格者に対してはさらに大学によって面接が実施されている。そのほかにも、日本文部科学省の「日本語・日本文化研修留学生」のプログラムも利用して、ほぼ毎年学生が「日研生」（国費留学生）として日本に留学している。また、在学中で卒業見込みの学生の多くが文部科学省の「研究生」（国費留学生）プログラムに申請する。

　このように毎年合わせて7、8名前後の学生が日本へ留学している。留学期間が1年間の場合、T大学では休学を申し込み、帰国後に復学することになる。その際在籍期間は休学した分延長される。多くの学生は在籍3年目が終わったときに留学するが、2年目が終わった時に留学する者もいる。単位互換制度が存在しないこともあり、留学年数の分、卒業が遅れる。

2. 学生および教員を対象とした調査の概要

　本章執筆の際実施した調査は日本留学に対する意識に関する調査（2018年2〜3月）で、①現在T大学にて日本語を勉強している学生68名（表2）を対象としたオンラインアンケート調査、②留学経験者4名（表3）を対象としたオンライン半構造化インタビュー、そして③留学生の送り出しに携わっているT大学の日本語講座の教員2名（教員E〔日本人〕、教員F〔日本人〕）を対象とした筆記インタビューから成り立っている。

表4　日本語学習の動機（延べ人数）

	動機一覧 （多くみられたもの順、一部）	一番重要な動機	2番目に重要な動機	3番目に重要な動機	4番目に重要な動機	5番目に重要な動機
1	卒業後日本語を使って仕事をしたいから。	40	7	4	2	1
2	日本に留学したいから。	34	11	5	3	3
3	日本に関する知識を得たいから。	24	16	6	1	3
4	日本語でコミュニケーションがとれるようになりたいから。	24	11	4	3	4
5	日本語そのものに興味があるから。	24	6	5	3	2
6	その他	11	0	4	1	5

調査では、11の項目を提示し、協力者にその中から5の項目を選び、順位をつけるように依頼した。ただし、1～5の順位を付けられず、いくつかの項目が同レベルの重要性を持つと判断した協力者もいた。また、5項目以下・以上を選んだ協力者もみられた。
出典：筆者作成

3. 学生および教員を対象とした調査の結果と考察

本項では、調査結果を分析中に抽出した概念（〈　〉で示す）別に提示する。

〈日本語学習の動機づけとしての「日本留学」〉

表4は、オンラインアンケート調査で得られた日本語学習動機づけに関するデータの一部を示している。日本語主専攻生が調査協力者の大半を占めているだけあって、「日本語を使って仕事をしたい」という動機づけが大変多くみられた。また、「日本留学」を一番重要な動機として取り上げた調査協力者も多い。

半構造化インタビューでも、「日本留学」に関して以下のような発言がみられた。Aさんは「私は日本に留学したかったから、日本語を専攻として選んだ。(A24)」、Bさんは「日本語を勉強する前から日本に勉強に行きたかった。(B35)」と語ってくれた。

オンラインアンケートでは68名の内59名（87.8%）の学生が「日本留学希望あり」と答え、その内57名（96.6%）が「日本の高等教育機関に留学したい」と回答した。日本の大学で勉強したい分野に関しては、「日本語・日本語学・日本文化・日本文学」が一番多く（43名、72.9%）取り上げられ、その他の分野では「経済学・経営学」「法律」「情報技術」「外交」「政治学」「心理学」「観光サービス」「テレビ業」等が取り上げられた。いずれにせよ、「日本留学」がウ

ズベキスタンの学生によって日本語学習の大きな動機づけとなっていると言えよう。

〈留学の重要な条件としての奨学金受給〉
　奨学金なしで留学する可能性に関して、「難しい」と答えたのは44名（74.6%）であった。また、奨学金獲得を前提に自弁で渡日することも、26名（44%）が「難しい」と答えた。したがって、自費で留学を果たすことが可能な学生は多くなく、奨学金の獲得が日本留学の重要な条件となっていると言えよう。

〈日本留学と性別にみられる違い〉
　「保護者・親戚が日本留学を許してくれるか」という質問に対し、「はい」と答えたのが31名（52.5%）で、「短期留学の場合のみ」と答えたのが22名（37.3%）、「反対するだろう」と答えたのが6名（10.2%）であった。「短期留学の場合のみ」の22名の中で19名が、「反対するだろう」の6名全員が女性であった。伝統的にウズベク人女性は、なるべく早めに結婚し、子どもを産み、一家の世話をすることが最大の役目であるとされる。遅ければ遅いほど結婚するのが困難になり、それに対する周囲の目が厳しくなることで、親に心配をかけることを、今回の調査協力者が意識しているように読み取れる。

〈日本留学と将来の展望〉
　日本留学後・卒業後の就職に関しては、16名（27.1%）の調査協力者が「できるだけ長く日本で仕事をしたい」と回答し、35名（59.3%）が「日本の会社で経験を積んだ後、帰国し、ウズベキスタンで仕事をしたい」と答えている。留学経験者の学生Dも、現在再び留学中の学生A、学生B、学生Cとともに卒業後日本での就職を希望している。ちなみに、日本留学経験が就職の際有利であるかという質問に対して、53名（89.8%）の調査協力者が「そう思う」と回答している。

〈留学の中で得たいもの：高い日本語力・高い専門知識〉
　「留学にどんな期待を持っているか」尋ねた。用意した選択肢を5段階で評価してもらったのだが（1を「そう思う」、5を「そう思わない」と設定）、その中

で対象者からの強い賛同を得られたものに「高い日本語力を身につけたい」（平均1.17、SD0.60）と「高い専門知識を身につけたい」（平均1.19、SD0.40）があった。つまりほぼ全員が学習成果に対して強い期待を寄せていることがわかる。

〈ウズベキスタン出身留学生の受動性〉

半構造化インタビューに協力した留学経験者4名とも、日本の大学で履修したい科目が自分で選択できることを高く評価している。例えば、学生Dはインタビューで「自由に好きな科目が選べて、本当に幸せだった。(D89)」と語っている。

ウズベキスタンの大学は、自由に選択できる科目が存在しておらず、すべてが必修科目である。毎学期、その学期の時間割が予め決まっており、学生が自由に自分の時間割を組むことはないのである。このような事情から、ウズベキスタン出身の学生が日本の大学に留学する際、科目の選び方やタイムマネジメントに困ることもあるようである。学生Aは「最初は、一番大変だったのが、自分のスケジュールを考えることなの。どの授業を選ぶか、国の大学では全く考えなくてもよかった。決まったスケジュールに従うしかなかったの。(A65)」と、インタビューで明かしてくれた。

〈ウズベキスタン出身留学生の問題意識の弱さ〉

留学前・留学中にテーマ探しや研究計画・レポート作成等で苦労した留学経験者（学生B、学生D）もいた。例えば、学生Bは「研究したいことがあるから留学するのではなく、どちらかというと、留学したいから、研究テーマを見つけて、研究計画をむりやり立てたという感じ。苦しかった。(B71)」と語っている。

また、送り出し側の教員も学生の問題意識の弱さを問題点として考えているようである。教員Fは「日本に行くときの目的が具体化していない場合が多い。ただ日本語力アップのためという学生が多い。日本の何かに興味を持ってそれを調べてみたいという学生はほとんどいません。(F5)」と指摘している。

上述の〈受動性〉および〈問題意識の弱さ〉は、ウズベキスタンの教育制度全体の問題であると思われる。高等教育機関の場合、ほとんどが国立機関で各省庁に教育の内容等を厳しく管理されている。その管理の下、大学自体も教員も学生も受動的になりがちである。時間割も決まっており、研究テーマも与え

られたものを扱うなど、研究活動において「自分の意見」が現実としてそれほど求められないような環境では、自分から何か行動を起こす必要性もなくなり、自分で考える力も育成されない。そのような学生は日本留学の際、苦しい思いをする一方、留学を通じて学習プロセスにおいて様々な気づきも得られると思われる。学生が留学を通じて自主的に行動を起こしたり、考えたりすることができるようになることも留学の大きな成果として捉えられるべきである。

〈アーティキュレーションの問題〉

送り出し側と受入れ側のアーティキュレーションに関しては、教員Eによると、協定校とは留学前・留学後に連絡を取り合っており、（成績の互換性が認められないが）各学生の成績証明書も受け取っているとのことである。しかし、大使館推薦（日研生・研究生）などに関しては、日本語講座は一切関わっていないという。

以上、調査データをもとに、ウズベキスタン人留学生・留学生候補者像を明らかにした。次節では、ウズベキスタン人による日本留学における課題をまとめ、提言を試みる。

4. 日本留学における問題点および提言

ウズベキスタン人による日本留学において問題点と成り得る点として、以下の4点が挙げられる。

第一に、「日本留学」を希望する学生は非常に多いが、最近は所得の増加がみられるにもかかわらず、自費で日本への留学を果たすことが可能な学生は依然として少ない。したがって、奨学金の獲得が留学の重要な条件となっている。

第二に、ウズベキスタン人学生の「受動性」および「問題意識の弱さ」が、日本で求められる主体的でかつ自律的な学びの足枷となる可能性がある。

第三に、ウズベキスタンにおける社会通念が留学を妨げる場合もあることを念頭におく必要がある。特に女子学生の場合、留学を希望しても家族が許さないケースがみられる。長期留学への反発は強く、家族の理解もハードルとなる。

第四に、送り出し側と受入れ側の希薄なアーティキュレーションが挙げられる。留学種別にもよるが、相互に情報のやり取りさえ望めない例もあり、ましてカリキュラムに基づく、事前・事後の教育体制を敷くことは容易ではない。

しかし、今回の調査で明らかになったように、日本留学のチャンスが得られることは、日本語学習の大きな励みとなる。これは留学中だけでなく、渡日前学習の大きな動機づけとなってもいる。また留学を経験した学生は、日本企業での就職やその経験を経て母国で働くことを望む者が多く、日本や自国の社会・経済への貢献が期待できることから、さらなる日本留学の機会創出やその後押しにつながる施策が待たれる。

したがって、受入れ側である日本の高等教育機関には、上述した現在のウズベキスタン人留学生の特徴を認識した対応が望まれる。上記4つの課題に即して(1)奨学金制度の拡充、(2)アクティブラーニングなど主体的な学びの機会の創出、(3)短期留学制度の充実、(4)ウズベキスタンの教育機関への留学プログラムの発信、留学希望者の情報要求、受入れ留学生の情報提供を提言したい。

(1)については多言を要さないだろう。意欲ある優秀な学生を知日派として育成することの意義を改めて問いたい。(2)や(3)は、留学を介してウズベキスタンの教育ひいては社会の発展を後押しする政策となる。自律的な、特に女性のエンパワメントとして留学の価値を高める意識を日本の大学関係者には持ってもらいたい。(4)については日本側の努力だけで成り立つものではないが、日本からの「促し」によってウズベキスタン側の留学制度に向けた意識改善につながれば、いずれ濃密なアーティキュレーションの確立にも至るであろう。

【謝辞】
本章における調査実施にあたり、ご協力いただきましたウズベキスタンの高等教育レベルでの日本語教育関係者の皆様、また日本語学習者の皆様に、深く感謝いたします。

注

(1) ロシア語は、ウズベキスタンで暮らしているロシア系等スラブ系の民族や朝鮮系の高麗人等、全人口の14.2%にあたる人々が第一言語として使用している。また、重要な教授言語でもある。1990年代、2000年代にはロシア語離れがみられたが、近年ロシア語の機能性が認められ、学習者が増えている。高等教育機関でも、ロシア語教育の重要地点である大学が数機関ある。
(2) 各大学の日本語講座によるデータ（2018年3月現在）
(3) 2018年3月現在は137名（日本国外務省）
(4) 英国（1校）、シンガポール（1校）、イタリア（1校）、ロシア（4校）、韓国（3校）の

大学の分校である。
(5) ウズベキスタン共和国国家統計委員会によるデータ
(6) エラスムスプラス・ウズベキスタン事務局 (2017) によるデータ。
(7) 高等教育機関についてのデータは2011年からとなるが、増加の一因にはこの年より日本の大学が毎年秋に「日本留学フェア」を開催していることが考えられる。
(8) インタビューを文字起こしした際に付けた発話番号である（以下同様）。

【参考文献】

加藤文彦 (2017)「シルクロードのオアシス、資源国ウズベキスタン」ニューマネジメントクラブ月例会 (2017年7月24日開催) 講演資料

国際交流基金 (2017)「日本語教育国別情報 2017年度　ウズベキスタン」：https://www.jpf.go.jp/j/project/japanese/survey/area/country/2017/uzbekistan.html（最終閲覧 2019年1月31日）

―――「日本語教育機関調査」：https://www.jpf.go.jp/j/project/japanese/survey/result/（最終閲覧 2019年1月31日）

国際協力機構・一般財団法人 日本国際協力センター (2016)「ウズベキスタン共和国人材育成奨学計画準備調査報告書」

日本学生支援機構（JASSO）「外国人留学生在籍状況調査」：https://www.jasso.go.jp/about/statistics/intl_student_e/index.html（最終閲覧 2019年1月31日）

日本国外務省「ウズベキスタン共和国　基礎データ」：http://www.mofa.go.jp/mofaj/area/uzbekistan/data.html（最終閲覧 2019年1月31日）

福島青史、イヴァノヴァ・マリーナ (2006)「孤立環境における日本語教育の社会文脈化の試み―ウズベキスタン・日本人材開発センターを例として」『国際交流基金日本語教育紀要』2、49-64頁

Chankseliani, M. and Hessel, G. (2016) International Student Mobility from Russia, Eastern Europe, Caucasus, and Central Asia to the UK: Trends, Institutional Rationales and Strategies for Student Recruitment. The Centre for Comparative and International Education, University of Oxford

The Korea Times "Number of Korean language learners and classes increasing in Uzbekistan"（2018年11月28日）

UNESCO Institute for Statistics (UIS): http://uis.unesco.org/en/home（最終閲覧 2019年1月31日）

第Ⅱ部　送り出し側のホンネ　－魅力的な日本留学とは－

第13章 インドネシア
高度人材育成に向けて高等教育機関における日本語教育に期待される役割

ジャフリ・ファトマワティ

はじめに

　インドネシアにおける日本語教育は第二次世界大戦前の1903年から始まり、非常に古い歴史を持っている。高等教育では、1960年代に、マナド教育大学／現マナド大学（北スラウェシ州）、バンドン教育大学／現インドネシア教育大学（西ジャワ州）、パジャジャラン大学（西ジャワ州）、およびインドネシア大学（ジャカルタ首都）という4つの国立大学において日本語学科が設けられた（古川ほか2015）。第二次世界大戦後のインドネシアの日本語教育は、高等教育を中心に展開され、現在に至るまで学部レベルの日本語教育・日本研究・日本文学等の専攻の総数は約60校ある（国際交流基金2015）。そのほかにも大学院の日本研究科および職業教育を行う高等専門学校等の日本語専攻が次々と現れた。1980年代以降は、中等教育（高等学校）において日本語が人気を得て、学習者数が一気に増えた。1960年代にインドネシア市場への日本の産業拡大が始まり、1980年代から1990年代にかけて日本のポップ・カルチャーの拡大によって日本語学習が非常に盛んになってきた。2012年以降、インドネシアの日本語学習者数は世界2位になり、海外の日本語教育において重要な役割を持つと言えるだろう。インドネシア国内では、2012年以降、中等教育および高等教育のカリキュラム改革により各教育段階における日本語授業の形態や実地などが大きく変化された。それに加えて、近年日本留学の選択肢が増え、奨学金受給者だけでなく、私費で来日したインドネシア人留学生の増加も見えてきた。高等教育では、交換留学や学位留学のほかに、インターンシップ留学など様々な留学プログラムが日本語学習者に提供されている。このようにグローバ

ル化時代の中で2030〜2040年の人口ボーナス期を迎えるインドネシアにとっての「高度人材育成」というキーワードをめぐり (Kementerian PPN/Bappenas 2017)、インドネシアの日本語教育も変化しつつ進化し続けている。そのため「日本語能力」というものを改めて問い直す必要があると考えられる。さらに、今度こそインドネシアの高等教育における日本語教育はどのような役割を持って日本語学習者を育てていくのか、という課題も浮び上がっている。本章では、まず2012年以降を中心にインドネシアにおける日本語教育の現状を考察したい。それから、インドネシアの高等教育の日本留学事情を述べる。最後に、大学における日本語学習者のアンケート調査のデータ分析によりインドネシアの高等教育における日本留学への関心および実情を紹介したい。

1. インドネシアにおける日本語教育の現状

　国際交流基金（以下、基金）の海外日本語教育機関調査の結果からみると、インドネシアの日本語学習者数は、年々増加していることがわかる。2000年代においては、2006年および2009年に急激な伸びがみられ、特に中等教育における学習者数が劇的に増加した。2006年度の場合は、中等教育における学習者数は24万4304人であり、2003年度の数（6万1723人）に比べ4倍程増加した（基金2003, 2006）。さらに、2009年度において3倍程（67万9662人）の増加もみられた（基金2009）。その急増の背景としては、中等教育における2004年および2006年の国家カリキュラム改正がある。以前の1994年のカリキュラムに比べ最も顕著な変化は、第二外国語科目が各学年に設置され、英語以外の外国語（一般的には日本語、ドイツ語、フランス語、アラビア語、中国語）を選択することができることである。特に、日本語の場合は、人気のある外国語の一つでもあり、教材開発などに力を入れた基金の支援があったため、多くの高等学校では日本語科目が設置され、全学年において日本語学習が行われていた。インドネシアの日本語教育の支援にあたっては、基金の役割が非常に大きい。1991年には、中等教育における日本語教育の支援や協力を強化することを目的とした「国際交流基金ジャカルタ日本語センター」が開設された。教材開発、教師会、教師研修等の様々な支援活動を積極的に行っている。基金は、インドネシアのカリキュラム改正に基づいて日本語教科書を開発した。2004年の「基本能力に基づくカリキュラム (Kurikulum Berbasis Kompetensi: KBK,

Competencies-based Curriculum)」に準拠した高校語学系 11 ～ 12 年生用の教科書『にほんご 1』と『にほんご 2』、それから 2013 年の新カリキュラム（K-2013）に準拠した高校の全学年分の日本語教科書『にほんご☆キラキラ』を開発した（古川・藤長 2007; 古内ほか 2017）。2012 年度調査による日本語学習者数もさらに増え、そのうち 83 万 5938 人（全体の 95.8%）の日本語学習者が中等教育、特に高等学校、に集まっていた。だが、中等教育の新カリキュラム K-2013 により第二外国語科目は語学専攻のみ必修となったため、2015 年度の調査による日本語学習者数の減少に影響を与えた。それにもかかわらず、インドネシアの日本語学習者数は 2012 年から世界 2 位であり続けている。

　一方、学習者数の急速な増大に対し、教員数および機関数はまだ見合っていない。2015 年度の基金の調査からみると、学習者数と教員数の割合は 165：1 ということがわかる。つまり、一人の教員は約 165 人の学習者に日本語を教えているという状況で、教員にとってはかなり大きな負担に違いない。また、すべての日本語教師は必ずしも日本語教育の背景を持っているわけではない。大学の日本文学学科（4 年制学部コース）または日本語学科（3 年制ディプロマコース）を卒業した日本語教師がほとんどである。日本語教師の成長や質を向上させるための支援活動として、基金は現地の日本語教師会（Majelis Guru Mata Pelajaran: MGMP Bahasa Jepang）と連携し、教師研修やネットワーク形成および授業改善などの様々な活動を行ってきた（Evi ほか 2013, 2015; 登里ほか 2007）。しかしながら、2013 年の新カリキュラムの実行により多くの日本語教師の教える時間が短くなってしまった、あるいは日本語教科そのものが学校の授業から完全に削除されてしまった。その結果、必要な最低教授時間を達成するために他の科目を教えなければならない日本語教師も少なくない。

　高等教育の場合、中等教育に比べるまでもなく学習者率は少ないが、一定の増加を示している。全体の数から分析してみると、2015 年度には 3.6% の日本語学習者は高等教育機関に所属し、2012 年度に比べ 22.2% の増加が見えた。しかし、人材の学歴からみれば博士号を持っている日本語教職員はまだ少ない。現在、インドネシア国内では、日本語教育の博士号コースを提供している大学はインドネシア教育大学（Universitas Pendidikan Indonesia: UPI）であり、また日本研究の博士号コースの場合は、インドネシア大学（Universitas Indonesia: UI）で設立された。その他のコースは日本・日本語に特化していない分野である。また、高等教育におけるカリキュラム改正に関しては、2012 年以降インド

ネシア国家資格枠組（*Kerangka Kualifikasi Nasional Indonesia*: KKNI, Indonesian National Qualification Framework）に基づいて「基本能力に基づくカリキュラム（KBK）」から「高等教育カリキュラム（Kurikulum Perguruan Tinggi: KPT, Higher Education Curriculum）」に変更された。KKNI が確立された背景には、グローバル化が進む時代の中で国際的資格を満たせるよう学習成果の質の向上に重点を置く必要があるとの考えがあり、グローバルに活躍できる優秀な人材を育成することを目的とする。KKNI は、教育や就業研修および経験を照らし合わせ統合することで、被評価者の就業への適性を証明するフレームワークであり、様々な分野の就業構造に応じた業務能力を認定する役割を持っている（Peraturan Presiden Republik Indonesia Nomor 2012: 2）。KKNI の尺度では、最低レベルの 1 級から最高レベルの 9 級まであり、それぞれのレベルは各教育課程の学習成果（learning outcomes）に相当する。例を挙げれば、3 年制ディプロマコース（D3 Program）は KKNI レベル 5、4 年制学部コースはレベル 6 であり、また修士課程および博士課程という大学院コースはそれぞれレベル 8 とレベル 9 に当たる。また、職業研修による学習成果を主軸とした場合は、研修内容に従って KKNI レベルに振り分ける。このように KKNI は、教育課程と業務能力とを結びつけて 1 つのパラメーターで評価しようとしたものであり、このフレームワークの導入は高等教育に業務能力の視野を積極的に取り入れたものと言えよう。

近年の動向としては、マイグレーション（移動）と労働力など、日本語教育と関連する課題が注目され、様々な学術活動が行われている。例としては、2018 年 9 月上旬にインドネシア教育大学にて ICJLEC（International Conference on Japanese Language, Education, Literature, and Culture）の国際会議が開催され、日本語教育および協働研究の観点からインドネシア労働力の問題を考えるテーマになっていた。また、東南アジア日本研究学会（The Japanese Studies Association in South East Asia: JSA-ASEAN）の国際カンファレンスも 2018 年 12 月、ジャカルタで開催され、ASEAN（東南アジア諸国連合）と日本の関係からみる言語および社会問題が注目されていた。こういった焦点のシフトは、ますます人々の流動性が高まることを特徴とする社会の変化に起因している。インドネシアの日本語教育の観点からみれば、従来の総合日本語教育に留まらず、介護や産業や観光などの特定目的のための日本語教育へのニーズも近年、高まっている。

2. インドネシアの高等教育における留学事情

　インドネシアの全体的な留学事情からみると、2011～2016 年の 5 年の間でインドネシア人留学生数は 1 万人に上回った。UNESCO Institute of Statistics (2018) のデータベースによると、2016 年のインドネシア人留学生数は約 4 万 6232 人であった。4 つの東南アジア諸国に比べ（マレーシア、ベトナム、タイおよびフィリピン）、2016 年度のインドネシア人留学生数はベトナムとマレーシアより下回っていた。さらに、5 年間の留学生数の増加を比較すると、インドネシア人留学生数は 1 万 854 人も増え、2 位となった。その 1 位はベトナムであり、5 年の間で約 1 万 7930 人の留学生数で急激な伸びを見せた。

　インドネシア人留学生の留学先については、英語圏の国が今でも学生の優先事項となり続けている。その中で最も多いのは、オーストラリアである。2016 年度には、1 万 676 人のインドネシア人学生がオーストラリアに留学しており、それは日本の 4 倍である（UNESCO Institute of Statistics 2018）。学習先としてのオーストラリアの人気にはいくつかの理由がある。1 つ目は、距離的に最も近い西洋の国であり、アメリカやヨーロッパに行くよりはオーストラリアのほうが便利とのことである。2 つ目は、AusAID（Australian Agency for International Development, オーストラリア国際開発庁）あるいは Australian Awards（オーストラリアのアワード）を通じて、約 60 年間の長い歴史を持っているインドネシア人向けのオーストラリア政府の教育援助や奨学金があるということである（Australian Embassy 2018）。また、幅広く確立された同窓生のネットワークも活発に活動している。3 つ目は、留学生向けの雇用機会が増えているからである。特別就労ビザが提供され、少なくとも 2 年間のオーストラリア留学を済ませた留学生は、オーストラリアに 18 カ月滞在し職務経験を得ることができる。実際には、オーストラリア、カナダ、およびニュージーランドは近年、アジアからの労働者に非常に依存しているという傾向もある（ADB Institute 2014）。

　日本は、オーストラリア、米国、マレーシア、および英国の次で、留学先として 5 位となった。2016 年度には、約 2527 人のインドネシア人学生が日本に留学していた。日本のほかに、エジプトやサウジアラビア、それからドイツという非英語圏の国も人気になっている。その背景としては、インドネシア人口の 8 割はイスラム教徒であるため、コーランが読めるようになるためにアラ

ビア語の教育を子どもの頃から受けていることがある。このようにアラビア語を媒介としてエジプトやサウジアラビアにおける高等教育まで進学しながらイスラムの知識を深めるインドネシア人も少なくない。

インドネシア統計局によると、現在インドネシア全人口の内43%を生産年齢人口が占めている（LPDP 2016）。さらに、2030〜2040年に総人口に占める働く人の割合が64%上昇すると予想され、インドネシアの経済成長を促進することが期待される（Kementerian PPN/Bappenas 2017）。この多くの人材の質を向上させるために、様々な教育改革が実地されている。その一つは、高等教育の大学院レベルの卒業率を向上させることである。2012年度から国家予算の下で教育開発のための資金を割り当て、財務省の下にある教育基金管理機関（Lembaga Pengelola Dana Pendidikan: LPDP）によって管理される寄付基金が始まった。LPDPの監査役会のメンバーは、財務省、教育文化省、研究・技術・高等教育省、および宗教省という4つの省庁に所属している。この資金は、国内外の高等教育奨学金、研究資金、および教育施設の修復資金として配布されている。

LPDP奨学金は、インドネシアの発展の原動力となる将来のインドネシアの指導者や専門家を準備することを目的としている。このLPDP奨学金は、「インドネシア教育奨学金（Beasiswa Pendidikan Indonesia: BPI）」として知られている。BPIは、修士課程および博士課程のプログラムに与えられている。2012年からLPDP奨学金が開始され、2015年度には4565人が国内外におけるトップ大学の大学院で修士・博士課程に進学していた。さらに、LPDPの管理の下で、「インドネシア大統領奨学金（Beasiswa Presiden Republik Indonesia: BPRI）」「トップアップ奨学金」「肯定的奨学金」「医療専門奨学金」および「進学奨学金」など、いくつかの特別な奨学金もある。また、2016年度から、インドネシアの大学教員や学者の能力を高めるために、「インドネシア講師優秀奨学金（Beasiswa Unggulan Dosen Indonesia: BUDI）」が追加され、LPDP奨学金のカテゴリーも増加した。2016年度のLPDP奨学金の受給者は約7205人であった。

LPDPのほかに、1985年以降、国家開発企画庁（Badan Perencanaan Pembangunan Nasional: BAPPENAS）が管理しているインドネシア政府海外派遣奨学金もある。BAPPENAS奨学金は、海外の大学院の修士・博士課程奨学金プログラムを通じて、外国補助金および国内資金を管理し、公務員を対象としての人材育成に注目している。日本留学の場合は、通常プログラムのほか

に、インドネシア大学、ガジャマダ大学、バンドン技術大学、パジャジャラン大学およびブラウィジャヤ大学という5つのインドネシア主要大学にある特定の研究科が日本の大学との連携プログラムも設けられた。日本学生支援機構（JASSO）のデータによると、日本にいるインドネシア人留学生の全体数は5495人であり、そのうち約77%は高等教育機関に所属している。2011～2017年の間、日本の高等教育機関におけるインドネシア人留学生の数は一定の変化を示している。また、2012年から全体数および高等教育の隔たりが徐々に大きくなり、日本語教育機関等の高等教育以外に所属しているインドネシア人留学生も大幅な増加を示している。

池上（2009）によれば、日本で学ぶインドネシア人留学生には3つのタイプがあり、その中の1つは長い歴史を持っている伝統的な留学生タイプの政府奨学金の留学生である。このタイプの留学生は、政府の奨学金で来日し、大学院のレベルの教育を受け学位を取得してから母国に帰り、インドネシアでキャリア・アップする学生である。特に、インドネシア政府の奨学金で来日している留学生の場合は、卒業後インドネシアあるいは所属先に戻る条件付の奨学金がほとんどである（有川2016）。ただし、今後に向けて、日本の留学生受入れ政策により、自己資金の日本留学または日本で就職しているインドネシア人留学生数の増加も予想されている。

3. 日本留学への関心に関する実態調査
　　——インドネシア人日本語学習者を対象に

日本語学習者の日本留学への関心および実情に関しては、筆者が行った実態調査の一部の結果から紹介したい。2017年8～9月の間に、日本語学習および日本留学への関心に関する実態調査を実地し、インドネシアの4つの主要大学の日本語学科に所属している444人の日本語学習者にアンケートを記入してもらった。対象となった大学および日本語学科は、国立大学と私立大学、4年制学部コースと3年制ディプロマコース、および日本語学科と日本語教育学科、多種多様な機関の背景を持っている。なお調査協力者の内訳は、男性は137人（30.86%）、女性は307人（69.14%）である。

アンケートの内容に関しては、3つの部分に分かれている。1つ目は、大学で日本語を学ぶ理由、日本語能力試験の経験、日本留学の願望、日本留学に

表1　大学前の日本語学習歴

日本語学習歴	N	割合	日本語学習歴	N	割合
高等学校	225	48.60%	無し	177	38.23%
中等学校	12	2.59%	日本留学	1	0.22%
日本語コース	36	7.78%	日本生まれ	1	0.22%
独学	11	2.38%	合計	463	100.00%

出典：筆者作成

表2　日本との最初の出会い（最初の情報源）

情報源	合計	割合	情報源	合計	割合
TV番組	216	41.38%	書物	3	0.57%
漫画	23	4.41%	活動	2	0.38%
家族	57	10.92%	日本人	4	0.77%
友人	46	8.81%	日本にいる知り合い	1	0.19%
日本語教師・授業	125	23.95%	日本に行った	2	0.38%
インターネット	37	7.09%	無回答	2	0.38%
ゲーム	3	0.57%	指定されていない	1	0.19%
			合計	522	100.00%

出典：筆者作成

関する情報収集方法などについての16項目の自由回答項目である。2つ目は、日本留学の願望に対するソーシャルメディアの効果や海外留学への好みなどについての11のチェック項目である。3つ目は、「書く」「読む」「聞く」「話す」という4技能の日本語能力に関する自己評価項目である。

　大学に入学する前の日本語学習歴に関しては、表1に示した。225人（48.60％）は高校の授業で日本語を習ったことがある。その一方、177人（38.23％）の学習者は日本語学習歴無し、すなわち、大学に入学してから日本語を勉強しはじめたということである。学習歴の有無の差がかなり激しく、これを背景としつつそれぞれの学習者のニーズに対応することが大学にとっては大きなチャレンジの一つだと考えられる。

　また、日本と出会ったきっかけに関しては、テレビ番組（N=216; 41.38％）の影響が大きい（表2）。多くの学習者にとって、インドネシアのテレビで放送されている日本のアニメは、日本との最初の出会いとなり、日本についての主な情報源となった。1990年代以降、日本のアニメは主に日曜日の朝に子供向

けのテレビ番組のプライムタイムを支配し、インドネシアの放送市場に参入し、非常に人気となってきた。高校や大学で日本語を学んでいる学生を含め、インドネシアの若者らは日本のアニメで育てられたということも言えるだろう。

テレビ番組に次いで、日本との接点を提供したのは日本語の教師・授業（N=125; 23.95％）であるという。前述のように、学習者の多くが高等学校において日本語学習をスタートさせている。約9割のインドネシア人日本語学習者が中等教育機関に所属しているとの基金の最新調査（2015）をも考慮すると、中等教育機関における日本語教師の存在も、インドネシアにおける日本語教育の裾野を拡大させる上で大きな役割を果たしている言えるだろう。

また、大学の日本語学科を選ぶ理由については、3つの主な理由が明らかとなった（表3）。「日本語そのものへの興味」（N=234; 34.93％）ならびに「日本・日本文化への興味」（N=128; 19.10％）が最も多い。それから、「日本に行く」という理由で日本語学科を選択した学習者が114人（17.01％）もいる。この理由には、進学や就職、または旅行などの動機づけがある。このデータから、日本語学科を選択した学生は、日本語学習の意識が強いということが明らかである。また、日本文化および日本留学への関心があったため日本語学科を選んだ学生も多いということである。

Toyoshima（2013）によれば、日本の文化製品に触れることは日本語学習を誘発し、日本語の学びが日本の文化製品の消費を促進するなど、両者は互いに影響し、相乗効果をもたらすのだという。表1では4割近くの大学生が、大学で初めて日本語を学んだと回答していたが、大学入学まで日本の文化製品と無縁であった者は限られるだろう。むしろ大学に入学する前にも、日本語や日本文化などの影響を大なり小なり受け、そのことは高等教育への進学をも左右したのだと考えられる。

次いで、日本留学への関心に関する質問項目では、94％の調査協力者は「日本へ留学したい」と回答した。さらに、留学したい理由については、現在取り扱ったデータを分析した上で、「経験」「将来の就職」「学ぶ」「日本語」「日本」および「その他」という6つのカテゴリーが現れた（表4）。そのカテゴリーの中で最も多くの学習者が有する理由としては、日本語能力および日本語でのコミュニケーションを向上させることと、日本での生活を直に経験することが挙げられている。つまり、日本留学は日本語能力の向上に関連づけられ、留学を通して日本語母語話者と接触する機会を増やし日本語習得およびコミュニ

第 13 章　インドネシア：高度人材育成に向けて高等教育機関における日本語教育に期待される役割

表3　日本語学科を選択する理由

カテゴリー	理由	N	割合	ΣN	Σ割合
日本と文化	日本文化への興味	65	9.70%	128	19.10%
	日本への興味	51	7.61%		
	日本のポップカルチャーへの興味	12	1.79%		
日本語	日本語への興味	111	16.57%	234	34.93%
	日本語能力を向上させる	123	18.36%		
アカデミック	高校で日本語を習った	27	4.03%	65	9.70%
	日本語学科が面白い	22	3.28%		
	合格率が高い	16	2.39%		
日本に行く	日本に行きたい	49	7.31%	114	17.01%
	日本で勉強したい	27	4.03%		
	日本で就職したい	38	5.67%		
キャリアー	日本語関係の仕事をしたい	40	5.97%	62	9.25%
	インドネシアでの日本語の将来性	21	3.13%		
	自らの事業を設立したい	1	0.15%		
その他	他者からの示唆・影響	17	2.54%	46	6.87%
	外国語への興味	16	2.39%		
	他の学科に入学できなかった	11	1.64%		
	中国語と似ている	1	0.15%		
	インドネシアの文化を紹介したい	1	0.15%		
特別な理由無し		12	1.79%	12	1.79%
無回答		9	1.34%	9	1.34%
合計		670	100.00%	670	100.00%

出典：筆者作成

　ケーション能力を身につけるという一般的な日本語学習者の考え方がある。また、「経験」というキーワードも浮かび上がり、日本語に限らず言語を習得する際に、日常生活の中でその言語と触れ合いつつ身につけることが大事なプロセスの一つだと示されている。これらは言語が自分の言葉（もの）になっていく appropriation「専有」のプロセスだと考えられる（Wertsch 1998）。

　このアンケート調査の結果からみると、日本語学習者にとっては、日常生活での応用と言語能力の向上が強く関連し、日本留学の重要な意味づけの一つとなっている。基金の 2012 年度調査によれば、「日本語でのコミュニケーション」および「日本語そのものへの興味」が日本語学習の最も大きな動機である。ただし、その一方では、「施設・設備不十分」および「教材・教授法情

表4　日本留学希望の理由

カテゴリー	理由	回答数（N）	割合	N合計	割合の合計
経験	日本での生活を経験したい	78	14.97%	105	20.15%
	新しい経験のため	17	3.26%		
	海外での生活を経験したい	10	1.92%		
将来の就職	将来の就職のために大事だから	6	1.15%	35	6.72%
	日本語の教師になるため	8	1.54%		
	通訳者になりたいから	1	0.19%		
	日本で就職したいから	19	3.65%		
	日本大使館で働きたいから	1	0.19%		
学ぶ	勉強しながらバイトしたい	2	0.38%	99	19.00%
	母語話者と一緒に学びたい	3	0.58%		
	新しいことを学びたい	28	5.37%		
	進学したい	41	7.87%		
	自己スキルと発展のため	7	1.34%		
	より良い教育システム・技術	18	3.45%		
日本語	日本語能力を向上させたい	65	12.48%	131	25.14%
	日本語でペラペラに話したい	12	2.30%		
	直接日本で日本語を学びたい	31	5.95%		
	母語話者と日本語を練習したい	22	4.22%		
	JLPT-N1を合格したい	1	0.19%		
日本	日本文化をもっと勉強したい	38	7.29%	96	18.43%
	直接日本で日本について勉強したい	17	3.26%		
	日本人・日本文化と接触したい	26	4.99%		
	日本への興味	6	1.15%		
	日本へ旅行したい	9	1.73%		
その他	大学での専攻だから	18	3.45%	47	9.02%
	チャレンジ	1	0.19%		
	他者の提案	9	1.73%		
	ネットワーク	3	0.58%		
	夢	16	3.07%		
	指定されていない	8	1.54%	8	1.54%
	合計	521	100.00%	521	100.00%

出典：筆者作成

報不足」はインドネシアの日本語教育上の問題点として残されている。吹原（2009）の論考にあるように、強い実利志向を持っているインドネシア人日本語学習者にもかかわらず、学習環境と機会が不一致している事実がある。このような状況のため、日本語学習者が上級の日本語能力まで上達することが制限されていると予想されている（ハリ 2014）。日本留学は、こうした環境から脱却し高度日本語知識やスキルという資本への投資、つまり Norton（1995）による「investment」とも言えるだろう。

　以上の実態調査のデータから、インドネシア人日本語学習者の日本留学への関心およびその背景は明らかになった。高等教育機関における日本語学習ニーズの大きな特徴の一つは、仕事場などの実践コミュニティの中で活かせる日本語コミュニケーションに注目していることである。中等教育においては、日本のアニメなどのポップカルチャーへの興味、または外国語の必修科目として日本語教育を受けた学習者が多かったが、高等教育の場合では、日本語そのものへの関心がメインとなった。そこで、大学を卒業したら、日本語能力を活かせる様々なコミュニティへの参加が大きな目的となり、そのために日本の生活を経験しながら日本語コミュニケーションを向上させる日本留学が非常に魅力的になっていると考えられる。

まとめ

　グローバル化時代の発展に伴い、高等教育における外国語スキルはますます重要になってきた。欧州では、英語以外の高い外国語スキルを持つ高度人材の必要性が高まっている。さらに、語学学習は国際移動を促進することとなり、双方は雇用主としての企業側によって高く評価されている（Mulkerne & Graham 2011）。日本語教育においても、日本語学習への投資は今後もより重要なことになっており、注目すべきであることは言うまでもない。高度人材としての日本語学習者を育成するために、日本留学は質、量ともに改善する必要がある。さらに、2030〜2040年における人口ボーナス期を迎えるインドネシアは、6割以上となる生産年齢人口の高度人材としての育成に注目し、力を入れている。その中で、日本との二国間パートナーシップや協力関係が高まるにつれ、日本語能力や異文化コミュニケーション能力を持つ高度人材の育成は、高等教育における日本語教育の重要な役割の一つだと考えられる。

【参考文献】

有川友子（2016）『日本留学のエスノグラフィー――インドネシア人留学生の20年』大阪大学出版会

池上重弘（2009）「グローバル化時代の日本留学――日本の留学生受け入れとインドネシア人留学生」奥島美夏編『日本のインドネシア人社会――国際移動と共生の課題』明石書店、48–68頁

Evi Lusiana・尾崎裕子・秋山佳世（2013）「インドネシアの中等教育における日本語教師研修インストラクターの養成――教育文化省語学教員研修所と高校日本語教師の連携による研修の自立化を目指して」『国際交流基金日本語教育紀要』9、43-58頁

Evi Lusiana・東田明希子・上野美香（2015）「インドネシアの中等教育における『レッスン・スタディ』の試み――実践から学び、授業の改善へつなぐ」『国際交流基金日本語教育紀要』11、67-82頁

国際交流基金（1974-2015）「海外の日本語教育現状――日本語教育機関調査」：https://www.jpf.go.jp/j/project/japanese/survey/result/（最終閲覧2018年4月3日）

日本学生支援機構（JASSO）（2011-2017）「外国人留学生在籍状況調査」：https://www.jasso.go.jp/about/statistics/intl_student_e/index.html（最終閲覧2018年4月7）

登里民子・小原亜紀子・平岩桂子・齊藤真美・栗原明美（2007）「インドネシアの中等教育における日本語教育ネットワーク形成――現地化・自立化を目指す支援策として」『国際交流基金日本語教育紀要』3、29-44頁

ハリ・スティアワン（2014）「インドネシアにおける日本語教育事情」『東京外国語大学日本研究教育年報』19、157-163頁

吹原豊（2009）「日本への関心と日本語学習――インドネシアにおける日本語教育の課題」奥島美夏編『日本のインドネシア人社会――国際移動と共生の課題』明石書店、69-84頁

古内綾子・三本智哉・五十嵐裕佳・八田直美・エフィルシアナ（2017）「インドネシア国家カリキュラム準拠日本語高校教科書『にほんご☆キラキラ』の開発――態度面のコンピテンシーの育成と日本語学習の統合を目指して」『国際交流基金日本語教育紀要』13、87-100頁

古川嘉子・藤長かおる（2007）「インドネシアの中等教育向け日本語教材作成プロジェクト」『国際交流基金日本語教育紀要』3、45-62頁

古川嘉子・木谷直之・布尾勝一郎（2015）「インドネシアの高校・大学日本語教師への質問紙調査に見る日本語学習の意味づけの変化」『国際交流基金日本語教育紀要』11、7-19頁

Asian Development Bank (ADB) Institute. (2014). *Labor Migration, Skills and Student Mobility in Asia*. Tokyo: Asian Development Bank Institute.

Australian Embassy. (2018). *Scholarships and Fellowships*.: http://indonesia.embassy.gov.au/jakt/scholarships.html（最終閲覧2018年4月7日）

Kementerian PPN/Bappenas. (2017). *Bonus demografi 2030-2040: Strategi Indonesia terkait ketenagakerjaan dan pendidikan*.: https://www.bappenas.go.id/files/9215/0397/6050/Siaran_Pers_-_Peer_Learning_and_Knowledge_Sharing_Workshop.pdf（最終閲覧2018年4月28日）

Kementerian Riset, Teknologi, dan Pendidikan Tinggi (Menristekdikti). (2018). *Pangkalan

Data Pendidikan Tinggi.: https://forlap.ristekdikti.go.id/prodi（最終閲覧 2018 年 4 月 7 日）

Lembaga Pengelola Dana Pendidikan (LPDP). (2015). LPDP Annual Report 2015. Jakarta: LPDP Kementerian Keuangan RI.

——. (2016). LPDP Annual Report 2016. Jakarta: LPDP Kementerian Keuangan RI.

——. (2017). Daftar perguruan tinggi Lembaga Pengelola Dana Pendidikan.: https://www.lpdp.kemenkeu.go.id/wp-content/uploads/2017/10/Daftar-Perguruan-Tinggi-Tujuan-LPDP-tahun-2017.pdf（最終閲覧 2018 年 4 月 4 日）

Mulkerne, S. and Graham, A. M. (2011). *Labor Market Intelligence on Language and Intercultural Skill in Higher Education.* England, UK: University Council of Modern Languages.

Norton Peirce, B. (1995). Social identity, investment, and language learning. *TESOL Quarterly* 50(2): 475-479.

Peraturan Presiden Republik Indonesia Nomor 8. (January 12, 2012). Kerangka Kualifikasi Nasional Indonesia.Jakarta.

The United Nations Educational, Scientific and Cultural Organization（UNESCO）. (2018). Global flow of tertiary-level students.: http://uis.unesco.org/en/uis-student-flow（最終閲覧 2018 年 4 月 3 日）

——. (2018). Outbound internationally mobile students by host regions: http://uis.unesco.org/indicator/edu-mobility-out-out（最終閲覧 2018 年 4 月 3 日）

Toyoshima, N.（2013）. Emergent process of language acquisition: Japanese language learning and the consumption of Japanese cultural products in Thailand. *South East Asian Studies* 2(2): 285-321.

Wertsch, J. V. (1998). *Mind as Action.* New York, NY: Oxford University Press.

第Ⅱ部　送り出し側のホンネ　－魅力的な日本留学とは－

第 **14** 章

インド
日本語教育の現状と課題
―英語圏への留学との格差をどう捉えるべきか―

サテー・アシュウィニー

1. インドの日本語教育の現状

　1947年に独立後、インドでは国の根本的な改革が行われたが、そこには言語に関する政策も含まれている。1964年の三言語政策に注目すれば、いかにインドが多言語の国であるかが実感できよう。インドの行政は、中央政府と州政府とに分かれている。中央政府はすべての国の政策を決定して州政府に指示を与え、州政府はその指示をどう実施するか検討することになる。筆者の出身であるマハラシュトラ州を例に挙げれば、三言語とはヒンディー語、英語に加えて、州の言語マラーティー語であり、学校教育で教えられる。政策上、第一言語はヒンディー語、第二言語は英語、第三言語は州の語となるが、その実態は州および学校によってまちまちである。ちなみに、三言語政策（Trilingual Policy）とは、3つの言語、すなわちヒンディー語、公用語の英語、そして州独自の言語を小学校・中学校・高等学校のシラバスに取り入れるというものだ。

　では外国語教育はどうであろうか。時代の変化とともに、外国語の重要さは実感されるようになり、やがて選択科目として学校のカリキュラムに取り入れられることになった。日本語教育も、ニューデリー中等教育中心委員会（Central Board of Secondary Education: CBSC）傘下にある学校以外に取り入れられてはいない。

1. インドにおける日本語教育について

　東インドのコルカタにあるヴィシュヴァ・バーラティ大学（タゴール大学）が、1920年ごろ日本から日本語教師を招いて日本語教育を開始した。しかし、第

第14章　インド：日本語教育の現状と課題　－英語圏への留学との格差をどう捉えるべきか－

二次世界大戦後の政情不安のなか、タゴール大学の日本語講座が一時中断されることになった。1947 年のインド独立を経て、国の変革後、両国の政治、経済関係が活発になったものの、日本語教育への関心は高まらなかった（ジョージ 2017）。しかしながら、徐々にではあるが、1949 年に印日両国が平和条約を結び、外交関係が樹立されると、1954 年には、前述のヴィシュヴァ・バラティ大学で、日本語の講座が再開され、2 年間の日本語コースが設置され、教師には、日本語母語話者があたった。

1958 年には西インドのムンバイでも民間日本語学校が設置され、1971 年に西インドのプネでも日本語教育がスタートしている。

1991 年にインド政府は経済を自由化し、海外からの投資や技術などを取り入れやすくした。その結果、民間企業の目が日本に向けられるようになり、日本語教育は重視されることになった。同時期の 1993 年に日本国際交流基金はインドのニューデリーで日本文化の普及と日本語教育の促進のために事務所を設けている。以降、インド全域において、総領事館・大使館、友好団体による様々な日本語講座が開講されるようになった。そして、2000 年には、森喜朗首相（当時）がインドを訪問し、日印グローバル・パートナーシップを宣言し、ヴァジパイ首相（当時）は、二国間関係の一層の強化や経済、IT 分野での協力を表明した。

これを契機に 2000 年以降、日本語教育は南インドのチェンナイ（旧マドラス）、ベンガロル（旧バンガロール）、ハイデラバード、西インドのグジャラート州などへも広がった。大都会でより活発に日本語教育が行われるようになったと言える。2006 年まで日本語はインドの学校カリキュラムに含まれなかったが、デリーに関しては、2006 年に、CBSC 傘下の学校では日本語が第三言語として選択科目に指定され、第 6 学年から選択できるようになった（ジョージ 2017）。

後述するように、インドの産業界が日本に注目するようになったことを受け、地方の日本語教育もまた盛んになった。2007 年以降学習者数の増加に合わせて、教育機関数と教員数も増大し、2015 年には機関数 184、教員数 655、そして学習者数は 2 万 4000 人を超えるに至った（2015 年国際交流基金）。

また、日本のモノづくりの技術を取り入れるインド企業も増加している。その中でも特に、生産を合理化し、付加価値のある作業を増やすために、改善（Kaizen/Lean）の技術が注目されている（Pathak & Umarji 2009）。在印の製造業

第Ⅱ部　送り出し側のホンネ　－魅力的な日本留学とは－

表1　日本語能力試験受験者数（2011～2017年、第1回分）

	2011年	2012年	2013年	2014年	2015年	2016年	2017年
ニューデリー	1127人	824人	1058人	1245人	1686人	2090人	2644人
プネ	1053人	699人	759人	884人	1070人	1496人	1856人
コルカタ	312人	169人	221人	275人	312人	453人	609人
チェンナイ	1288人	959人	1252人	1377人	1499人	1965人	1856人
バンガロール	493人	0人	0人	0人	657人	668人	807人
ムンバイ	714人	417人	458人	485人	572人	649人	757人
総数	4987人	3068人	3748人	4266人	5796人	7321人	8529人
前年比	-	-38%	22%	14%	36%	26%	17%

出典：東京教育公論の調査をもとに筆者作成

界では、改善技術の導入を目指し、日本人の専門家をインドに招き、インド人従業員対象の短期間のワークショップを行うことが多い。その際、日本人の専門家は日本語でワークショップを行う。このような状況下でインドでは日本語教育が一層広がりつつある。日系企業で日本語ができるブリッジ人材が必要である。日系企業に入社する際、日本語能力試験の証明書は評価される。そのため、同試験を受けるインド人日本語学習者が増加している。表1は東京教育公論の調査をもとに、筆者が再編したデータである。同時期を比較するため、直近5年の各年第1回実施分を対象とした。

現在、インドの日本語教育は①中等教育レベル、②大学レベル、③民間レベルに分けられる。前述のとおり、中東教育レベルの日本語教育はCBSC傘下校に限定される。中学校6年生から9年生までを対象に、毎年40時間の日本語を教えている。

学士課程や修士課程での日本語教育を受けられる大学は、ネルー大学（ニューデリー）、ティラック・マハラシュトラヴィディヤピート（プネ）、English Foreign Language University（ハイデラバード）のみである。これらの大学では学問的な日本語の授業と共に日本語のオープン・コースもある。このコースはCertificate（初級）、Diploma（中級）、Advance Diploma（上級）と呼ばれるパートタイム・コースを設けている。

日本語を教える教師数の大半は非常勤教師である。また、修士号や博士号をとった教師は少ない。しかし、JLPTの旧2級・1級をとった教師は数多い。日本語学習者の多くは女性だが、教師についても男女比は同様である。

2. 西インドのマハラシュトラ州の日本語教育

　本項では、筆者の出身地であるマハラシュトラ州に焦点を絞って、その日本語教育の概要を紹介したい。すでに述べたように、1971年から西インドのマハラシュトラ州のプネで日本語教育が開始された。それはプネ印日協会という民間日本語学校であった。1977年にプネ大学（Savitribai Phule Pune University: SAPPU）でも日本語教育がスタートし、次いでムンバイ大学でも開講された。しかし、すべての日本語の講座がパートタイム・コースであった。

　前節で大学レベルでの日本語教育に触れたが、プネに関しては2010年開講のティラック・マハラシュトラ大学（Tilak Maharashtra Vidyapeeth: TMV）がある。マハラシュトラ州は自動車やIT分野で進んでいる州である。特にプネには自動車会社やIT企業が多い。また、日本のモノづくりの技術を受け入れている会社がある。そのため、翻訳や通訳の仕事を目指している日本語学習者が多い。

　一方で、マハラシュトラ州でアカデミックな日本語教育はデリーほど盛んになっておらず、日本語能力試験合格を目指す学生が多い。現在、プネ、ムンバイ以外の都市（ナグプール、コラープール、オーランガバード）でも民間レベルや個人的な日本語教育機関ができているが、プネやムンバイほど活発ではない。

　またプネとムンバイで国際交流基金西インド地区の日本人専門家がコーディネーターとなって教師養成プログラムやワークショップが行われている。総領事館も様々なイベントや展覧会、西インド地区日本語弁論大会を支援している。プネとムンバイは日本語能力試験の実施地でもあり、日本語教育の中心と言えよう。ただし、日本語学習を希望する人々が周辺地域から集中するようになっており、教育の場の分散が課題と言えよう。

　2008年に、マハラシュトラ州の中等教育修了試験実施団体（Maharashtra State Board of Secondary and Higher Education）で、第12学年の修了試験に日本語科目が採用された。しかし、日本語を教えられる教師や教科書の不足などを理由に実施できずにいる。日本語教育のエリアの拡大だけでなく、年少者を対象とした幅の拡大も急がれる。

　プネに1993年にプネ日本語教師連盟が設立された。日本語教師のための研修や様々な情報を提供することを目的としている。この連盟は、プネで行われている日本語能力試験の管理も任されているが、州内の日本語教育の裾野をどう広げていくか、主体的な取り組みが期待される。

第Ⅱ部　送り出し側のホンネ　－魅力的な日本留学とは－

表2　日本のインド人留学生数（2011～2017年）

	2011年	2012年	2013年	2014年	2015年	2016年	2017年
留学生数	573人	541人	560人	727人	879人	1015人	1236人
前年比	5%	-6%	4%	30%	21%	15%	22%

出典：日本学生支援機構（JASSO）

　最後に州内の経済的な動向と日本語教育の関係に触れておく。マハーシュトラ州にあるタタ・コンサルタンシー・サービシズ（TCS）のような大企業では日本とのビジネスチャンスを得るためにITエンジニアに日本語を教えている。社内で日本語教師を雇って教えることもあるし、日本語教育機関に依頼することもある。会社側が期待する日本語教育は、短期集中での日本語能力試験対策とビジネス日本語である。

2. インドの高等教育における留学事情──日本留学者数の変化

　インド人の海外留学傾向にはどのような特徴があるか。これを扱った先行研究によれば、留学先を英語圏（オーストラリア、カナダ、ニュージーランド、英国、米国）とした者が全体の85%を占めるという（Yojana Sharma 2015）。日本を含む、非英語圏への留学は圧倒的に少なく、2017年に日本への留学者数が1200名を超えたという日本学生支援機構（JASSO）の報告（表2）は、インドの高等教育全般からは微々たるものと言えるだろう。

　ただし、この数に関しては毎年右肩上がりで増加している。唯一、2011年から2012年にかけてわずかに減少を見せたが、これは東日本大震災の影響によるものであろう。その翌年にプラスに転じていることから、震災も留学の阻害要因とはならなかったようだ。

　2014年以降の前年からの増加率はいずれも高い。決して多くはないと述べた2017年の留学者数も、5年で2倍に達していることを思えば、日本留学は今後も拡大していくことが期待できるだろう。インドは留学生を獲得する可能性を秘めた、いわばフロンティアである。2017年の前年増加比22%からすると徐々に増加しているが、インドの人口規模からみるとわずかではないかと思う。インド人は留学先として主に優先するのは英国圏の国々が多い。

3. 考　察

　以上、インドの日本語教育を概観するとともに、日本への留学に関する政策課題を列挙してきた。ここで改めて、日本語教育の課題について、以下に記述する。

① 日本語コースのシラバスや内容に関する問題

　ほとんどの日本語コースはJLPT試験向けのコースである。ビジネス・コミュニケーション集中コースが少ない。大学レベルの学士課程や修士課程では歴史、文学には焦点が当てられるが、翻訳、通訳あるいはビジネス・コミュニケーションなどの科目はそれほど重視されない。

② 教師向けや専門分野別学習教材の問題

　現在、インドで主に使用している教科書は『みんなの日本語』と『新日本語の基礎』であるが、インド人、特に、日本語教師向け教材や、ビジネスを例とした専門分野別日本語教材が圧倒的に不足しており、インドの出版社も、そうした教材出版事業を後押しすべきである。

③ 教師育成の問題と教師の質の問題

　民間レベルの日本語コースで教えている教師は、JLPTのN3やN2に合格した後、すぐに個人授業をする場合が多く、教師養成や研修プログラムが不足している。インドで日系企業が必要とする日本語は、主にビジネス・コミュニケーションであるが、教えている教師は、主婦や就職経験のない教師のため、関連分野の知識に乏しい。国際交流基金の長期、短期の教師研修制度もあるが、すべての教師がその恩恵に浴することもできず、国際交流基金の北インドや西インド、南インド事務所に派遣された日本人教師やコーディネーターによる短期間の教師研修も十分ではないと言える。教師を目指すインド人学習者に、適切な教師研修プログラムを実施することが急務である。

④ 奨学金の提供と情報提供

　日本語を勉強し、自ら日本を見てみたいという希望を持つインド人学習者のために日本政府からの奨学金はあるが[1]、インドの人口規模からみると、そ

の割合は極めて低い。それに加え、広大なインドでは、奨学金に関する情報が十分に行き届かない点も問題である。

⑤ インド政府の日本語教育促進政策
　学校レベル、とりわけ、大学レベルまで日本語教育を広げるために、日本語の複雑さを理解した上で、日本語能力試験の資格を有するインド人日本語教師が、今まで以上に教育現場に携われる条件をつくり出さなければならない。

　これらは、日本に留学するインド人日本語学習者が抱える問題と直結するものばかりではないが、間接的には、それぞれ重要な課題と言える。例えば、①日本語コースのシラバスや内容に関する問題、②教師向けや専門分野別学習教材の問題や③教師育成の問題と教師の質の問題は、留学を志す学習者に対し、十分な学習機会を提供できず、また、留学に向けた日本語力を十分に担保することができない教員の質の問題である。これは、他の国々にも共通する項目だと言えるが、インドの多言語事情、地理的な広大さに加え、情報流通インフラが整っていないこと、さらに、アカデミック・ジャパニーズよりも、ビジネス・ジャパニーズ偏重の外国語政策による、バランスの取れた日本語教育からかけ離れた言語政策が存在するのではないかと推察される。こうした事情の下では、奨学金の支援を提供しても、学習者の意識変容は難しく、アクターである教師、さらには、教育政策を管理するエージェントのドラスティックな改革が強く求められるのではないだろうか。

注
(1) 公的支援による日本留学プログラムには「日本語学習プログラム」「若手学生指導者プログラム」「教師養成プログラム」などがあるが、奨学金はすべて日本政府や日系企業側からであって、インド政府からは学習者のための支援は何もない。

【参考文献】
ジョージ、P. A. (2017)「〈アジアの日本研究〉24　インドにおける日本語教育の過去・現状・未来」郭南燕編『世界の日本研究2017　国際的視野からの日本研究』国際日本文化研

究センター、269-282 頁

東京教育公論「JLPT 主な国・地域別受験者数（2010 〜 2018）」: http://www5a.biglobe.ne.jp/~t-koron/jlpt-data1.html（最終閲覧 2018 年 4 月 23 日）

Government of India - Ministry of Human Resource Development (All India Survey on Higher Education): http://mhrd.gov.in/sites/upload_files/mhrd/files/statistics/AISHE2015-16.pdf （最終閲覧 2018 年 4 月 23 日）

Hindustan Times, Pune Article "Pune emerges as a major hub for Japanese learning" June 27, 2017: https://www.hindustantimes.com/pune-news/pune-emerges-major-hub-for-japanese-learning/story-vPIKRcKvLNmMTgiHJIj0QJ.html（最終閲覧 2018 年 5 月 2 日）

Pathak, M. and V. Umarji (2009) "More Indian firms turn to Kaizen to cut waste" *Standard, Newspaper Magazine*, Mumbai/ Ahmedabad May 12, 2009.: http://www.business-standard.com/article/companies/more-indian-firms-turn-to-kaizen-to-cut-waste-109051200058_1.html（最終閲覧 2018 年 5 月 2 日）

Yojana S. (2015) The Chronicle of Higher Education Home Page (Newspaper), May 12, 2015.: https://www.chronicle.com/article/Growth-in-Indian-Students/230099（最終閲覧 2018 年 5 月 3 日）

終章　留学生政策の意義と可能性

宮崎里司／春口淳一

1. 総　括

1.「2018年度海外日本語教育機関調査結果（速報）」を受けて

　本書編集の最終段階を迎えた2019年10月8日に、国際交流基金が2018年度に実施した「海外日本語教育機関調査」の結果（速報）を報じた。機関数、教師数、学習者数について、各上位10カ国・地域を取り上げており、その他については翌20年1月を待たねばならないが、本書第Ⅱ部の多くが参考とした2015年度調査結果からの変化について、搔い摘んで紹介しておこう。

　世界全体では機関数（1万8604機関、前回調査+15.0%）、教師数（7万7128人、同+20.3%）、学習者数（384万6773人、同+5.2%）といずれもこの3年で数を伸ばしており、中でも教師数の飛躍が目立つ。本書が主として取り上げたアジアについて注視すれば、学習者数で最多を誇る中国は今回調査でついに100万人を超え（100万4625人、同+5.4%）、機関数（2435機関、同+15.1%）や教師数（2万220人、同+10.4%）も堅調な伸びを示している。

　とはいえ、すべての国・地域が増加傾向にあるわけではない。機関数で台湾（846機関、同-0.6%）が、学習者数でインドネシア（70万6603人、同-5.2%）、韓国（53万1511人、同-4.4%）、台湾（17万159人、同-22.7%）が減少している。第6章で触れた少子化の影響がより加速化したことによるのか、台湾の減少率が気になるところである。一方で韓国については、第5章でも懸念されているように日本との政情がなお不安定である中、その数を若干減らしつつも第3位となる学習者数を堅持していると見ることもできるのではないか。

　前回調査と比較して、爆発的にその数を上昇させたのがベトナムである。ベ

トナムについては、第11章でもその拡大傾向は取り上げていたが、機関数（818機関、前回調査 +273.5%）、教師数（7030人、同 +291.6%）、学習者数（17万4461人、同 +169.0%）のすべてにおいて増加率が上位10カ国・地域中、群を抜いて大きかった。また本書では扱わなかったミャンマーにおける機関数（400機関、同 +203.0%）、教師数（1542人、同 +194.3%）の増加もベトナムに準じたものとなっている。

しかしながら、これは単にベトナムやミャンマーの日本語教育の隆盛と分析するのは、総計に失する。他の国・地域にも言えることだが、具体的にこの統計には現れない、いわゆる「オンラインネット学習者」など自律的に学習する人々がいることは第Ⅱ部各章でも取り上げてきた。また教師数については、速報に挙げられた10カ国・地域すべてで増加が確認されたが、何よりその質の課題が問われることは、例えばベトナムを取り上げた11章で述べたとおりである。

また報告では、「初等教育」や「学校教育以外」の学習者数が増大する一方、「中東教育」「高等教育」がわずかに減少したともある。世界の学習者数が増加したとの一報を安直に喜べる状況ではなく、大学の留学生政策は今後、一層その質が問われるだろう。次項より、本書を改めて振り返り、留学生政策の拡充に向けた提言を試みたい。

2. 留学生受入れのメリット

留学生獲得への日本の高等教育機関の期待は、大中小（L-M-S）、規模は違えど大きい。留学生なくして次世代の大学運営は成り立たないという認識は、日本の大学で広く共有されていると言えよう。

留学生受入れの日本側のメリットにはどのようなものが挙げられるか。まず、思い浮かぶものは下記の3点がある。

　　① 定員を充足するための頭数としての期待
　　② 大学のグローバル化の起爆剤としての期待
　　③ 日本人学生の留学の機会創出のための等価交換としての受入れ

第Ⅰ部で対象とした日本の大学も、こうしたメリットへの期待感と無縁ではないだろう。

①の定員充足だが、入学定員を満たすことは大学としての認証評価を得るための基本条件であり、それにもまして現金収入（授業料収入はもちろん、文部科学省からの補助金を含めて）に直結する。序章で触れたように、18歳人口が減少していくなかで、それを補塡するマーケットを獲得しようというのは無理からぬところだ。このメリットをもたらすのは短期留学生ではなく、学部への1年次あるいは3年次に入学をする正規留学生（学位取得を目指しての長期留学生）である。

　②はキャンパスに留学生≒外国人が存在することで、キャンパスの国際性を喧伝しようというものだ。様々な背景を持った留学生と机を並べて共に学び、議論を重ね、また交友を深めることで、日本人学生は大いに刺激を受けるのだとする。グローバル化という言葉は現代社会のキーワードとして取り上げられるが、それゆえにグローバルな大学であるとする評価は日本人学生に一役買うものと期待される。だからこそ、「グローバルな大学」は宣伝文句として、日本人学生の入学志願者拡大にも効果が見込まれる。こちらについては正規・短期のいずれかに限ったものではないが、後述するように、母語や容姿に偏った期待を寄せる向きもあることには注意すべきだ。

　③もまた、留学を志願する日本人学生の獲得を主眼としたものである。交換留学制度は、留学先への授業料納付が免除されるため、私費留学より安価に留学できる。またこれは必ずしも交換留学に限ったものではないが、個人資格での留学と違って、交流協定を結んだ大学間での相互派遣であれば、留学先で取得した単位の派遣元大学での認定にも期待が持てる。第Ⅱ部でも多くの大学が、協定校への派遣のメリットとして挙げていた。

3. "受入れ策"への警鐘

　大学も企業体であり、損得度外視でものごとを推し進めるわけにはいかない。そうではあるのだが、先に挙げたメリット3点は、同時に留学生支援の立場からは危うさも孕む。

　まず前掲①のデメリット、あるいは危険性だが、留学生を日本人学生が獲得できるまでの場つなぎとする見方につながるということが考えられる。入学定数は文部科学省に届け出ているものであり、その年ごとに都合よく増減できるものではない。何かの拍子に日本人学生の入学が多くなれば、その分留学生受入れが抑制されることになる。日本人入学者の動向によって左右される留学生

受入れというのであれば、留学生を送り出す側の立場からみれば不安定この上ない。入試戦略上、都合の良い"調整弁"として扱われる留学生枠に、継続的に送り出そうと考える。

次に②についてだが、留学生がいるからキャンパスはグローバルだという考え方は、グローバル化を表面的に捉えたものだと言えよう。身近に留学生がいれば、それだけでキャンパスが国際化するのか。国際的に見えるキャンパスを演出することで日本人学生を獲得しようと考えるのであれば、それは"客寄せパンダ"として留学生を貶めるものだ。大学の人気取りとして、「英語圏出身で、髪や肌の色は……」、などと留学生を選別する発言に至っては、まったくグローバルの対極にある考え方である。

③についても次のような手前勝手な考え方を生み出しかねない。すなわち、日本人学生の人気の留学先からの受入れは歓迎するが、さほど日本からの送り出しが期待できない国・地域であれば、力を注ぐに及ばない、というものである。国をまたいだ大学間の人的移動も、双方向であれば、長く活発な関係構築につながるだろう。しかし、そのベクトルがどちらか一方向であれば、交換留学の枠が受入れ側には負債のように映るかもしれない。また積極的に派遣を後押しする送り出し側も、受け入れることでのメリット（①）が享受できないことに不満を募らせるようになるのではないか。

2. 持続性のある留学生政策に向けて

たとえきっかけが大学の（短期的な）メリットに基づくものであっても、留学生との接点が日本人学生の学びと成長に寄与することはある。そしてこのことは留学生にも言えることだ。

だが、きっかけは与えたから後は当人次第という考え方でよしとするのであれば、それは政策ではない。PDCAサイクルという言葉が喧伝されるようになって久しいが、Plan（それも近視眼的・場当たり的な）を立てて満足するのではなく、それを実行する（Do）とともに振り返り（Check）、改善策を施す（Act）必要がある。その Check の機会を提供するべく、本書では留学生を送り出す側の声を紡いできたのだ（第Ⅱ部）。

終章　留学生政策の意義と可能性

1. 送り出し側の視点に立って

　第Ⅱ部では、11の国・地域の日本への留学事情を当地の日本語教育の実情も踏まえつつ、論じてもらった。いずれにも共通していたのは、留学する学生が日本へ行くことを望みながらも、それに伴う不安をも抱えていることだ。また留学に期待と不安を抱くのは学生本人ばかりではない。派遣元機関の教職員、そして保護者の意向が留学先を選定する、留学の可否を定める上で重要であることも広く共通点として捉えられる。両者は留学におけるステークホルダーと位置づけられるだろう。安定して留学生を受け入れるには、留学生本人、そしてステークホルダーの満足できる留学プログラムをいかに提供できるかが問われる。

　今回主として対象とした東アジア、東南アジアは世界の日本語学習者の多くを占め（序章）、それゆえに量的に現在の渡日留学生の大部分を供給するエリアである。国を横断しての人的移動である留学は、それゆえに日本と派遣元の国との政治的関係の影響と無縁ではいられないが、このエリアは近隣という地政学的な影響からか、政治的動向に学生の移動も左右されやすい。だが、それでも日本に留学したいと望む学生、そしてその支援者たちの期待に応え、不安を払拭する努力が留学生政策には求められる。

　第Ⅱ部のもう一つの特徴は、エージェントを介さない教育機関同士の交流を軸としたケース・スタディを主として取り上げたことである。エージェント（文脈によってはブローカーとも呼ばれる）は1人あたりの仲介料を収入とする。その制度自体を徒に非難するものではないが、エージェントによっては仲介する自らの立ち位置を堅持するため、送り出し校と受入れ校との直接の交渉・交流を禁じるケースもある。これでは、例えば台湾でも取り上げられていたアーティキュレーションが望めない。

　営利に拠らない（営利を最大の目的としない）、教育機関同士だからできる連携がある。先のエージェントも短期的な収入を望むのであれば、ステークホルダー足りえない。

　もっとも、教育機関だからといって常に学生を最優先させているとは限らない。定員充足のための数合わせとして留学生が扱われる例（序章）やそういったなかでの教職員の葛藤（第Ⅰ部第2章・第3章）を紹介したように、経営サイドの都合に振り回されるケースは、むしろ珍しくない、と言ってもよい。また送り出し側にしても、留学実績をアピールするために、派遣数にのみこだわる

機関がないとは言えない。第Ⅰ部3章では大学教員自らが仲介手数料を目当てに、不誠実な留学斡旋を行うケースがあることも取り上げた。教育機関同士の連携とは、その前提として、学生の幸福を目指す機関同士であることは言うまでもない。

2. アーティキュレーション

　本項では改めてアーティキュレーションを考えたい。Lange（1982）はアーティキュレーションを Horizontal articulation、Vertical articulation、Inter-/Multi-disciplinary articulation の3つに分類した。Horizontal articulation は「横型」のアーティキュレーションを意味し、同じプログラム内で複数のクラスを設置する際に各クラスが足並みを揃えて授業が提供できるよう整合性を取ろうというものがこれにあたる。「縦型」を表す Vertical articulation は、例えば先に述べたような留学の派遣元となる教育機関と受入れ機関の間での連携を指す。短期留学プログラムやダブル・ディグリーなどで学生にとって不都合が無いよう、旧と現との結びつきを考える枠組みなどがそうだ。Inter-/Multi-disciplinary articulation は、例えば語学科目として学ぶ日本語クラスと、専門科目として学ぶ日本文学の授業とにいかにつながりを与えるかを考えようというものなどが相当する。

　さらに宮崎（2013）はこの3つのアーティキュレーションにとどまらず、新たな概念として「学習者による国際間の移動に伴う」グローバル・アーティキュレーションと「専門領域が異なる者同士が、共同実践する行為主体者（アクター）になる認識を高める」市民リテラシー型アーティキュレーションを提唱した。前者は縦型のアーティキュレーションが留学を介して為されるときなどが相当するだろう。本書が取り上げる留学生政策は、日本語教育関係者にとってグローバル・アーティキュレーションの実践の場ということになる。また後者に関して宮崎（2011）は、「市民リテラシー」とは「非専門家集団を、日本語教育政策に無意識な代理人（agent）としてではなく、自覚的に言語教育に役割参加する行為主体者（actor）に変容させていく上で重要な目標理念である」としている。これを本書に当てはめて考えると、留学生支援に携わるすべての教職員と日本語教師との連携に該当するだろう。

　派遣元機関、受入れ機関双方が留学制度を留学生にとってより良いものとすることを目指し、互いに連携を図ることは言うまでもない。だが、そのアー

ティキュレーションにどのような検討事項が残されているのか、改めて改善の可能性を探ることを勧めたい。

3. エンロールメント・マネジメント

上記「アーティキュレーション」は教学的な面での留学の見直しを促すポイントとなるが、第Ⅰ部、第Ⅱ部でみてきたように、学生獲得につながる留学生支援はそれだけに限らない。特に第Ⅱ部で散見されたのが、奨学金の支給や生活面でのサポートの有無についての声だ。留学であるからには教育内容は最大の関心事であって当然だが、それだけでは学生本人、そしてステークホルダーの満足には至らない。そこで取り上げるのが「エンロールメント・マネジメント（Enrollment Management: EM）」である。

「アーティキュレーション」が留学の事前と事中、事中と事後とを結ぶのに対して、EMはいわば事前から事中を通して事後までをつなぐことを目指した、より包括的な時間軸に目を向けようという概念である。いや、縦型のアーティキュレーションだけでなく、横型のアーティキュレーションについても、そしてInter-/Multi-disciplinary articulationについても、さらには市民リテラシー型アーティキュレーションさえも視野に置くものと言える。なぜならばEMとは「組織目標や教育理念を高次に達成することを目的として、マーケティング的手法を取り入れながら、組織内にある資源を統合的、効率的に動員する戦略を立案し、それに基づいて学内の業務を系統的に執り行う大学経営の手法」（金 2009）と定義されるからである。またマストン（1991）は「統合的エンロールメント・マネジメント（Integrated enrollment management plan）」という用語を用い、これを次のように解説している。

> 統合的エンロールメント・マネジメント計画の概念には、高校生が大学の内容を調べ、興味をもち、入学し、なんとか大学に適応し、卒業までこぎつけようと意思決定をすることに影響する大学内のあらゆる要因と、教育およびその他の活動が関連している。この概念には、学生募集活動と入学者選抜制度に限らず、リテンション戦略や組織的に行われるあらゆるアウトリーチ戦略を学生募集戦略に統合していくことが含まれる（マストン 1991: 14）。

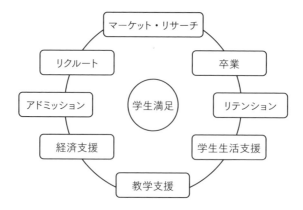

図1 「学生満足中心」のEM構成要素の関係づくり
出典：今井・今井（2003）を筆者再編

　これらの記述を見てわかるように、EMを効果的に実行しようとしたとき、そこにはあらゆるアーティキュレーションの概念を包括していることがわかる。アドミッションから効果的な教学支援を考えるとき、また教学支援やキャリア支援の延長線に置く出口保証を考えたとき、そこには縦型のアーティキュレーションを見出すことができる。留学生の満足に直結する日本語教育の到達を目指したとき、その日本語教育が多数の学生を抱え、複数のレベルとクラスにまたがって実施されるのであれば、レベル間・クラス間のバランスを調整する過程で、横型のアーティキュレーションへの留意が求められるだろう。また金（2009）は「組織内にある資源を統合的、効率的に動員する戦略」と述べているが、つまり留学生が留学目的を達成できるように日本語教師が支援に臨む上で、その他の教員や職員と連携すること、すなわち市民リテラシー型アーティキュレーションもまた期待される戦略の一つに挙げられる。そして、対象が留学生であるとき、なかでも海外からの受入れを進めれば、留学の事前、事中、事後を結んだそれは、グローバル・アーティキュレーションとなる。
　また前述のEMの構成要素として今井・今井（2003）は「マーケット・リサーチ」「リクルート」「アドミッション」「経済支援」「教学支援」「学生生活支援」「リテンション」「卒業」を挙げるとともに、「ホリスティック」「一貫的」「調整的統合的」アプローチによって戦略的EMが成し遂げられるとする（図1）。これらの概念もまた、特に留学生支援を対象として考えたとき、市民

リテラシー型アーティキュレーション、さらにはグローバル・アーティキュレーションに通じるものであり、留学生EMを確立しようとしたとき、アーティキュレーションとは不可分であると考えられる。

　留学生獲得を拡大あるいは持続させるためには、何といっても今いる学生が留学先大学を好意的に評価することが重要であろう。実際を知る学生からの悪評があっては、いかに広報に力を入れても、長期的な戦略は成り立たない。特に海外交流協定校からの受入れであれば、先輩から後輩への情報伝達は大きな影響力を持つ。教育機関としての信頼が、次の学生獲得の呼び水となるのである。

　これからの日本の大学のアドミッション・ポリシーに留学生を位置づけるとき、長い尺度で国を越えて循環する人的交流と教育の場づくりを目指すことで、持続可能な留学生政策を企図すべきである。

3. 提　言

1. 非留学生EMがもたらすもの

　留学生EMを志向するメリットは上記のとおりだが、あるいはそれだけでは近視眼的な経営方針を見直すには至らないかもしれない。そこで視点を転じて、非留学生EMが何をもたらすのか、確認しよう。

　2019年3月報道の東京福祉大学の事例に改めて目を向けたい。Net IB Newsによると、同大学について「収容定員をはるかに超える留学生を受け入れていること」から「『教室がない、教員がいない』という関係者の話は数字だけを見ても明らか」だと断じている。(3)「アドミッション」を優先し、「教学支援」が破綻したと言えるだろう。また同大学に進学させた日本語学校関係者の弁として、「入学試験は有ってないようなもの。逆にほかに進学先が見つからない学生にとって、最後の頼みの綱」との声を掲載しているが、質を度外視しながら、受入れ後の支援を放棄した「アドミッション」であること、それと知って送り出した日本語学校との間でアーティキュレーションが望むべくもない状況にあったことが見て取れる。その結果は、大学のブランド力を徹底的に低下させることになる。それに伴い、次年度以降の「リクルート」、そして「アドミッション」に与える負の影響は計り知れないだろう。「教学支援」軽視の非留学生EMがもたらすものを留学生の受入れ機関は重く受け止めなければならない。

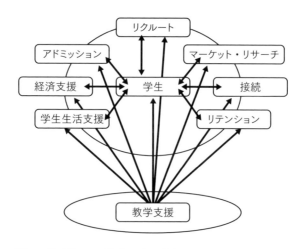

図2　修正版 EM 構成要素の連環
出典：筆者作成（春口博士論文より）

法務省も「適切な入学者選考や在籍管理が行われていない」ことなどを背景に、「不法残留者も増加傾向にある」ことを指摘している。[4] 2018年末に公布された改正出入国管理及び難民認定法も、こうした留学生の受入れの実情を踏まえたとき、日本語学校や大学に在籍する偽装留学生を厳しく締め出す狙いもあるだろう。留学ビザは特定技能での在留資格を取得できなかった外国人の「保険的ビザ」[5]になりかねないという危惧に立脚すれば、法務省はこの点でのテコ入れを図るはずだ。むしろ、東京福祉大学の事例から、法務省は改正法の意義がより強調され、国民からの多大な支持が得られるものと、その施行に自信を強めるのではないか。改正法交付に前後して、日本語教育関係者から不安視する声が多数挙げられていたことを考えれば、[6]皮肉な結果と言えよう。

2.「教学支援」中心の留学生 EM のススメ

前節で挙げた状況を一例として、留学生を送り出す海外の大学関係者は、日本の法令や留学生政策が大きく転換するであろうことを踏まえ、例えば安易な資格外活動を助長することがないよう、渡航前のオリエンテーションを充実させる必要がある。それには派遣先の機関とのアーティキュレーションが前提となるだろう。自らが日本の大学と共に留学生 EM の一翼を担うことを意識さ

終 章　留学生政策の意義と可能性

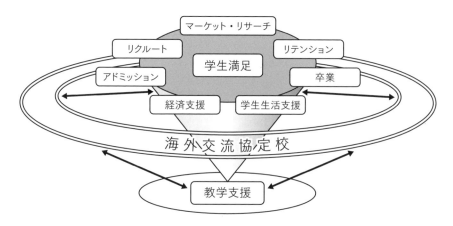

図3　グローバル・アーティキュレーションと留学生EM
出典：筆者作成（春口博士論文より）

れたい。

　このとき、EM構成要素は8つすべてが同列であってはならない。EN構成要素は「教学支援」を中核に据えなければならない（図2）。図中の矢印は「教学支援」が土台となって、他の構成要素と連関し、学生への支援を働きかけることを意味する。

　「アドミッション」のための「教学支援」ではなく、「教学支援」のための「アドミッション」である。「経済支援」としてのアルバイト斡旋を優先させ、「教学支援」を疎かにしてはなるまい。行くところがないから「頼みの綱」として東京福祉大学へ教え子を送り出したと某日本語学校関係者は述べたというが、「教学支援」を軸に置かずに「リテンション」は成り立たない。それゆえの「所在不明」であることから目を逸らすことは許されないのだ。

　当たり前のことだが、留学は教育をその最大の目的とし、また前提としている。そしてこのことを送り出し・受入れ双方で意識し、アーティキュレーション（グローバル・アーティキュレーション）を図ることを強く勧めたい。図3の矢印は送り出す海外交流協定校と受入れ機関とのアーティキュレーションを意味するが、やはり「教学支援」は基盤となっており、その連携は別格であることを示す。

4. 留学生 EM による持続可能な留学生政策

1. 出口保証 ──「卒業」に注目して

EM の構成要素に「卒業」がある。短期留学プログラムであれば、派遣元機関に戻って勉強を続けるため、カリキュラムへの「接続」と言い換えることができるが、正規の学部留学であれば、文字どおり「卒業」後の出口保証がそれにあたる。

これまで留学生は日本の企業に就職できず、仕方なく帰国せざるを得なかったため、留学機関で学んだ内容に対する社会による効果検証がなかなか行われてこなかった。これは、以下の不利な条件が重なっていたことによる。

1　日本語力
2　就労ビザの取得
3　「新卒」有利という根強い観念
4　就職活動に不慣れ

だが、入管法の改正を契機に上記条件も徐々に緩和・撤廃されるようになったこと、潜在的な労働力不足に加え、外国人の異文化適応能力に注目し始め、企業が積極的に雇用を促進するようになってきたことなどで、より質の高い留学生を求めるようになった。これまでになく、「留学生の売り手市場」が形成されるようになったと言えよう。

つまり、今後は留学生のキャリア支援とその成果もまた留学先選定の重要なファクターとなるのである。そのためにも、留学生受入れ大学では、一部の留学生担当教員（日本語教育担当）や国際交流担当職員による汗かきではなく、グローバル化を目指すために、大学全体が総力戦で、質の高い留学生教育・留学生支援にあたるべき時期に来ている。

留学生の出口保証を意識し、先に挙げた「教学支援」を中心とした留学生 EM を志向することは、何も留学生のみにメリットをもたらすわけではない。その波及する効果として、例えば次のような事柄が考えられる。

- 質の高い留学生教育・留学生支援を目指すことは、教職員のグローバルセンスを向上させるための FD（ファカルティ・ディベロップメント）・SD

（スタッフ・ディベロップメント）にもつながる
- 留学生を受け入れることにより、学務や教務分野で働く教職員の多国籍化が図ることができ、よりグローバルな大学環境が構築できる
- 大学による在住外国人への支援を模索する上で、受け入れた留学生と共に社会貢献事業が展開できる
- 留学生を支援する大学（および教職員）のあり方を、地域における外国人支援のモデルとして発信できる

　文部科学省の「私立大学等改革総合支援事業」をみるに、大学の存在意義には、グローバル化を背景に地域社会への貢献が求められるようになったと言える[7]。一方で、日本社会は入管法改正も相俟って、今後在留外国人が増大することが予想される。このような状況下で、上記のメリットを介して、大学が外国人支援のモデルケースを提供することができるだろう。むしろ留学生の支援を受け入れた大学が十全にこなせないようでは、地域により鼎の軽重を問われる。「外国人支援はまず大学より始める」という気概を持たねばならないだろう。外国人支援に向けたアクターとしての市民リテラシー教育に先立って、大学教職員へのFD・SDの重要性を喚起したい。

　もちろん、留学生受入れは大学のグローバル化に寄与するであろうことは、「留学生30万人計画」でも期待されていたことだ（序章）。「卒業」あるいは留学への「接続」という視点に立てば、日本人学生にとって寄与するところもあるだろう。

- 留学生を受け入れ、在籍する日本人学生との交流を活性化させることは、日本人学生のグローバル化を醸成することにもつながり、就職する上でもメリットになる
- 受入れから転じて、日本人学生を海外へ留学派遣する上での意識の向上も図れる

　例えば、上記の点も、留学生EMを前提として、つまり、留学生の「教学支援」を重視した延長線上に副次的に得られるメリットと言えよう。留学生を受け入れる、それだけでなし得るものではないことは、留意すべきポイントである。

2. プログラムの"持続可能性"

　前掲の Net IB News において、「大学は初年度の入学金と授業料だけをかき集めたのではないか。不法滞在を助長した」との批判が東京福祉大学には寄せられている。こうした見方は、留学生が大学で充実した日々を過ごし、「卒業」の成果を次の受入れにつなげることで、循環させようという視点を持たないことを意味する。こうした短絡的思考は、林業で例えるならば、植林をせずに好きなだけ伐採し、禿山を至る所につくり出すようなものだ。

　留学生の受入れは持続性を持たなければならない。そして、持続するということは留学生 EM の成功を意味する。つまり、留学生教育・留学生支援がその実を上げたときに、本章第 2 節でも触れたように、留学プログラムは持続性を持つ。留学プログラムが留学生 EM に合致してなされるとき、それは一機関の延命策というような卑小なものではない。いわゆる SDGs "Sustainable Development Goals（持続可能な開発目標）"の一翼を担うプロジェクトと位置づけられるだろう。

　この SDGs には 17 の目標が挙げられるが、[8]その第 4 の目標「質の高い教育をみんなに」に、「2030 年までに、全ての人々が男女の区別なく、手の届く質の高い技術教育・職業教育及び大学を含む高等教育への平等なアクセスを得られるようにする」ことがターゲットとして挙げられている。より広範囲の人々を対象とする留学生教育が、「教学支援」を軸とする留学生 EM の構築を通して運営されるのであれば、同ターゲットに近づくための政策として評価できるだろう。

　もちろん「経済支援」を度外視して、一足飛びに「全て」を受け入れることはできないだろう。だが、高等教育機関の留学生政策を SDGs の観点から捉え直し、その支援が留学生の幸福につながるものとなるよう、留学生を受け入れる大学は視野を広く持たなければならない。

　無論、こうした視点は教育機関にあって直接留学生と日々接する者であれば有するものであろう。しかし、日本語教師になりたくて教壇に立った者がむしろ機関の経営方針に絶望するといった報告は、日本語学校を中心にこれまでにも多数発信されている。[9]前項で、留学生担当教員（日本語教育担当）や国際交流担当職員に任せきりにせず、大学の総力戦として留学生支援にあたるべきであると述べた。この言を踏まえれば、大学が持続性のある教育機関として社会的な責任を今後も果たそうとするとき、留学生の支援の中核となって役割を果た

してきた人材の声を大学全体で吸い上げることが有用であると言えよう。

　再度強調したい。留学生の獲得実績という近視眼的な利益に拘泥していては、教育機関の明日はない。"持続可能な"留学プログラムを留学生 EM の確立とそのための送り出し・受入れ双方のアーティキュレーションに拠って構築していくことが、今望まれているのである。

注

　本章は春口の博士学位論文『留学生エンロールメント・マネジメントと日本語教育──小規模大学の取組みを通して』第 2 章「日本語教育と留学生エンロールメント・マネジメント」を一部抜粋の上、宮崎とともに大幅に加筆修正したものである。

(1) 国際交流基金ホームページ「2018 年度『海外日本語教育機関調査』結果（速報）」: https://www.jpf.go.jp/j/about/press/2019/dl/2019-029.pdf（最終閲覧 2019 年 10 月 12 日）
(2) 過去にメディアに大きく取り上げられた例には、酒田短期大学（廃校）や山口福祉文化大学（現・至誠館大学）などがある。
(3) Net IB News「『留学生集めても、教室がない』関係者が語る東京福祉大学」https://www.data-max.co.jp/article/28463（最終閲覧 2019 年 3 月 19 日）
(4) 文化庁「留学生の現況と告示基準の改正について（平成 30 年 9 月法務省入国管理局）」http://www.bunka.go.jp/seisaku/bunkashingikai/kondankaito/nihongo_suishin/09/pdf/r1409907_07.pdf（最終閲覧 2019 年 3 月 18 日）
(5) #SHIFT「改正入管法で浮き彫りに　日本語学校の"知られざる"役割」https://www.itmedia.co.jp/business/articles/1901/30/news024.html（最終閲覧 2019 年 3 月 18 日）
(6) 日本語教育学会「外国人受け入れの制度設計に関する意見書」http://www.nkg.or.jp/wp/wp-content/uploads/2018/11/20181112_ikensho_1-8.pdf（最終閲覧 2019 年 3 月 18 日）
(7) 文部科学省「私立大学等改革総合支援事業」http://www.mext.go.jp/a_menu/koutou/shinkou/07021403/002/002/1340519.htm（最終閲覧 2019 年 3 月 18 日）
(8) イマココラボ「SDGs（持続可能な開発目標）17 の目標 & 169 ターゲット個別解説」https://imacocollabo.or.jp/about-sdgs/17goals/（最終閲覧 2019 年 3 月 14 日）
(9) 西日本新聞社編『新 移民時代──外国人労働者と共に生きる社会へ』明石書店

【参考文献】

今井健・今井光映（2003）『大学エンロールメント・マーケティング──大学 EM の 4C スクェアーパラダイム』中部日本教育文化会

金明秀（2009）「日本におけるエンロールメント・マネジメントの展開 (1) ──概念と実践要件の整理」『私学経営』412、21-29 頁

マストン、レイ［山田達雄訳］（1991）『個性的大学になる学生獲得戦略──エンロールメン

ト・マネジメントのすすめ』C.S.L. 学習評価研究所

宮崎里司（2011）「市民リテラシーと日本語能力」『早稲田日本語教育学』9、93-98 頁

―― (2013)「グローバルレベルと市民レベルで協同実践する行為主体者（アクター）から捉える新たなアーティキュレーションの提唱」『早稲田大学大学院教職研究科紀要』5、29-44 頁

Lange, D. L. (1982) "The Problem of Articulation," In T. V. Higgs (ed.), *Curriculum, Competence, and the Foreign Language Teacher,* ACTFL Foreign Language Education Series 13, pp.113-137.

【執筆者紹介】執筆順

春口淳一（はるぐち・じゅんいち）　序章・第3章・終章
※編著者紹介欄参照

永岡悦子（ながおか・えつこ）　第2章
流通経済大学流通情報学部教授
早稲田大学大学院日本語教育研究科　博士（日本語教育学）
専門：日本語教育学、異文化間教育、言語教育政策
主著：「大学生に対するグローバル・シティズンシップ教育の試み——日本語とアジアの関係を学ぶ実践から」『流通経済大学流通情報学部紀要』21 (2)、219-238頁、2017年

宮崎里司（みやざき・さとし）　第1章・第11章・終章
※編著者紹介欄参照

葛 茜（かつ・あかね）　第4章
中国福州大学外国語学院准教授
早稲田大学大学院日本語教育研究科　博士（日本語教育学）
専門：日本語教育学
主著：「中国人日本語専攻生の文化的アイデンティティと日本語を学ぶことの意義——留学中の元日本語専攻生のライフストーリーから」『日本語・日本学研究』7、85-96頁、2017年

楊 秀娥（よう・しゅうが）　第4章
中山大学外国語学院准教授
早稲田大学大学院日本語教育研究科　博士（日本語教育学）
専門：アカデミック・ライティング教育、ピア・ラーニング
主著：『日本語表現力と批判的思考力を育むアカデミック・ライティング教育——中国の大学の日本語専攻における対話を生かした卒業論文支援を例に』（ココ出版、2018年）

金東奎（きむ・どんぎゅ）　第5章
韓国外国語大学校日本言語文化学部教授・同学大学院日語日文学科主任教授、『待遇コミュニケーション研究』編集委員
早稲田大学大学院日本語教育研究科　博士（日本語教育学）
専門：日本語教育学、敬語表現、言語行動
主著：「韓国の高等教育機関における日本語教育の現状と展望　【特集】海外の高等日本語教育の現状と課題——日本から見えない文脈を検証する」『早稲田日本語教育学』24、35-47頁、2018年

郭 碧蘭（かく・へきらん）　第6章
台湾国立屏東大学応用日語学系副教授、兼同学科主任、台湾応用日語学会理事
明海大学応用言語学研究科　博士（応用言語学）
専門：応用言語学、談話分析、日本語教育
主著：『日本語教育の視点から見る台湾人学習者の謝罪発話行為』（致良出版社、2014年）台湾・台北

郭 穎俠（かく・えいきょう）　第7章
香港中文大学日本研究学科講師
新潟大学大学院現代社会文化研究科　博士（学術）
専門：日本語文法研究、日中言語比較、第二言語習得
主著：「JF日本語教育スタンダードを利用したコースデザインの試み」『日本語教育と日本研究における双方向性アプローチの実践と可能性』（ココ出版、2014年）、193-204頁

中山英治（なかやま・えいじ）　第8章
大阪産業大学国際学部教授、日本語教育学会チャレンジ支援委員、小出記念日本語教育研究会編集委員
大阪府立大学大学院人間文化学研究科　博士（学術）
専門：日本語教育学、日本語学
主著：「タイにおける日本語教師間の協働モデルの再構築――日本語母語話者教師へのインタビュー調査に基づいて」『大阪産業大学論集人文・社会科学編』28、75-91頁、2016年

アサダーユット・チューシー（Asadayuth Chusri）　第8章
チュラーロンコーン大学（Chulalongkorn University）（タイ）東洋言語学科助教授
早稲田大学大学院日本語教育研究科　博士（日本語教育学）
専門：日本語教育学、談話論、日タイ対照言語学
主著："A Comparative Study of Japanese Conjunctive Expressions on Humanities and Science Textbooks" *JSN Journal* Special Edition 8-3: 159-173 (2018).

鶴石 達（つるいし・たつ）　第8章
スアンクラーブウィッタヤーライランシット学校日本語学科教諭
岐阜大学連合農学研究科（信州大学）　農学博士（Ph.D）
専門：日本語教育学、河川生態学、昆虫生態学
主　著：การเรียนรู้แบบโครงงาน(Project Base Learning) กับนักศึกษาชาวญี่ปุ่น โดยโปรแกรม สไกป์ (Skype) รายวิชาภาษาญี่ปุ่นฟัง-พูด 4 ของนักเรียนระดับชั้นมัธยมศึกษาปีที่ 512 โรงเรียนสวนกุหลาบวิทยาลัย รังสิต「日本語会話の授業におけるスアンクラーブウィッタヤーライ・ランシット学校日本語科高校二年生と日本人大学生とのスカイプを利用し

た PBL による日本語会話の実践」『2018 年スアンクラーブウィッタヤーライ・ランシット学校 授業内研究報告書』

木村かおり（きむら・かおり）　第 9 章
早稲田大学日本語教育研究センター・インストラクター
早稲田大学大学院日本語教育研究科　博士（日本語教育学）
専門：日本語教育学、エリア（マレーシア）日本語教育研究、留学生日本語教育
主著：「『日本語・日本研究』教育環境から考えるマレーシアの日本語教育のあり方――日本政府主導型支援から現地の日本語教育専門家主体型へ」『留学生教育』18、73-80 頁、2013 年

ウー・ワイシェン（Woo Wai Sheng）　第 9 章
マラヤ大学 (Universiti Malaya) 言語学部講師
大阪大学大学院言語文化研究科　博士（言語文化学）(Ph.D)
専門：社会言語学
主著：「マラヤ大学における SEND プログラムの実践――学生、教師それぞれの協働的学び」『早稲田日本語教育学』21、233-236 頁、2016 年（木村かおりとの共著）

ウォーカー 泉（うぉーかー・いずみ）　第 10 章
シンガポール国立大学准教授、語学教育研究センター副所長、シンガポール日本語教師の会会長
早稲田大学大学院日本語教育研究科　博士（日本語教育学）
専門：日本語教育学、ビジネス日本語教育
主著：『初級日本語学習者のための待遇コミュニケーション教育――スピーチスタイルに関する「気づき」を中心に』（スリーエーネットワーク、2011 年）

チャン・ティ・ミン・フォン（Tran Thi Minh Phuong）　第 11 章
ハノイ国家大学外国語大学日本文化言語学部副学部長
ベトナム社会科学アカデミー　言語対照学博士 (Ph.D)
専門：第二言語習得、言語対照研究、日本語学研究
主著："Các phương thức chuyển dịch yếu tố danh hóa động từ trong tiếng Nhật- So sánh đối chiếu với tiếng Việt"「Tạp chí nghiên cứu nước ngoài」số 5, trang 87-102, Nhà xuất bản ĐHQGHN.〔「日本語における動詞の名詞化辞の翻訳――ベトナム語と対照」『外国語研究』5、87-102 頁、2017 年、国家大学出版社〕

ウォン・ティ・ビック・リエン（Vuong Thi Bich Lien）　第 11 章
日越大学（ベトナム）講師
山口大学大学院東アジア研究科　博士（日本語学）
専門：東アジア研究、教育開発、日本語学研究
主著：「若年層における感動詞の動態研究」博士論文（山口大学、2013 年）

イヴァノヴァ・マリーナ（Ivanova, Marina）　第 12 章
アイヒシュテット・インゴルシュタット・カソリック大学（ドイツ）非常勤日本語講師
早稲田大学大学院日本語教育研究科博士後期課程単位取得満期退学
修士（日本語教育学）
専門：日本語教育学
主著：「孤立環境における日本語教育の社会文脈化の試み──ウズベキスタン・日本人材開発センターを例として」『国際交流基金日本語教育紀要』2、49-64 頁、2006 年（福島青史との共著）

ジャフリ・ファトマワティ（Djafri, Fatmawati）　第 13 章
ガジャマダ大学日本語学科教員、インドネシア日本語教育学会会員
早稲田大学大学院国際コミュニケーション研究科　博士（国際コミュニケーション学）
専門：社会言語学、言語政策、日本語教育学
主　著：「Study in Japan and Investment in Japanese Language Learning: Narratives of Indonesian Learners of Japanese」博士論文（早稲田大学、2019 年）

サテー・アシュウィニー（Sathaye, Ashwini）　第 14 章
プネ印日協会日本語学校上級教師、ティラック・マハラシュトラ大学（インド、プネ）客員教授、フリーランス通訳・翻訳
政策研究大学院大学　修士（日本語教育）
専門：商業学、日本語教育、通訳、翻訳
主著：「インド人向けのビジネス通訳養成コースのシラバス作成のための基礎研究──プネ印日協会の中上級学習者を対象に」『日本言語文化研究会論集』6、127-154 頁、2010 年

【編著者紹介】

宮崎里司（みやざき・さとし）
早稲田大学大学院日本語教育研究科教授、日本言語政策学会前会長
モナシュ大学日本研究科　応用言語学博士（Ph.D）
専門：第二言語習得、言語教育政策、サスティナビリティ
主著：『ことば漬けのススメ』（明治書院、2010 年）（第二回国際理解促進優良図書優秀賞）

春口淳一（はるぐち・じゅんいち）
大阪産業大学国際学部准教授、大学日本語教員養成課程研究協議会理事
早稲田大学大学院日本語教育研究科　博士（日本語教育学）
専門：日本語教育学、言語教育政策
主著：「継続性のある留学生受入れポリシーの効果──小規模大学におけるネパールからの留学生受け入れを例に」『留学交流』75、17-27 頁、2017 年

持続可能な大学の留学生政策
──アジア各地と連携した日本語教育に向けて

2019 年 11 月 20 日　初版第 1 刷発行

編著者	宮崎　里司
	春口　淳一
発行者	大江　道雅
発行所	株式会社　明石書店

〒 101–0021 東京都千代田区外神田 6-9-5
電話 03（5818）1171
FAX 03（5818）1174
振替 00100-7-24505
http://www.akashi.co.jp/

装丁　　　明石書店デザイン室
印刷／製本　モリモト印刷株式会社

（定価はカバーに表示してあります）　ISBN978-4-7503-4913-8

JCOPY〈出版者著作権管理機構　委託出版物〉
本書の無断複写は著作権法上での例外を除き禁じられています。複写される場合は、そのつど事前に、出版者著作権管理機構（電話　03-5244-5088、FAX 03-5244-5089、e-mail: info@jcopy.or.jp）の許諾を得てください。

移民政策のフロンティア
日本の歩みと課題を問い直す

移民政策学会設立10周年記念論集刊行委員会 編著
（井口泰、池上重弘、榎井縁、大曲由起子、児玉晃一、駒井洋、近藤敦、鈴木江理子、渡戸一郎）

■四六判／並製／296頁 ◎2500円

外国人居住者数・外国人労働者数が共に過去最高を更新し続けているなかでも、日本には移民に対する包括的な政策理念が存在していない。第一線の研究者らが日本における移民政策の展開、外国人との共生について多面的・網羅的に問い直す。

● 内容構成 ●

I 日本の移民政策はなぜ定着しないのか
多文化共生政策の展開と課題／日本の社会と政治・行政におけるエスノ・ナショナリズム／人口政策と移民

II 出入国政策
入国審査、退去強制、在留管理の政策／外国人受入れ政策──選別と排除／戦後日本の難民政策／受入れの多様化とその功罪

III 社会統合政策／多文化共生政策
歴史と展望／言語・教育政策／差別禁止法制

IV 移民政策の確立に向けて
諸外国の移民政策に学ぶ／日本社会を変える

V 学会設立10周年記念座談会

多文化共生と人権
諸外国の「移民」と日本の「外国人」

近藤敦 著

◆A5判／並製／336頁 ◎2500円

EU各国や北米、豪州、韓国における移民統合政策との国際比較を行い、日本の法制度と人権条約等の国際的な人権規範との整合性を検討することで、日本の実態と課題を多角的な視点から整理。求められる「多文化共生法学」の地平を切り開き、多文化共生政策の実態と課題、展望を考察する。

● 内容構成 ●

第1章 人権法における多文化共生
第2章 多文化共生社会とは何か
第3章 外国にルーツを持つ一人に関する法制度
第4章 移民統合政策指数等における日本の課題
第5章 ヘイトスピーチ規制と差別禁止
第6章 労働参加──民間雇用と公務就任
第7章 社会保障の権利
第8章 保健医療の権利
第9章 多文化家族と家族呼び寄せ
第10章 教育の権利と義務
第11章 政治参加──参政権と住民投票
第12章 複数国籍
第13章 難民の権利──とりわけ難民申請者の裁判を受ける権利
第14章 無国籍者に対する収容・退去強制・仮放免の恣意性
第15章 多文化共生法学の課題と展望──言語政策とその先

〈価格は本体価格です〉

外国人の子ども白書
――権利・貧困・教育・文化・国籍と共生の視点から

荒牧重人、榎井縁、江原裕美、小島祥美、志水宏吉、南野奈津子、宮島喬、山野良一 編

■A5判／並製／320頁 ◎2500円

現代日本における「外国につながる子ども」の現状と支援の課題が一冊でわかる画期的な白書。人権、福祉、教育、文化（言語）、家族、滞在条件などの観点から、外国人の子どもの現状を正確に把握、データおよび支援現場の報告からそのリアルな姿が見えてくる。

●内容構成●

外国人の子どもたちの現在――なぜ「外国人の子ども白書」なのか
第1章　外国人と外国につながる子どもたちのいま
第2章　子どもにとっての移動の経験
第3章　家族生活のなかの子ども
第4章　子どもの貧困と権利侵害
第5章　教育と学校
第6章　人権保障と子ども
第7章　子どもと国籍
第8章　子どもの在留資格
第9章　子ども支援の現場
第10章　幼児の国際移動と子どもの権利

新 移民時代
外国人労働者と共に生きる社会へ

西日本新聞社 編

四六判／並製／254頁 ◎1600円

100万人を超えた日本で働く外国人。単純労働を実質的に担う技能実習生・留学生等の受入れ拡大が「移民政策をとらない」とする政府のもと進められている。国内外の現場を取材し、建前と本音が交錯する制度のひずみを浮き彫りにした西日本新聞連載企画の書籍化。来たるべき社会を見据え、共生の道を探る現場からの報告。

●内容構成●

第1章　出稼ぎ留学生
第2章　留学ビジネスⅠ　ネパールからの報告
第3章　留学ビジネスⅡ　学校乱立の陰で
第4章　働けど実習生
第5章　変わる仕事場
第6章　交差する人々
第7章　ともに生きる
第8章　近未来を歩く
公開シンポジウム　フクオカ円卓会議

〈価格は本体価格です〉

言語と貧困
負の連鎖の中で生きる世界の言語的マイノリティ

松原好次、山本忠行 編著

A5判／上製／268頁
◎4200円

移民や少数言語話者など、その土地で優勢な言語を満足に使うことができないために教育や就業の機会を奪われ、結果として貧困に陥ってしまう人びとの問題を、世界各地の例を挙げて紹介し、さらにその負の連鎖を断ち切るための道を探る。

● 内容構成

第1部 言語的マイノリティと貧困
第1章 土地と言語を奪われて
第2章 地域語話者は貧困脱出のために母語を捨てざるを得ないのか
第3章 カナダの先住民の教育と貧困
第4章 ニュージーランドにおける言語の地位と格差問題

第2部 西欧語による豊かさの追求
第5章 西欧語はアフリカを貧困から救えるのか
第6章 言語の経済性
第7章 「両文三語」は香港にとって真の豊かさへの道か
第8章 韓国における貧困と英語力の関係

第3部 移民の言語問題と貧困
第9章 「故郷に錦」が貧困に変わった時
第10章 米国ラティーノ／ヒスパニックの言語と社会的向上
第11章 欧州で拡大する社会格差
第12章 「人間の安全保障」と言語政策

言語と格差
差別・偏見と向き合う世界の言語的マイノリティ

杉野俊子、原隆幸 編著

A5判／上製／240頁
◎4200円

多民族国家はもちろんのこと、普段あまり意識されないが日本国内にも言語的弱者が存在し様々な問題を抱えている。グローバル化に伴い頻繁に人びとが移動する現在、異なる言語話者を社会はどのように受け入れていけばよいかを、世界各国の事例から考える。

● 内容構成

第1部 日本のなかの「言語と格差」
第1章 手話と格差
第2章 日系ブラジル人
第3章 外国人高齢者への言語サービス

第2部 世界における「言語と格差」
第4章 教育改革と言語的弱者
第5章 アメリカにおける言語格差と双方向バイリンガル教育
第6章 ニュージーランドのマオリ語教育に関する考察
第7章 カナダの少数派
第8章 アラブ首長国連邦（UAE）ドバイにおける英語と経済
第9章 インドにおける言語と学校教育
第10章 香港とマカオにおける言語教育

〈価格は本体価格です〉

言語と教育
多様化する社会の中で新たな言語教育のあり方を探る

杉野俊子 監修
田中富士美、波多野一真 編著

A5判／上製／240頁
◎4200円

近年、日本では小学校の英語教育の是非が問われているが、言語教育においては単に賛成／反対の二分論では捉えきれない複雑な問題も多い。国内外の様々な環境における教育の事例を通して、真のグローバル化に対応する言語教育とは何かを模索する意欲的な論集。

■内容構成■

第1部　国内の事例
第1章　日本手話とろう教育
第2章　母語を生かした英語の授業
第3章　世界の動向に連動する言語教育とは

第2部　海外の事例
第4章　カナダ・ヌナブト準州のイヌイットの社会変化と教育
第5章　グローバル時代におけるマカオの言語教育
第6章　英語教育と先住民族言語復興
第7章　インドの部族言語の教育

第3部　第三の道か
第8章　言語は中立か
第9章　脱グローバル化時代の語学教育
第10章　日本における英語必要・不要論

グローバル化と言語政策
サスティナブルな共生社会・言語教育の構築に向けて

宮崎里司、杉野俊子 編著

A5判／並製／240頁
◎2500円

人の国際移動が増加しているなかにあっても日本には持続可能な社会構築に必要な言語政策を欠いている。本書は、国内外と移民・マイノリティ・各専門分野別の言語政策について検証し、グローバル化の進展のなかで日本が示すべき政策について示唆を与える。

■内容構成■

はじめに──移民受け入れ国としてのサスティナブルな言語政策転換

第1部　移民に対する言語教育とサスティナビリティ
第1章　自治体の外国人移民政策と言語問題〔渡戸一郎〕
第2章　社会を支える外国人移住者と受入れ社会とのコミュニケーション構築〔松岡洋子〕
第3章　ヨーロッパ市民のための言語文化リテラシーとヨーロッパ言語共通参照枠（CEFR）〔ジョセフ・ロ・ビアンコ（吉浦芽里・宮崎里司訳）〕
第4章　言語政策〔オストハイダ・テーヤ〕

第2部　多言語教育政策とサスティナビリティ
第5章　オーストラリアの言語教育政策から日本の初等外国語教育を考える〔奥村真希〕
第6章　言語的観点から日本のサスティナビリティを考える〔杉野俊子〕
第7章　日本の多言語社会とコミュニケーション〔オストハイダ・テーヤ〕

第3部　マイノリティの言語政策とサスティナビリティ
第8章　外国人留学生の受入れとサスティナブル社会の実現〔飯野公一〕
第9章　中国の外国語政策の動向〔喬穎・宮崎里司〕
第10章　文化の持続可能性と部族言語〔野沢恵美子〕

第4部　専門分野別言語教育とサスティナビリティ
第11章　変容する社会における専門日本語教育とは〔粟飯原志宣〕
第12章　中国語圏からの外国人観光客受入れに求められる多言語対応について〔藤井久美子〕
第13章　司法手続における言語権と多文化社会〔中根育子〕

〈価格は本体価格です〉

異文化間葛藤と教育価値観
日本人教師と留学生の葛藤解決に向けた社会心理学的研究
加賀美常美代著 ◎3000円

人口問題と移民
日本の人口・階層構造はどう変わるのか
移民・ディアスポラ研究8
駒井洋監修 是川夕編著 ◎2800円

産業構造の変化と外国人労働者
労働現場の実態と歴史的視点
移民・ディアスポラ研究7
駒井洋監修 津崎克彦編著 ◎2800円

マルチ・エスニック・ジャパニーズ
○○系日本人の変革力
移民・ディアスポラ研究5
駒井洋監修 佐々木てる編著

外国人の医療・福祉・社会保障 相談ハンドブック
移住者と連帯する全国ネットワーク編 ◎2500円

外国人技能実習生法的支援マニュアル
今後の外国人労働者受入れ制度と人権侵害の回復
外国人技能実習生問題弁護士連絡会編 ◎1800円

国際理解教育 Vol.25
特集：「グローバル人材」育成と国際理解教育
日本国際理解教育学会編集 ◎2500円 【年1回刊】

移民政策研究
移民政策の研究・提言に取り組む研究誌
移民政策学会編 ◎2500円

現代日本の宗教と多文化共生
移民と地域社会の関係性を探る
高橋典史、白波瀬達也、星野壮編著 ◎2500円

多文化共生社会に生きる
グローバル時代の多様性・人権・教育
権五定、鷲山恭彦監修 李修京編著 ◎2500円

外国人と共生する地域づくり
大阪・豊中の実践から見えてきたもの
とよなか国際交流協会編集 牧里毎治監修 ◎2400円

多文化社会に生きる子どもの教育
外国人の子ども、海外で学ぶ子どもの現状と課題
佐藤郡衛著 ◎2400円

新 多文化共生の学校づくり
横浜市の挑戦
山脇啓造、服部信雄編著 横浜市教育委員会、横浜市国際交流協会協力 ◎2400円

グローバル化のなかの異文化間教育
異文化間能力の考察と文脈化の試み
西山教行、大木充編著 ◎2400円

世界と日本の小学校の英語教育
早期外国語教育は必要か
西山教行、大木充編著 ◎3200円

教育のワールドクラス
21世紀の学校システムをつくる
アンドレアス・シュライヒャー著 経済協力開発機構(OECD)編 ベネッセコーポレーション企画・制作 鈴木寛、秋田喜代美監訳 ◎3000円

〈価格は本体価格です〉